WER DU WIRKLICH BIST
BAND 2

ENNEAGRAMMWISSEN IN 106 NEUEN ÜBERSICHTEN

DETLEF RATHMER

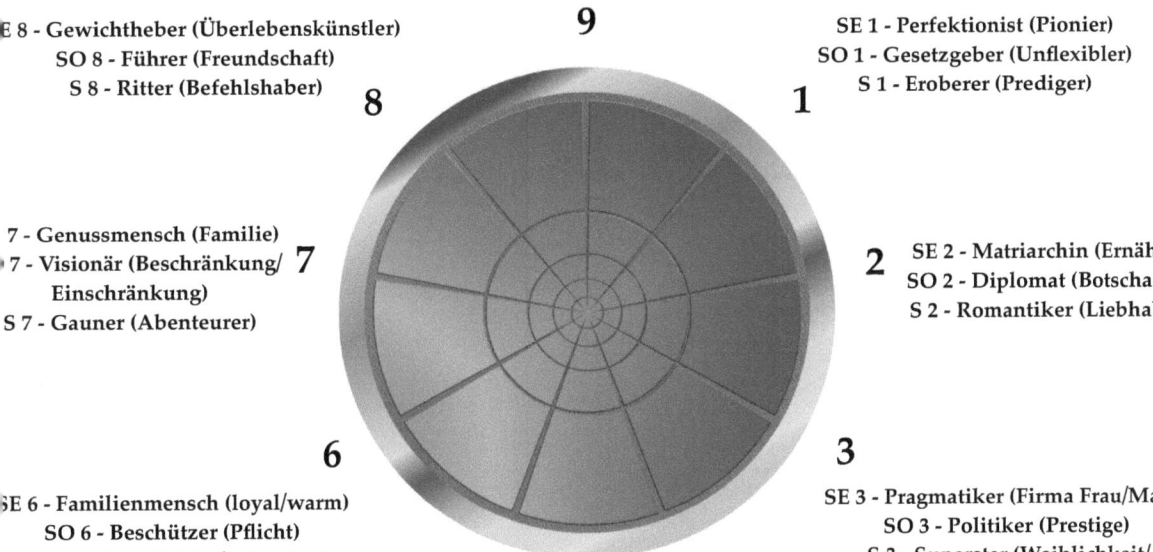

SE 9 - Bequemer (Appetit)
SO 9 - Mitarbeiter (Wohltäter der Gemeinde)
S 9 - Mystiker (Vereinigung)

9

E 8 - Gewichtheber (Überlebenskünstler)
SO 8 - Führer (Freundschaft)
S 8 - Ritter (Befehlshaber)

8

SE 1 - Perfektionist (Pionier)
SO 1 - Gesetzgeber (Unflexibler)
S 1 - Eroberer (Prediger)

1

7 - Genussmensch (Familie)
7 - Visionär (Beschränkung/ Einschränkung)
S 7 - Gauner (Abenteurer)

7

2

SE 2 - Matriarchin (Ernährer)
SO 2 - Diplomat (Botschafter)
S 2 - Romantiker (Liebhaber)

6

3

SE 6 - Familienmensch (loyal/warm)
SO 6 - Beschützer (Pflicht)
S 6 - Mutiger (Stärke/Schönheit)

SE 3 - Pragmatiker (Firma Frau/Mann)
SO 3 - Politiker (Prestige)
S 3 - Superstar (Weiblichkeit/ Männlichkeit)

5   **4**

SE 5 - Sammler (Burg-Verteidiger)
SO 5 - Professor (Totem)
S 5 - Zauberer (Geheimagent)

SE 4 - Kunsthandwerker (Individualist)
SO 4 - Kritiker (Scham)
S 4 - Dramatiker (Wettstreit)

ERGÄNZUNGSBAND FÜR EIN WEITERFÜHRENDES, VERTIEFENDES VERSTÄNDNIS DES UNIVERSELLEN ENNEAGRAMMS

1. AUFLAGE AUGUST 2019

Bibliographische Information der Deutschen Nationalbibliothek

Die Deutsche Nationalbibliothek verzeichnet diese Publikation in der Deutschen Nationalbibliografie; detaillierte bibliographische Daten sind im Internet über **www.dnb.de** abrufbar.

Wichtiger Hinweis: Medizin als Wissenschaft ist ständig im Fluss. Forschung und Erfahrung erweitern unsere Kenntnisse, insbesondere was Behandlung und medikamentöse Therapie anbelangt. Soweit in diesem Werk eine Dosierung oder Applikation erwähnt wird, darf der Leser zwar darauf vertrauen, dass Autoren, Herausgeber und Verlag große Sorgfalt darauf verwandt haben, dass diese Angabe genau dem Wissensstand bei Fertigstellung des Werkes entspricht. Dennoch ist jeder Benutzer aufgefordert, die Beipackzettel der verwendeten Präparate zu prüfen, um in eigener Verantwortung festzustellen, ob die dort gegebene Empfehlung für Dosierungen oder die Beachtung von Kontraindikationen gegenüber der Angabe in diesem Buch abweicht. Dies gilt nicht nur bei selten verwendeten oder neu auf den Markt gebrachten Präparaten, sondern auch bei denjenigen, die vom Bundesgesundheitsamt (BGA) oder Paul-Ehrlich Institut (PEI) in ihrer Anwendbarkeit eingeschränkt worden sind. Geschützte Warennamen (Warenzeichen) werden nicht besonders kenntlich gemacht. Aus dem Fehlen eines solchen Hinweises kann also nicht geschlossen werden, dass es sich um einen freien Warennamen handelt.

Bildnachweise: Sämtliche verwendete Bilder stammen aus frei zugänglichen und urheberrechtsfreien public domains (gemeinfreie Bilder), z.B. Wikimedia Commons etc.

QR-Code Verlagshaus Rathmer:

Herstellung und Verlag: BoD - Books on Demand, Norderstedt

ISBN: 9783749471133

Lektorat, Endkorrektorat, mediale Gesamtgestaltung: Detlef Rathmer
Kreative Unterstützung: David L. Rathmer
Technische Unterstützung: Jonah S. Rathmer
Homepage Verlagshaus Rathmer: www.verlagshaus-rathmer.com

© 2019 Detlef Rathmer
Molkereiweg 9
48727 Billerbeck
Tel.: 02543/931 85 07
Email: 9Rathmer@gmail.com

Einführung

Bei der Ausarbeitung der einzelnen Schaubilder (Übersichten) ergab sich immer wieder die Notwendigkeit, in Bezug auf ein spezielles Thema das Wesentliche jedes Enneagrammtyps genau herauszuarbeiten. Dadurch entstanden im Laufe der letzten Jahre nicht nur immer neue bislang nicht bekannte Blickwinkel und sonstige erweiterte Perspektiven, sondern auch ganz neue und bislang unbekannte neue Erkenntnisse im Bereich der Menschentypenlehre des Enneagramms. Derartige neue wichtige Erkenntnisse im Rahmen der Enneagrammlehre hatte ich schon vor einigen Jahren durch mein Buch *„Wer du wirklich bist - Enneagrammwissen in farbigen Schaubildern"* anhand von 272 Übersichten veröffentlicht; hier nun in diesem Band 2 werden nach weiteren Jahren der intensiven Enneagrammforschung direkt am Menschen vornehmlich aufgrund meiner Praxistätigkeit im Rahmen der Enneagramm-Homöopathie vielfach neue Erkenntnisse vorgelegt. So entstanden 106 neue, handverlesene, sorgfältig ausgearbeitete Übersichten aus allen möglichen Lebens- und Themenbereichen, die letztlich gerade auch bei der enneagrammatischen Typisierung eines Menschen von ausschlaggebender Bedeutung sein können. Jede dieser 106 Übersichten ist einem oder mehreren spezifischen Themen gewidmet und eröffnet eine in sich schlüssige lehrreiche Gesamtstruktur. Nehmen Sie sich daher bitte für jede einzelne Übersicht genügend Zeit, um diese nicht nur einseitig analytisch und allzu schnell zu überfliegen, sondern mit genügend Zeit und Raum das Wesentliche jeder dieser komplexen Übersichten zu erkennen und und mit allen Kanälen Ihrer Wahrnehmung, mit allen Ihren Sinnen aufzunehmen und zu erfahren. Auf diese vertiefende, ganzheitliche Art des Lernens werden Sie die essenziellen Lerninhalte tief in sich verankern können, deutlich tiefer als durch einen herkömmlichen üblichen reinen Text. Tauchen Sie nun ein in die faszinierende Welt des Enneagramms zum Zwecke der Selbst- und Fremderkenntnis. Viele wertvolle Erkenntnisse mit diesem Band 2 und der Frage „Wer du wirklich bist?" wünscht Ihnen Ihr

Detlef Rathmer im August 2019

Wichtige Begriffsbestimmungen/Abkürzungen/Hinweise

Enneagramm (von altgriechisch ἐννέα, *ennea*, „neun", und γράμμα, *gramma*, „das Geschriebene, das Zeichen, der Buchstabe") bezeichnet ein neunspitziges Symbol, das als grafisches Strukturmodell neun grundsätzliche Qualitäten bzw. Urprinzipien des Universums unterscheidet, ordnet und miteinander in Beziehung setzt (siehe auch die Vorderseite des Buchcovers).

Enneagramm-Fixierung (auch Charakterfixierung) bedeutet, dass jeder Enneagrammtyp von einem Ideal ausgeht, einem charakterlichen Fixpunkt, an dem sich seine Lebensgestaltung ausrichtet und auf den er fixiert ist. Es macht geradezu das Verhaltensmuster des beschriebenen Typs aus, trotz aller Widrigkeiten an seinem Ideal, an seinem Vorstellungen, Meinungen etc. festzuhalten.

Flügel: Ein Typ weist meist auch Eigenschaften seiner beiden direkten Nachbarn auf, welche als Flügel (engl. „wings") bezeichnet werden (**Typ 1** hat z.B. die benachbarten **Flügel 9 und 2**).

Kontratyp (Abk. „KT"): Die entsprechenden Eigenschaften *(vor allem die sog. intrinsische Motivation der jeweiligen Grundleidenschaft)* drücken sich bei diesem Typ tendenziell **entgegengesetzt** aus, trotzdem ist und bleibt die Grundmotivation dieselbe genauso wie bei den anderen Typen, weil sie aber (unbewusst) negiert / versteckt wird, ist sie häufig nur sehr schwer erkennbar.

kp = kontraphobisch (= ein *gegen die Angst gerichtetes entgegengesetztes, angstabwehrendes Verhalten*, welches gekennzeichnet ist durch *Demonstration von Stärke, Schönheit, Mut und Verwegenheit*), siehe **Typ S 6**.

Normaltyp: Die entsprechenden Eigenschaften *(vor allem die sog. intrinsische Motivation der jeweiligen Grundleidenschaft)* drücken sich bei diesem Typ **in normaler Form** aus.

SE = **Selbsterhaltungsuntertyp** des jeweiligen Typs, also z.B. **SE 1** ist der *selbsterhaltende Einser*.
SO = **Sozialer Untertyp** des jeweiligen Typs, also z.B. **SO 1** ist der *soziale Einser*.
S = **Sexuell-aggressiver Untertyp** des jeweiligen Typs, also z.B. **S 1** ist der *sexuell-aggressive Einser*.

Stress- und Entspannungspunkte: In dem Enneagramm-Symbol hat jeder der 9 Enneagrammpunkte zwei Verbindungslinien. Diese sind Pfeile, deren einer auf eine *„schlechte" Entwicklung* des jeweiligen Typs hinweist (= Desintegration, Devolution, Stresspunkt) und deren anderer die *„gute" positive Entwicklungslinie* des Enneatyps darstellt (= Integration, Evolution, Entspannungspunkt).

Triaden: Nach der enneagrammatischen Persönlichkeitstypologie verfügt jeder Mensch über drei Intelligenzzentren: *Kopf* (Verstand/Ratio), *Herz* (Emotionen) und *Bauch* (Instinkt). Diese Zentren nennt man auch *Triaden*. Die *Kopftriade* (= Denk-Zentrum mit dem Kennzeichen „Angst") umfasst die Enneagramm-Muster **5, 6** und **7**, die *Herztriade* (= Gefühls-Zentrum mit dem Kennzeichen „Image") die Muster **2, 3** und **4**, die *Bauchtriade* (= Instinkt-Zentrum mit dem Kennzeichen „Aggression") die Enneagrammpunkte **8, 9** und **1**.

Typentwicklung im Lauf des Lebens: Der jeweilige Enneatyp entwickelt sich in der *1. Lebenshälfte tendenziell mehr in Richtung seines entsprechenden Stresspunktes (erster Höhepunkt dieser Phase ist die Pubertät)* und nimmt dabei oft dessen typische Eigenschaften, auch in Form entsprechender allgemeiner Unbewusstheit dem Leben gegenüber, an. Etwa ab Beginn der *2. Lebenshälfte (ca. ab dem 35 - 45 Lebensjahr)* entwickelt sich der Mensch dann *tendenziell mehr in Richtung seines entsprechenden Entspannungspunktes (der Mensch kommt in ein gesetzteres Alter und nimmt seine in der ersten Lebenshälfte aufgebaute persönliche Identität, sein fiktives Selbst im besten Falle nicht mehr so absolut wichtig!)* und nimmt *dessen typische Qualitäten* an, tendiert dann mehr in Richtung *Bewusstheit und Ganzheit*. Diese Tatsache ist bei der Typbestimmung entsprechend zu berücksichtigen indem man schaut, *in welcher Phase seines Lebens der zu typisierende Mensch sich gerade befindet.* Ansonsten kann es bei der Typbestimmung schnell zu Verwechslungen und damit zu falschen Resultaten kommen.

Untertypen (27): Innerhalb eines Enneagramm-Musters existieren jeweils drei *sog. Untertypen,* **1. der selbsterhaltende Untertyp (Abkürzung: SE)**, der den Fokus seiner Aufmerksamkeit immer zunächst auf sich selbst und das eigene Überleben richtet, **2. der soziale Untertyp (Abkürzung: SO)**, der seinen Aufmerksamkeitsfokus primär auf die Gemeinschaft mit anderen Menschen richtet und **3. der sexuell-aggressive oder Beziehungstyp (Abkürzung: S)**, der sich selbst immer fokussiert und definiert in Bezug auf einen Partner oder eine andere ihm vertraute Person im privaten Bereich. Jeder Mensch hat Anteile von allen drei Untertypen, aber zu unterschiedlichen prozentualen Anteilen. Meistens besitzen zwei dieser noch unterhalb des eigentlichen Enneatyps liegenden Instinktvarianten eine deutlich stärkere Dominanz im Gegensatz zum drittstärksten Instinkt, der oft erheblich weniger ausgeprägt ist. Sind die beiden ersten Untertypenausprägungen etwa gleich stark vorhanden, erschwert dies eine genaue Bestimmung des letztlich vorherrschenden primären Instinkts in der Praxis.

1.	**Enneagrammtyp 1** mit primär selbsterhaltendem Instinkt *(SE 1 = Normaltyp)*
2.	**Enneagrammtyp 1** mit primär sozialem Instinkt *(SO 1 = Verstärkungstyp)*
3.	**Enneagrammtyp 1** mit primär sexuell-aggressivem Instinkt *(S 1 = Kontratyp)*
4.	**Enneagrammtyp 2** mit primär selbsterhaltendem Instinkt *(SE 2 = Kontratyp)*
5.	**Enneagrammtyp 2** mit primär sozialem Instinkt *(SO 2 = Verstärkungstyp)*
6.	**Enneagrammtyp 2** mit primär sexuell-aggressivem Instinkt *(S 2 = Normaltyp)*
7.	**Enneagrammtyp 3** mit primär selbsterhaltendem Instinkt *(SE 3 = Kontratyp)*
8.	**Enneagrammtyp 3** mit primär sozialem Instinkt *(SO 3 = Verstärkungstyp)*
9.	**Enneagrammtyp 3** mit primär sexuell-aggressivem Instinkt *(S 3 = Normaltyp)*
10.	**Enneagrammtyp 4** mit primär selbsterhaltendem Instinkt *(SE 4 = Kontratyp)*
11.	**Enneagrammtyp 4** mit primär sozialem Instinkt *(SO 4 = Verstärkungstyp)*
12.	**Enneagrammtyp 4** mit primär sexuell-aggressivem Instinkt *(S 4 = Normaltyp)*
13.	**Enneagrammtyp 5** mit primär selbsterhaltendem Instinkt *(SE 5 = Verstärkungstyp)*
14.	**Enneagrammtyp 5** mit primär sozialem Instinkt *(SO 5 = Normaltyp)*
15.	**Enneagrammtyp 5** mit primär sexuell-aggressivem Instinkt *(S 5 = Kontratyp)*
16.	**Enneagrammtyp 6** mit primär selbsterhaltendem Instinkt *(SE 6 = Verstärkungstyp)*
17.	**Enneagrammtyp 6** mit primär sozialem Instinkt *(SO 6 = Normaltyp)*
18.	**Enneagrammtyp 6** mit primär sexuell-aggressivem Instinkt *(S 6 = Kontratyp)*
19.	**Enneagrammtyp 7** mit primär selbsterhaltendem Instinkt *(SE 7 = Normaltyp)*
20.	**Enneagrammtyp 7** mit primär sozialem Instinkt *(SO 7 = Kontratyp)*
21.	**Enneagrammtyp 7** mit primär sexuell-aggressivem Instinkt *(S 7 = Verstärkungstyp)*
22.	**Enneagrammtyp 8** mit primär selbsterhaltendem Instinkt *(SE 8 = Normaltyp)*
23.	**Enneagrammtyp 8** mit primär sozialem Instinkt *(SO 8 = Kontratyp)*
24.	**Enneagrammtyp 8** mit primär sexuell-aggressivem Instinkt *(S 8 = Verstärkungstyp)*
25.	**Enneagrammtyp 9** mit primär selbsterhaltendem Instinkt *(SE 9 = Normaltyp)*
26.	**Enneagrammtyp 9** mit primär sozialem Instinkt *(SO 9 = Kontratyp)*
27.	**Enneagrammtyp 9** mit primär sexuell-aggressivem Instinkt *(S 9 = Verstärkungstyp)*

Verstärkungstyp: Die entsprechenden Eigenschaften *(vor allem die sog. intrinsische Motivation der jeweiligen Grundleidenschaft)* drücken sich bei diesem Typ **verstärk**t aus.

1 = Nummerierung der insgesamt **106 Übersichten** (unten rechts bzw. links).

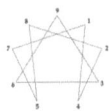

Inhaltsverzeichnis

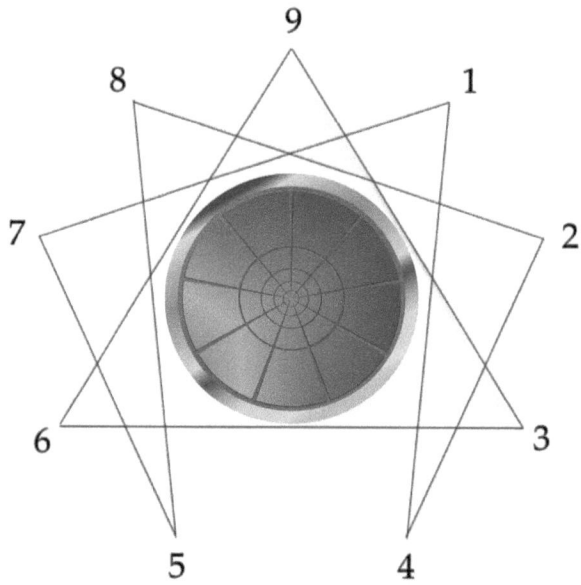

Die 27 Subtypen (Kernthemen & Bezeichnung der Instinktvarianten) *

(Normaltyp – Verstärkungstyp – Kontratyp)

SE = selbsterhaltender Subtyp (selbstbezogener Typ)
SO = sozialer Subtyp (Gemeinschaftstyp)
S = sexuell-aggressiver Subtyp (Beziehungstyp)

** Maske, die nach außen aufgesetzt wird und die intrinsisch motivierte Suche im Inneren

9. „Ich bin friedliebend!" ***
Dasein bedroht!" ****

9

SE – Übermäßig, irdisch, Appetit/Ersatzbefriedigung/großer Bauch/gemütlich/Routine (Bequemer)
SO – Teilnahme/Partizipation an sozialen Gruppen und der Gesellschaft (Mitarbeiter)
S – Vereinigung/ Verschmelzung mit anderen Menschen (Mystiker)

8. „Ich bin stark!" *** **8**
Kontrolle bedroht!" ****

SE – Befriedigendes Überleben/Ersatzbefriedigung/unbedingte Befriedigung/Streben nach Selbstbestimmung (Gewichtheber)
SO – Solidarität/ Freundschaften/nur der eigene Wille wird durchgesetzt (Führer)
S – Besitzergreifung, Besessenheit/Verführung & Faszination/Besitzstreben/Hingabe/zentraler Raum in Beziehungen wird eingenommen (Ritter)

1. „Ich bin vernünftig!" ***
Vollkommenheit bedroht!" ****

SE – Sorgen/Besorgnis/Ängstlichkeit/„warme" Ausstrahlung/Beschäftigung mit den Unvollkommenheiten des Lebens/Selbstverbesserung (Perfektionist)
SO – Überlegenheit/ Nichtanpassung/ „kalte" Ausstrahlung/Verweigerung der Anpassung an gesellschaftliche Forderungen/ Fremdverbesserung (Gesetzgeber)
S – Zorniges Begehren/ Eifersucht/„heiße" Ausstrahlung/perfektionistisches Beziehungsstreben (Eroberer)

7. „Ich bin glücklich!" ***
(Lebens)Genuss bedroht!" **** **7**

SE – Familiäre Bündnisse & Geschäfte/Abwehrgemeinschaft/Streben nach Halt und Sicherheit im Clan/opportunistische Beziehungspflege (Genussmensch)
SO – Gefallen durch Gutsein/Opferbereitschaft/Märtyrer/dient der sozialen Gemeinschaft um später von ihr belohnt zu werden/Abwehr des genusssüchtigen inneren Anteils (Visionär)
S – Beeinflussbarkeit/Faszination/Träume & Ideale/Reizempfänglichkeit/genussorientierter Optimismus in Beziehungen, blickt durch eine rosarote Brille (Gauner)

2. „Ich bin liebevoll!" ***
Bedürfnis bedroht!" **** **2**

SE – „Ich zuerst"-Mentalität/kindliche Verführung/Privileg eines Kindes/ sorgen primär für eigene Bedürfnisse/schutzsuchend/stolze Kindlichkeit" (Matriarchin)
SO – Ehrgeiz/Bedürfnis, möchte sozial über den anderen zu stehen/Einflussnahme auf gesellschaftlich wichtige Personen/„stolze(r) Kaiser/in" (Diplomat)
S – Verführung/Angriff/sexuelle Eroberung/Aggression/Manipulation zur Bedürfnisbefriedigung/„stolze(r) König/in (Romantiker)

6. „Ich bin liebenswert!" ***
(Selbst)Vertrauen bedroht!" **** **6**

SE – Wärme & Gruppen/„warme" Ausstrahlung/freundliche Anpassung an die Umgebung/schutzbedürftig/sucht in Familie und Gruppen Sicherheit (Familienmensch)
SO – Pflicht (-erfüllung)/ „kalte" Ausstrahlung/Orientierung an Gesetzen, Normen, Regeln und Autoritäten (Beschützer)
S – Stärke & Schönheit/„heiße" Ausstrahlung/negiert eigene Ängste und Schwachen und verwandelt sie in Mut, Stärke, Schönheit, Zutrauen, Charisma und manchmal in Verwegenheit und Furchtlosigkeit (Mutiger)

3. „Ich bin begehrenswert!" ***
Selbstwert bedroht!" **** **3**

SE – Sicherheit/ tugendhaft/autonom/selbstständig/Image, kein Image zu haben/benötigt die Sicherheit fester Strukturen/Streben nach materieller Sicherheit (Pragmatiker)
SO – Prestige/für alle brillieren/streben nach öffentlichem Ansehen, Erfolg und Bewunderung (Politiker)
S – Weiblichkeit bzw. Männlichkeit/einer Person gefallen/geschlechtlich attraktiv sein/Streben nach Akzeptiertsein in Beziehungen (Superstar)

5. „Ich bin klug!" ***
Sicherheit bedroht!" **** **5**

SE – Zuflucht/Heim/Burg/Rückzug an einen sicheren Zufluchtsort/besorgt um physisches Eindringen anderer Menschen in die eigene Privatsphäre (Sammler)
SO – Außergewöhnliches/Totem/Rückzug in eine (idealisierte) geistige Welt (Professor)
K – Zutrauen/Vertrauen/Vertraulichkeit/Zuversicht/Rückzug in eine verlässliche, tiefe Beziehung (Zauberer)

4. „Ich bin sensibel!" ***
Selbst bedroht!" **** **4**

SE – Selbsteinschränkung/ Abwehr/unerschrocken/rücksichtslos/leiden in der Stille/ertragen, aushalten des Schmerzes am Rande des Abgrunds (Kunsthandwerker)
SO – Scham/Selbsterniedrigung/selbstabwertendes Vergleichen im sozialen Kontext/fokussiert auf eigene Defizite, selbst- und fremdkritisch (Kritiker)
S – Konkurrenz (-kampf) & Entwertung/Wettbewerb mit dem beneideten anderen/Rivalität (Dramatiker)

Trägheit
Stets ruhig & Suche nach Harmonie und Frieden! **

Zorn
Stets untadelig & Suche nach Perfektion und Vollkommenheit! **

Wollust
Stets stark & Suche nach Macht, Stärke und Kontrolle! **

Stolz
Stets großzügig, stets liebevoll & Suche nach Liebe und Geliebtwerden! **

Völlerei
Stets optimistisch & Suche nach Lebensfreude, Leichtigkeit und Glück! **

Eitelkeit
Stets kompetent & Suche nach Erfolg und Leistung! **

Angst
Stets mutig & Suche nach Sicherheit und Vertrauen! **

Geiz
Stets objektiv & Suche nach Wissen und Weisheit! **

Neid
Stets authentisch, stets tief & Suche nach Individualität und Besonderheit **

27

VR
Verlagshaus
RATHMER

*** Selbstgefühl der Enneagrammtypen

**** Subjektiv empfundene Bedrohungen

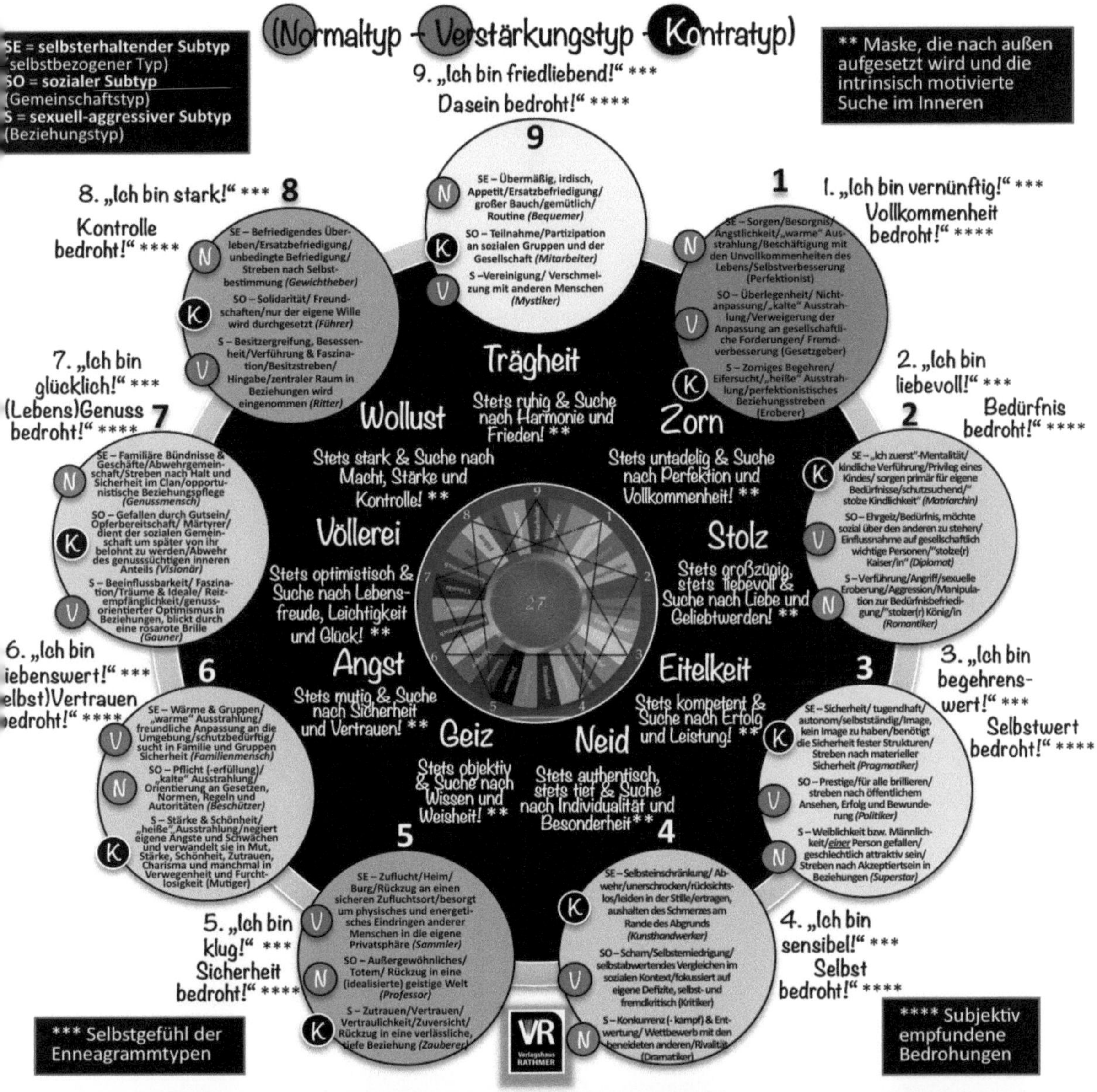

* Bei den jeweiligen **drei Subtypen (auch Untertypen oder Instinktvarianten)** jeder Enneagrammfixierung unterscheiden wir einen. **Normaltyp**, der **seine typspezifische Leidenschaft** auf „normale" Weise auslebt, einen sog. **Verstärkungstyp**, der seine entsprechende Leidenschaft auf „verstärkte" Weise lebt und einen sog. **Kontratyp** (Gegentyp), der seine jeweilige Leidenschaft **negiert**, also möglichst gar nicht lebt und vermeidet. Den **Normaltyp** und den **Verstärkungstyp** erkennt man für gewöhnlich am ehesten, der **Kontratyp** hingegen ist oft nicht so leicht zu erkennen, da er seine **Leidenschaft** (1. Zorn 2. Stolz 3. Eitelkeit 4. Neid 5. Geiz 6. Angst 7. Völlerei 8. Wollust 9. Trägheit) nach außen hin nicht lebt, sondern (unbewusst) versteckt oder negiert. Allen **drei Subtypen** gemein ist allerdings ihre **intrinsische Motivation** (= intrinsisch motivierte Suche, siehe unter **), die jeder Enneatyp entsprechend seiner vorherrschenden Instinktvariante bewusst oder meist unbewusst lebendig zum Ausdruck bringt.

1

Die 9 Enneatypen, ihre wahre Transformation (3.) und ihr spezifisches homöopathisches Heilmittel (4.)

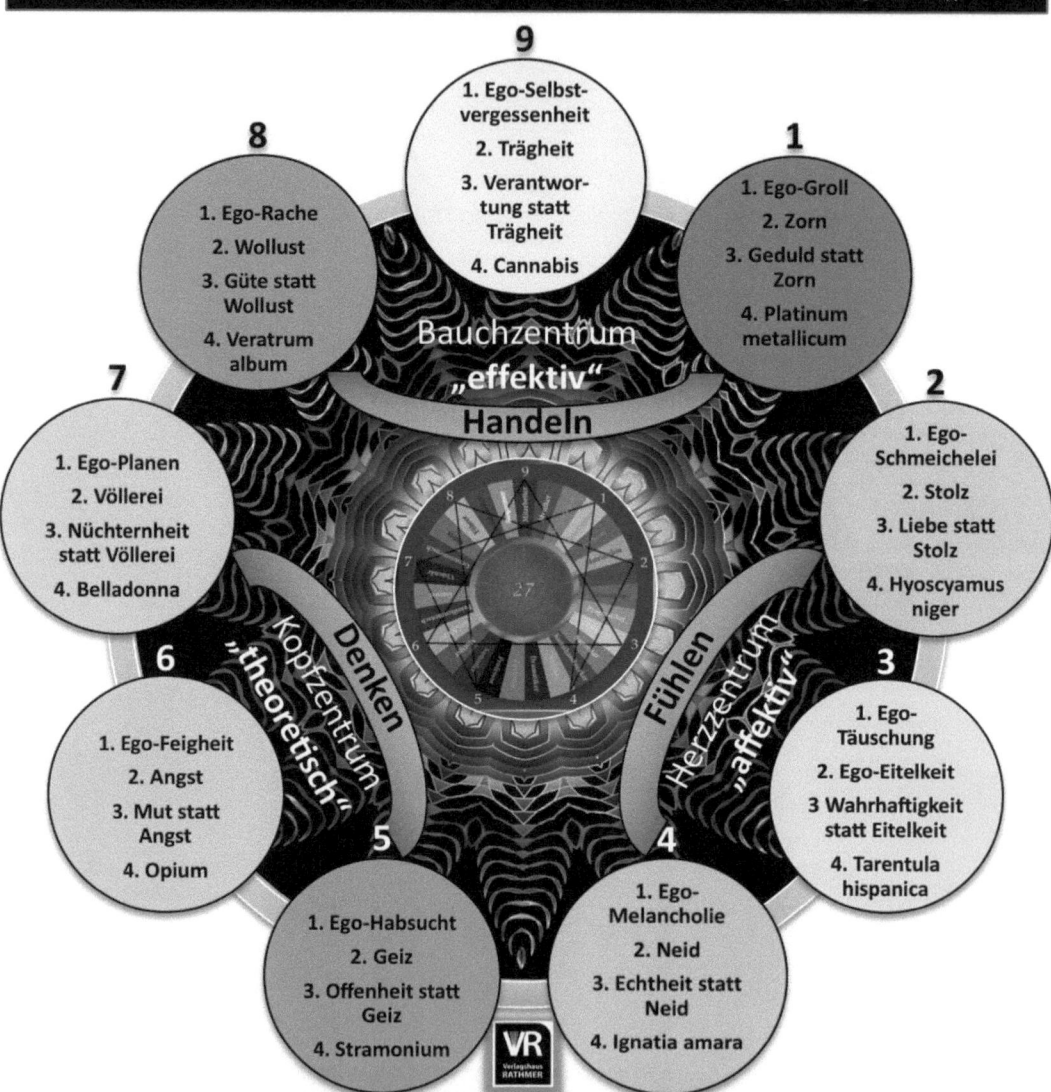

9
1. Ego-Selbstvergessenheit
2. Trägheit
3. Verantwortung statt Trägheit
4. Cannabis

8
1. Ego-Rache
2. Wollust
3. Güte statt Wollust
4. Veratrum album

1
1. Ego-Groll
2. Zorn
3. Geduld statt Zorn
4. Platinum metallicum

7
1. Ego-Planen
2. Völlerei
3. Nüchternheit statt Völlerei
4. Belladonna

2
1. Ego-Schmeichelei
2. Stolz
3. Liebe statt Stolz
4. Hyoscyamus niger

6
1. Ego-Feigheit
2. Angst
3. Mut statt Angst
4. Opium

3
1. Ego-Täuschung
2. Ego-Eitelkeit
3 Wahrhaftigkeit statt Eitelkeit
4. Tarentula hispanica

5
1. Ego-Habsucht
2. Geiz
3. Offenheit statt Geiz
4. Stramonium

4
1. Ego-Melancholie
2. Neid
3. Echtheit statt Neid
4. Ignatia amara

Bauchzentrum „effektiv" Handeln

Kopfzentrum „theoretisch" Denken

Herzzentrum „affektiv" Fühlen

VR Verlagshaus RATHMER

Homöopathische Enneagramm-Heilmittel bzw. Signaturenlehre *

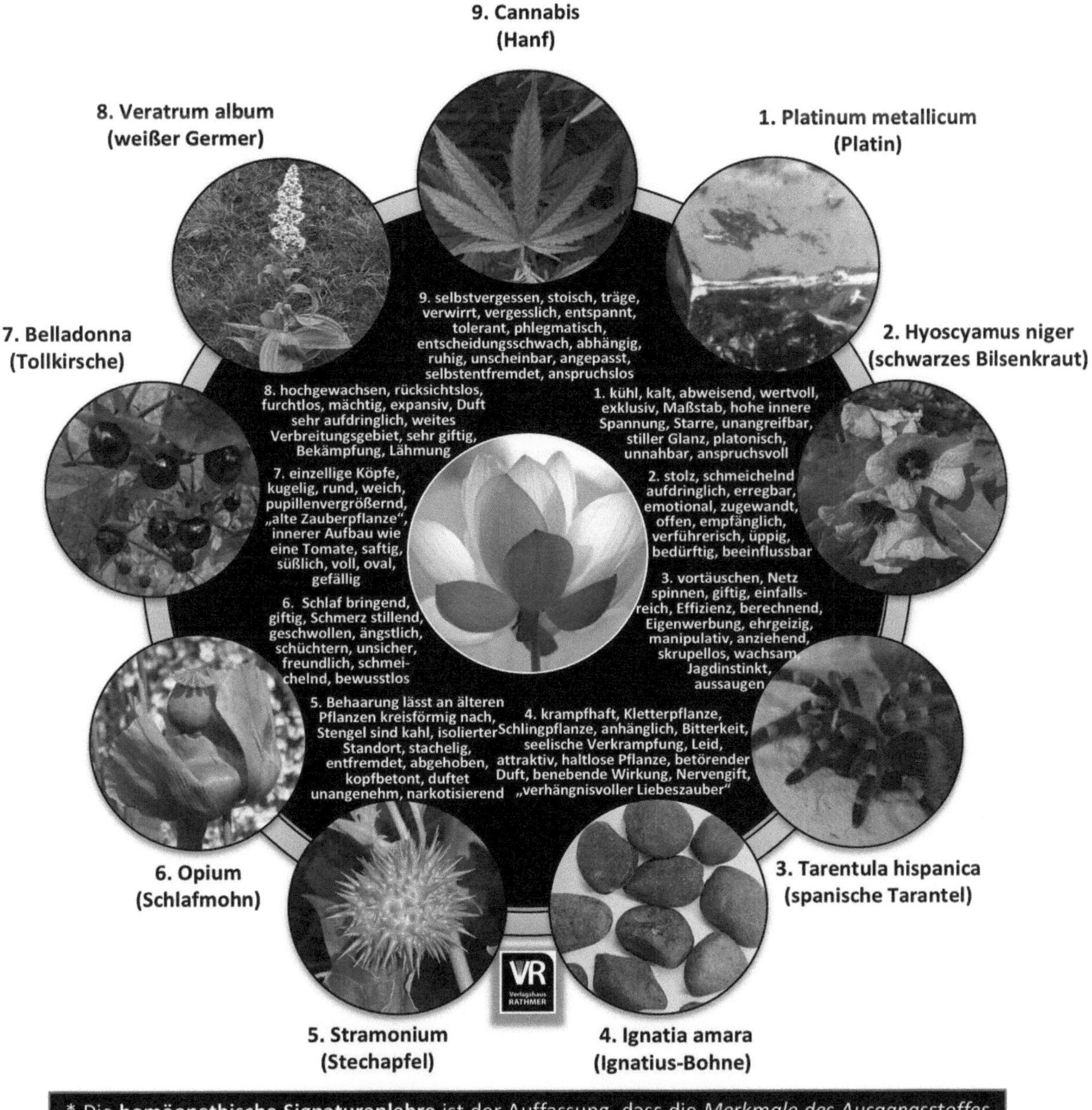

9. Cannabis (Hanf)

8. Veratrum album (weißer Germer)

1. Platinum metallicum (Platin)

7. Belladonna (Tollkirsche)

2. Hyoscyamus niger (schwarzes Bilsenkraut)

9. selbstvergessen, stoisch, träge, verwirrt, vergesslich, entspannt, tolerant, phlegmatisch, entscheidungsschwach, abhängig, ruhig, unscheinbar, angepasst, selbstentfremdet, anspruchslos

8. hochgewachsen, rücksichtslos, furchtlos, mächtig, expansiv, Duft sehr aufdringlich, weites Verbreitungsgebiet, sehr giftig, Bekämpfung, Lähmung

1. kühl, kalt, abweisend, wertvoll, exklusiv, Maßstab, hohe innere Spannung, Starre, unangreifbar, stiller Glanz, platonisch, unnahbar, anspruchsvoll

7. einzellige Köpfe, kugelig, rund, weich, pupillenvergrößernd, „alte Zauberpflanze", innerer Aufbau wie eine Tomate, saftig, süßlich, voll, oval, gefällig

2. stolz, schmeichelnd aufdringlich, erregbar, emotional, zugewandt, offen, empfänglich, verführerisch, üppig, bedürftig, beeinflussbar

6. Schlaf bringend, giftig, Schmerz stillend, geschwollen, ängstlich, schüchtern, unsicher, freundlich, schmeichelnd, bewusstlos

3. vortäuschen, Netz spinnen, giftig, einfallsreich, Effizienz, berechnend, Eigenwerbung, ehrgeizig, manipulativ, anziehend, skrupellos, wachsam, Jagdinstinkt, aussaugen

5. Behaarung lässt an älteren Pflanzen kreisförmig nach, Stengel sind kahl, isolierter Standort, stachelig, entfremdet, abgehoben, kopfbetont, duftet unangenehm, narkotisierend

4. krampfhaft, Kletterpflanze, Schlingpflanze, anhänglich, Bitterkeit, seelische Verkrampfung, Leid, attraktiv, haltlose Pflanze, betörender Duft, benebende Wirkung, Nervengift, „verhängnisvoller Liebeszauber"

6. Opium (Schlafmohn)

3. Tarentula hispanica (spanische Tarantel)

VR
Verlagshaus
RATHMER

5. Stramonium (Stechapfel)

4. Ignatia amara (Ignatius-Bohne)

* Die **homöopathische Signaturenlehre** ist der Auffassung, dass die *Merkmale des Ausgangsstoffes* eines homöopathischen Arzneimittels *Rückschlüsse auf ihre heilenden Eigenschaften* geben.

Bachblüten * und gesunde Anregungen **

Jedem **Enneatypen** kann auch eine *spezifische Bachblüte* zugeordnet werden:

9. Nimm dich selbst und deine Bedürfnisse wichtig! **

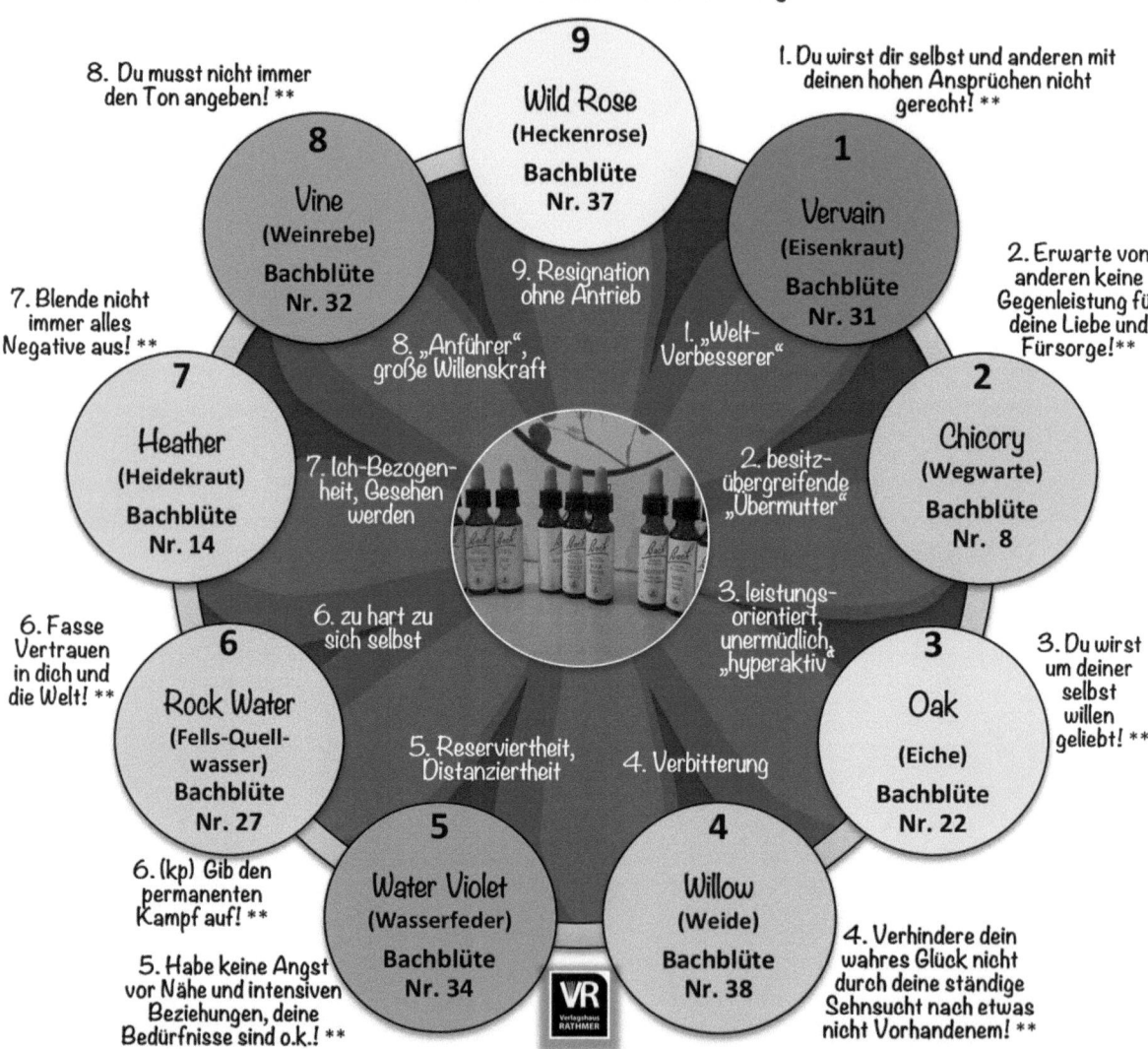

8. Du musst nicht immer den Ton angeben! **

1. Du wirst dir selbst und anderen mit deinen hohen Ansprüchen nicht gerecht! **

9

Wild Rose
(Heckenrose)
Bachblüte Nr. 37

8

Vine
(Weinrebe)
Bachblüte Nr. 32

1

Vervain
(Eisenkraut)
Bachblüte Nr. 31

2. Erwarte von anderen keine Gegenleistung für deine Liebe und Fürsorge! **

7. Blende nicht immer alles Negative aus! **

7

Heather
(Heidekraut)
Bachblüte Nr. 14

2

Chicory
(Wegwarte)
Bachblüte Nr. 8

9. Resignation ohne Antrieb

8. „Anführer", große Willenskraft

1. „Welt-Verbesserer"

2. besitz-übergreifende „Übermutter"

7. Ich-Bezogen-heit, Gesehen werden

2. besitz-übergreifende „Übermutter"

3. leistungs-orientiert, unermüdlich, „hyperaktiv"

6. Fasse Vertrauen in dich und die Welt! **

6

Rock Water
(Fells-Quell-wasser)
Bachblüte Nr. 27

6. zu hart zu sich selbst

5. Reserviertheit, Distanziertheit

4. Verbitterung

3

Oak
(Eiche)
Bachblüte Nr. 22

3. Du wirst um deiner selbst willen geliebt! **

6. (kp) Gib den permanenten Kampf auf! **

5

Water Violet
(Wasserfeder)
Bachblüte Nr. 34

4

Willow
(Weide)
Bachblüte Nr. 38

5. Habe keine Angst vor Nähe und intensiven Beziehungen, deine Bedürfnisse sind o.k.! **

4. Verhindere dein wahres Glück nicht durch deine ständige Sehnsucht nach etwas nicht Vorhandenem! **

VR
Verlagshaus
RATHMER

* Die **Bach-Blütentherapie** ist ein in den *1930er* Jahren von dem britischen Arzt und Homöopathen **Edward Bach** (1886-1936) begründetes und nach ihm benanntes *alternativmedizinisches Heilverfahren zur Behebung seelischer Ungleichgewichte als Grundlage jeglicher Krankheit*.
** **Gesunde Anregungen** für die *Enneatypen 1 – 9.*

Die Polaritäten der Enneagramm-Muster

Es bestehen **Gegensätzlichkeiten** jeweils *zweier in*
Wechselwirkung *zueinander stehender* **Eigenschaften** bei
jedem **Enneatyp**, auch *innerhalb* der **Triaden** Kopf – Herz – Bauch:

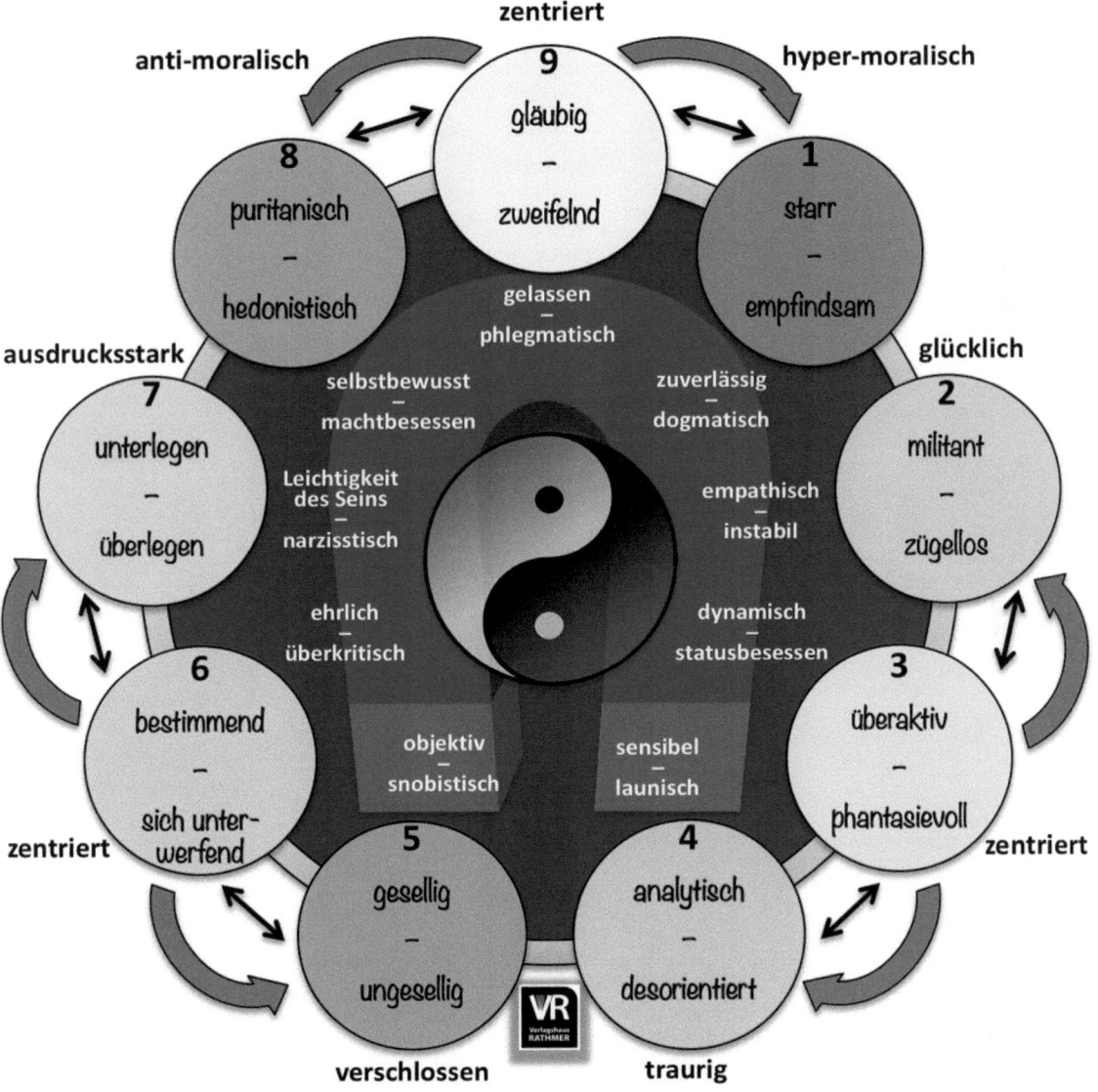

5

Die weibliche/männliche Seite, die Symmetrie *
des Enneagramms, Elemente des Körpers **

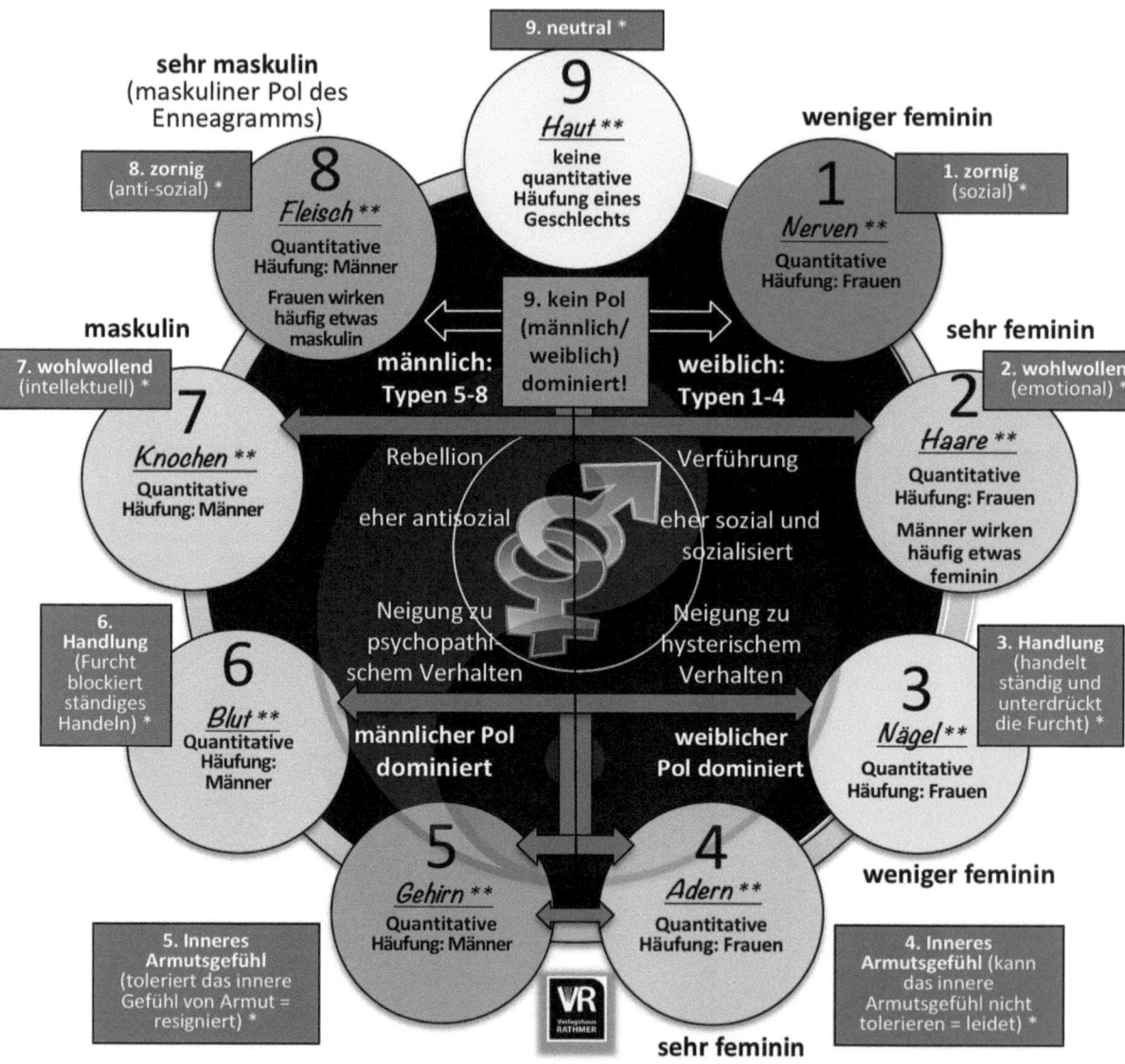

9. neutral *

9

*Haut ***
keine quantitative Häufung eines Geschlechts

sehr maskulin
(maskuliner Pol des Enneagramms)

weniger feminin

8. zornig
(anti-sozial) *

8
*Fleisch ***
Quantitative Häufung: Männer
Frauen wirken häufig etwas maskulin

1
*Nerven ***
Quantitative Häufung: Frauen

1. zornig
(sozial) *

9. kein Pol (männlich/weiblich) dominiert!

männlich: Typen 5-8

weiblich: Typen 1-4

maskulin

sehr feminin

7. wohlwollend
(intellektuell) *

7
*Knochen ***
Quantitative Häufung: Männer

Rebellion

eher antisozial

Verführung

eher sozial und sozialisiert

2
*Haare ***
Quantitative Häufung: Frauen
Männer wirken häufig etwas feminin

2. wohlwollen
(emotional) *

**6.
Handlung**
(Furcht blockiert ständiges Handeln) *

6
*Blut ***
Quantitative Häufung: Männer

Neigung zu psychopathischem Verhalten

Neigung zu hysterischem Verhalten

3
*Nägel ***
Quantitative Häufung: Frauen

3. Handlung
(handelt ständig und unterdrückt die Furcht) *

männlicher Pol dominiert

weiblicher Pol dominiert

5. Inneres Armutsgefühl
(toleriert das innere Gefühl von Armut = resigniert) *

5
*Gehirn ***
Quantitative Häufung: Männer

4
*Adern ***
Quantitative Häufung: Frauen

weniger feminin

4. Inneres Armutsgefühl (kann das innere Armutsgefühl nicht tolerieren = leidet) *

sehr feminin

VR
Verlagshaus
RATHMER

***** Nach *alter medizinischer Tradition* besteht der *menschliche Körper* aus *insgesamt 9 Elementen*, die den einzelnen *9 Enneagrammprinzipien* zugeordnet werden können.

Die innere Fließrichtung im Enneagramm * („Inner Flow")

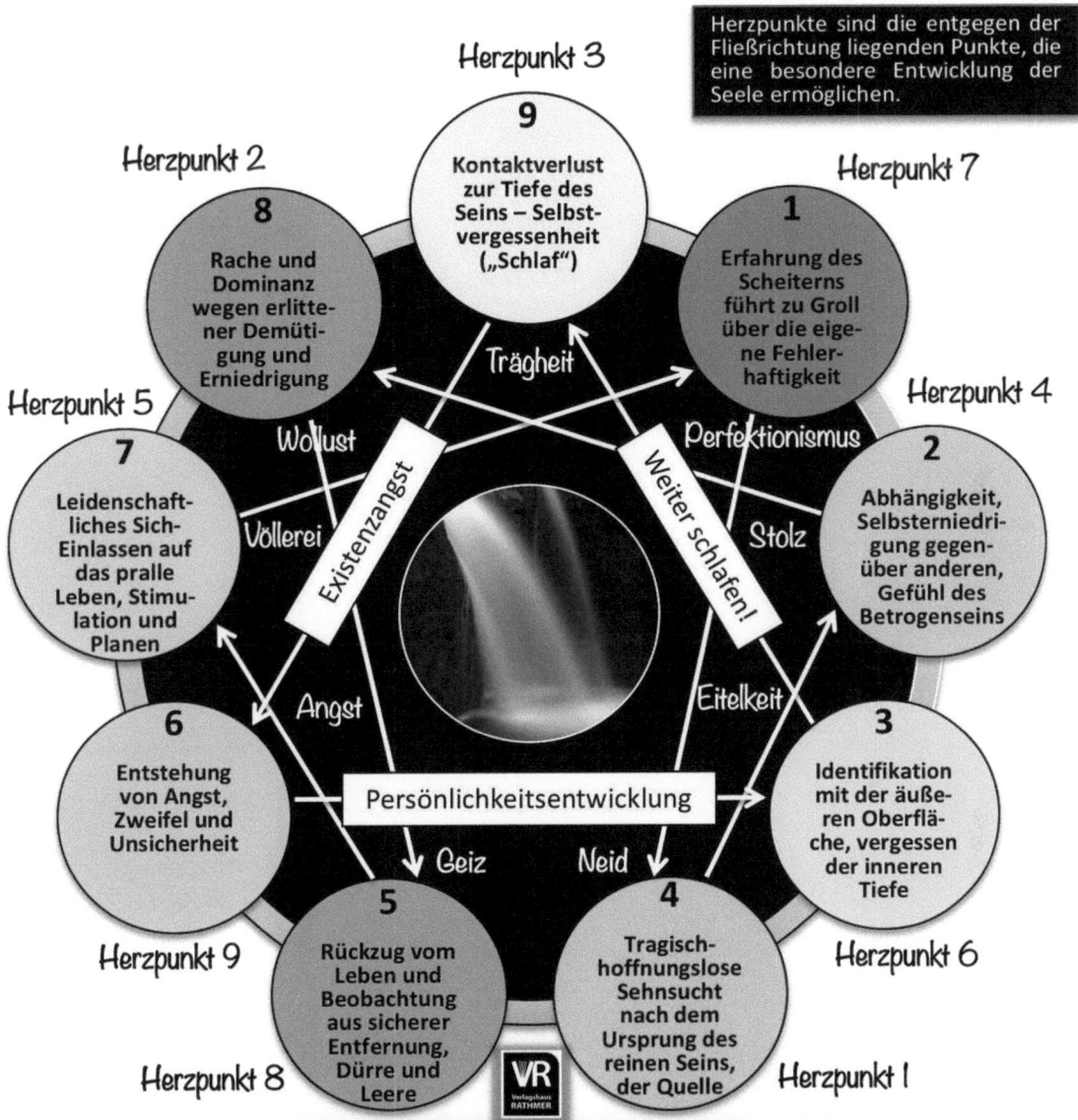

Herzpunkte sind die entgegen der Fließrichtung liegenden Punkte, die eine besondere Entwicklung der Seele ermöglichen.

Herzpunkt 3

Herzpunkt 2

Herzpunkt 7

Herzpunkt 5

Herzpunkt 4

Herzpunkt 9

Herzpunkt 6

Herzpunkt 8

Herzpunkt 1

9 — Kontaktverlust zur Tiefe des Seins – Selbstvergessenheit („Schlaf")

8 — Rache und Dominanz wegen erlittener Demütigung und Erniedrigung

1 — Erfahrung des Scheiterns führt zu Groll über die eigene Fehlerhaftigkeit

7 — Leidenschaftliches Sich-Einlassen auf das pralle Leben, Stimulation und Planen

2 — Abhängigkeit, Selbsterniedrigung gegenüber anderen, Gefühl des Betrogenseins

6 — Entstehung von Angst, Zweifel und Unsicherheit

3 — Identifikation mit der äußeren Oberfläche, vergessen der inneren Tiefe

5 — Rückzug vom Leben und Beobachtung aus sicherer Entfernung, Dürre und Leere

4 — Tragisch-hoffnungslose Sehnsucht nach dem Ursprung des reinen Seins, der Quelle

Trägheit

Wollust

Perfektionismus

Völlerei

Stolz

Angst

Eitelkeit

Geiz

Neid

Existenzangst

Weiter schlafen!

Persönlichkeitsentwicklung

VR
Verlagshaus
RATHMER

* Die innere Fließrichtung des Enneagramms zeigt die Bewegungsrichtung zwischen den einzelnen Enneagramm-Punkten des inneren Dreiecks (9 – 6 – 3) und des unregelmäßigen Sechsecks (1 – 4 – 2 – 8 – 5 – 7) auf. Innerhalb dieser Fließrichtung geht der Mensch in Richtung Unbewusstheit den Weg des geringsten Widerstandes, verwickelt sich automatisch und immer mehr in seine Lebensumstände und entfernt sich dadurch zunehmend von der Tiefe seines wahren Seins. Aus diesen vielen Teufelskreisen der menschlichen Ego-Entwicklung gibt es nur einen Ausweg, indem die Seele aus ihrem Schlafzustand erwacht und klar erkennt, dass die 9 möglichen nach außen gerichtete Ego-Strategien als untaugliche und unangemessene Mittel keine wahre Erfüllung und damit kein dauerhaftes Glück bringen können.

Die 9 Todsünden * (Hauptlaster oder Hauptabhängigkeiten) des Menschen

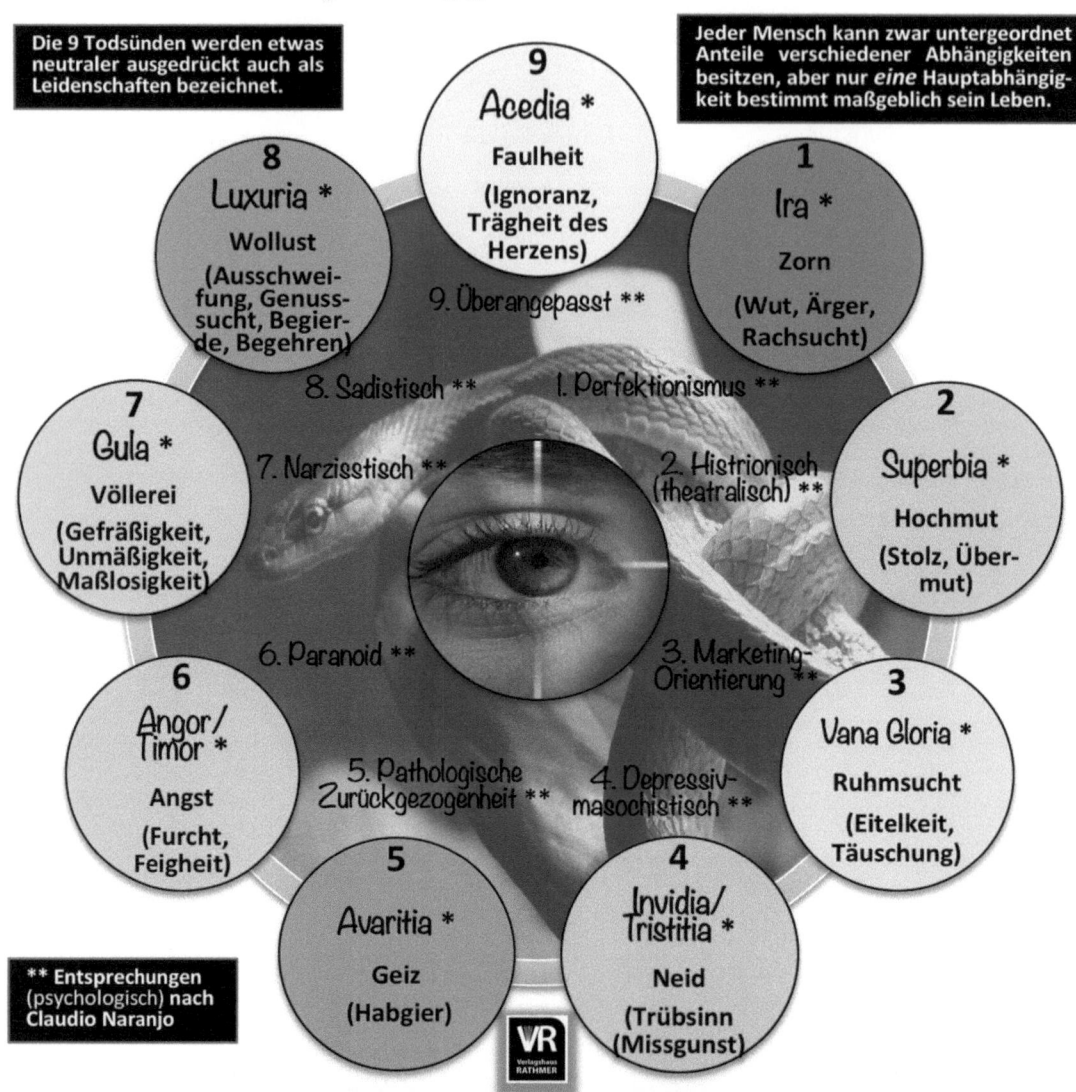

Die 9 Todsünden werden etwas neutraler ausgedrückt auch als Leidenschaften bezeichnet.

Jeder Mensch kann zwar untergeordnet Anteile verschiedener Abhängigkeiten besitzen, aber nur *eine* Hauptabhängigkeit bestimmt maßgeblich sein Leben.

9
Acedia *
Faulheit
(Ignoranz, Trägheit des Herzens)

8
Luxuria *
Wollust
(Ausschweifung, Genusssucht, Begierde, Begehren)

1
Ira *
Zorn
(Wut, Ärger, Rachsucht)

7
Gula *
Völlerei
(Gefräßigkeit, Unmäßigkeit, Maßlosigkeit)

2
Superbia *
Hochmut
(Stolz, Übermut)

6
Angor/Timor *
Angst
(Furcht, Feigheit)

3
Vana Gloria *
Ruhmsucht
(Eitelkeit, Täuschung)

5
Avaritia *
Geiz
(Habgier)

4
Invidia/Tristitia *
Neid
(Trübsinn, Missgunst)

9. Überangepasst **
8. Sadistisch **
1. Perfektionismus **
7. Narzisstisch **
2. Histrionisch (theatralisch) **
6. Paranoid **
3. Marketing-Orientierung **
5. Pathologische Zurückgezogenheit **
4. Depressiv-masochistisch **

** Entsprechungen (psychologisch) nach Claudio Naranjo

VR
Verlagshaus RATHMER

* *Der Sündenkatalog der klassischen Theologie* umfasste ursprünglich nur **7 Todsünden**, die sog. SALIGIA, ein im Mittelalter entstandenes Akronym aus den Anfangsbuchstaben der lateinischen Bezeichnungen für die **7 Hauptlaster des Menschen: Superbia, Avaritia, Luxuria, Ira, Gula Invidia, Acedia,** denen auch entsprechende Dämonen zugeordnet wurden. Später wurden durch den Wüstenvater **Euagrios Pontikos** noch die **Vana Gloria** sowie die **Tristitia** hinzugefügt, letztere entsprach aber wie die **Invidia** dem Enneagrammpunkt 4, sodass man auf acht negative Eigenschaften des Menschen kam. Interessanterweise wurde die **Angst** als 9. Hauptlaster in diesem Zusammenhang nicht erkannt. Diese insgesamt also **9 Todsünden** treiben im Verborgenen (Unterbewusstsein) ihr unseliges „dämonisches" Eigenspiel und sind dem Menschen in aller Regel nicht bewusst *(sog. „blinder Fleck")*.

Die Temperamentenlehre der Antike

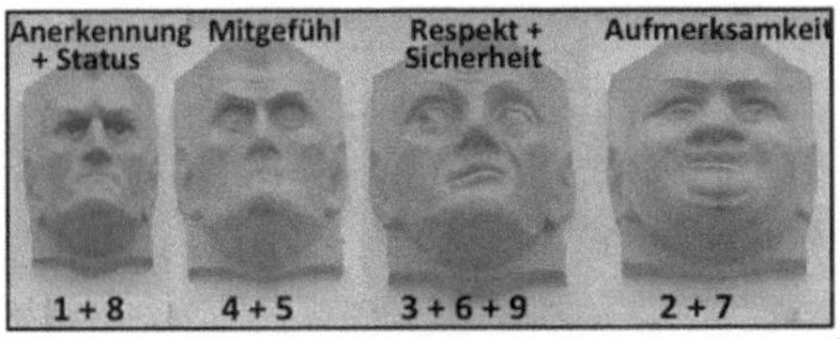

Anmerkung 1: Neben den *klassischen vier Tempe-ramenten* dieser bereits im Altertum bekannten Lehre habe ich zum *Phlegmatiker* die Qualität des *Angustikers* ergänzt, also eines Menschen, dessen Antrieb die **Angst** (6), auch die **Angst keinen Erfolg zu haben** (3), ist.

Anmerkung 2: *Somatotypen nach Sheldon:* Körperbau 1. ektomorph = *mager, sehnig & ausgeprägt profiliert* (**5, 6, 7**); 2. endomorph = *rund, weich & sinnlich* (**2, 3, 4**); 3. mesomorph = *stämmig, fest, stark* (**1, 8, 9**)

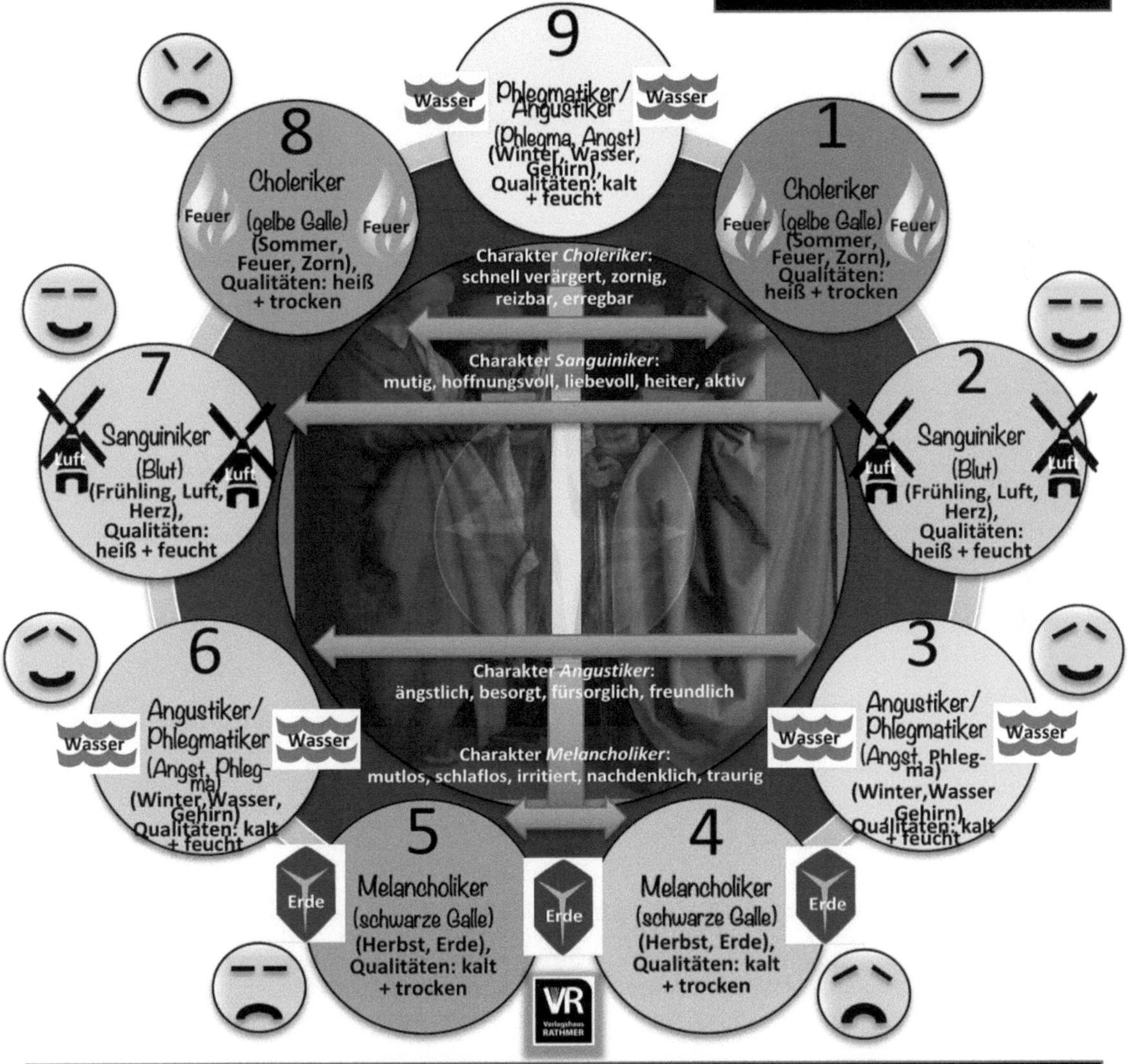

Charakter *Phlegmatiker*:
ruhig, unemotional, passiv

9
Wasser Phlegmatiker/ Angustiker Wasser
(Phlegma, Angst)
(Winter, Wasser, Gehirn)
Qualitäten: kalt + feucht

8
Feuer Choleriker Feuer
(gelbe Galle)
(Sommer, Feuer, Zorn),
Qualitäten: heiß + trocken

1
Feuer Choleriker Feuer
(gelbe Galle)
(Sommer, Feuer, Zorn),
Qualitäten: heiß + trocken

Charakter *Choleriker*:
schnell verärgert, zornig, reizbar, erregbar

Charakter *Sanguiniker*:
mutig, hoffnungsvoll, liebevoll, heiter, aktiv

7
Luft Sanguiniker Luft
(Blut)
(Frühling, Luft, Herz),
Qualitäten: heiß + feucht

2
Luft Sanguiniker Luft
(Blut)
(Frühling, Luft, Herz),
Qualitäten: heiß + feucht

6
Wasser Angustiker/ Phlegmatiker Wasser
(Angst, Phleg-ma)
(Winter, Wasser, Gehirn)
Qualitäten: kalt + feucht

3
Wasser Angustiker/ Phlegmatiker Wasser
(Angst, Phleg-ma)
(Winter, Wasser, Gehirn)
Qualitäten: kalt + feucht

Charakter *Angustiker*:
ängstlich, besorgt, fürsorglich, freundlich

Charakter *Melancholiker*:
mutlos, schlaflos, irritiert, nachdenklich, traurig

5
Erde Melancholiker Erde
(schwarze Galle)
(Herbst, Erde),
Qualitäten: kalt + trocken

4
Melancholiker Erde
(schwarze Galle)
(Herbst, Erde),
Qualitäten: kalt + trocken

VR
Verlagshaus RATHMER

Anmerkung: Was benötigt der menschliche Körper zum Überleben? *Atemluft, Trinken, Essen + Wärme*, entsprechend den vier Grundeigenschaften der Temperamente *Luft, Wasser, Erde + Feuer*.

Aphorismen des Dichters Rumi * zur Entwicklung eines höheren Bewusstseins

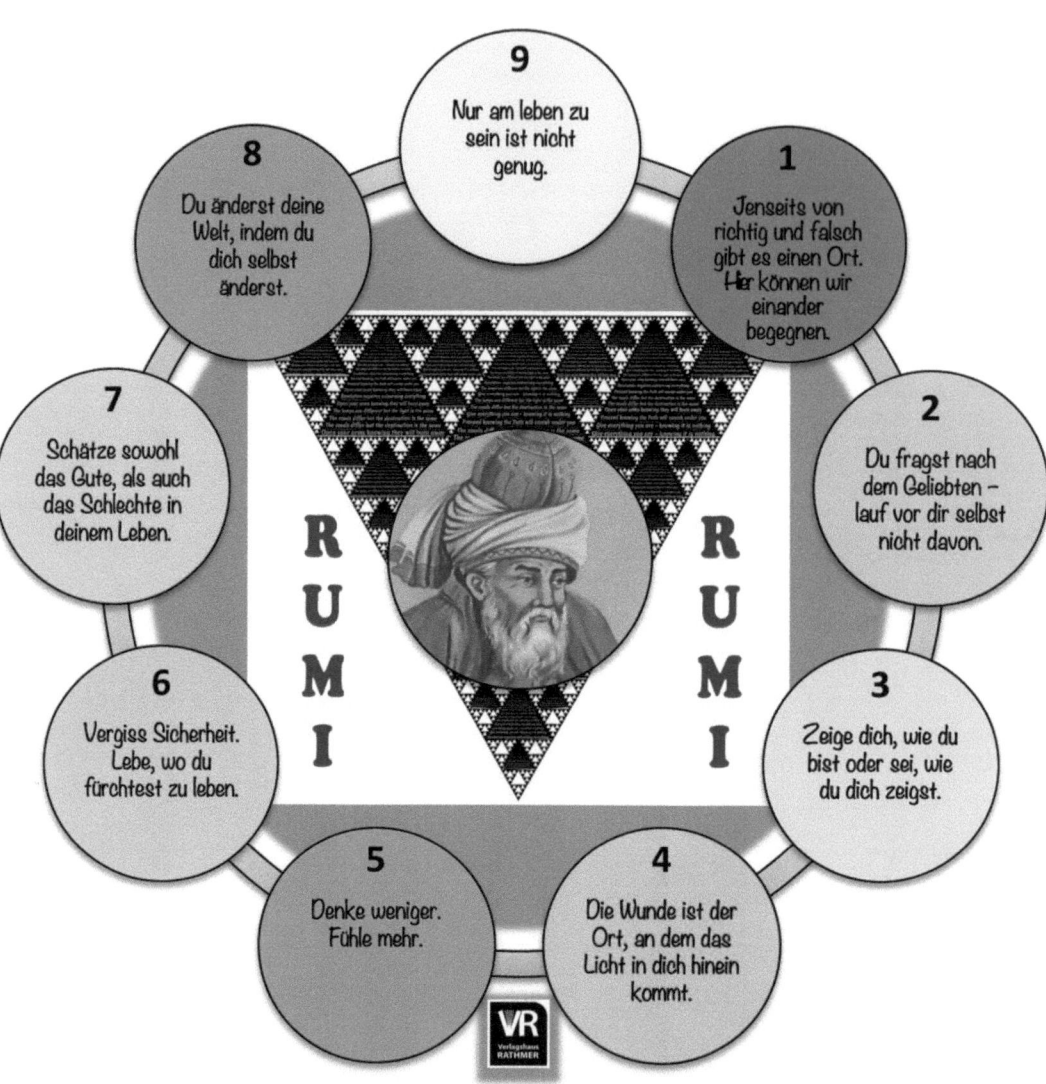

9 Nur am leben zu sein ist nicht genug.

8 Du änderst deine Welt, indem du dich selbst änderst.

1 Jenseits von richtig und falsch gibt es einen Ort. Hier können wir einander begegnen.

7 Schätze sowohl das Gute, als auch das Schlechte in deinem Leben.

2 Du fragst nach dem Geliebten – lauf vor dir selbst nicht davon.

6 Vergiss Sicherheit. Lebe, wo du fürchtest zu leben.

3 Zeige dich, wie du bist oder sei, wie du dich zeigst.

5 Denke weniger. Fühle mehr.

4 Die Wunde ist der Ort, an dem das Licht in dich hinein kommt.

* Rumi (30. September 1207 – 17. Dezember 1273) war ein persischer Sufi-Mystiker, Gelehrter und einer der bedeutendsten persisch-sprachigen Dichter des Mittelalters. Sein poetisches Hauptwerk „Mathnawi" umfasst 25.700 Verszeilen.

Die energetische Ausstrahlung von Angehörigen der Experten-Triade*, Optimisten-Triade**, Intensitäts-Triade***

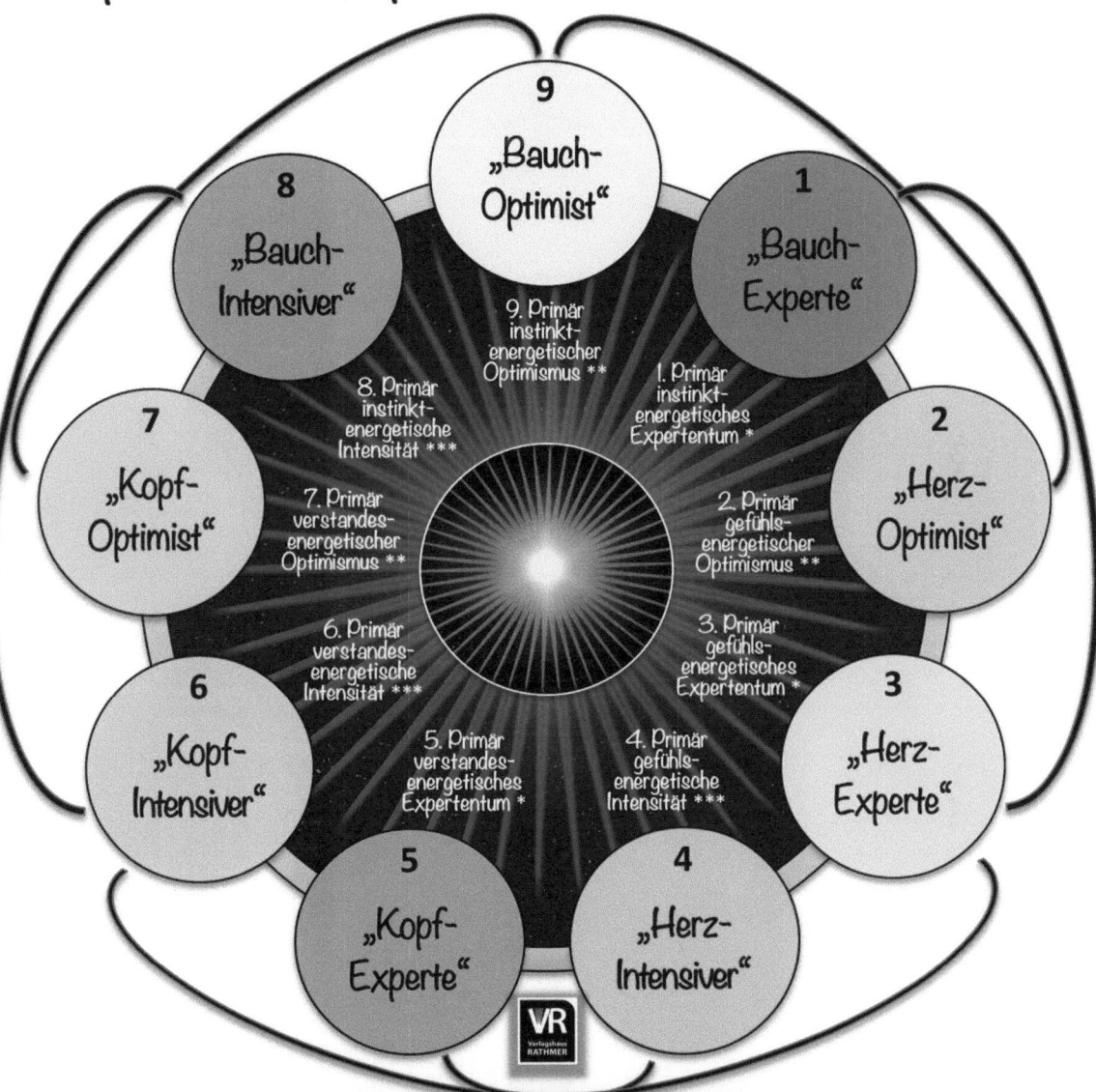

* Die **Experten-Triade** umfasst die *Typen 1 – 3 – 5*. Ob sie es wollen oder nicht haben diese Typen auf ihre Mitmenschen eine gewisse „Experten-Ausstrahlung", man empfindet bei ihnen eine bestimmte Fachkompetenz auf ihrem Gebiet.
** Die **Optimisten-Triade** umfasst die *Typen 2 – 7 – 9*. Sie betrachten die Wirklichkeit tendenziell (nicht immer!) mehr positiv-optimistisch.
*** Die **Intensitäts-Triade** umfasst die *Typen 4 - 6 - 8*. Diese drei Intensiv-Typen des Enneagramms besitzen eine gewisse intensive Ausstrahlung, wobei jeder Typ auf sehr unterschiedliche Art und Weise je nach seiner Zugehörigkeit zu den ursprünglichen Triaden Kopf, Herz und Bauch sein Thema ausstrahlt.

Die Hauptabhängigkeiten (Abwehrmechanismen, Leidenschaften) * der 27 Subtypen

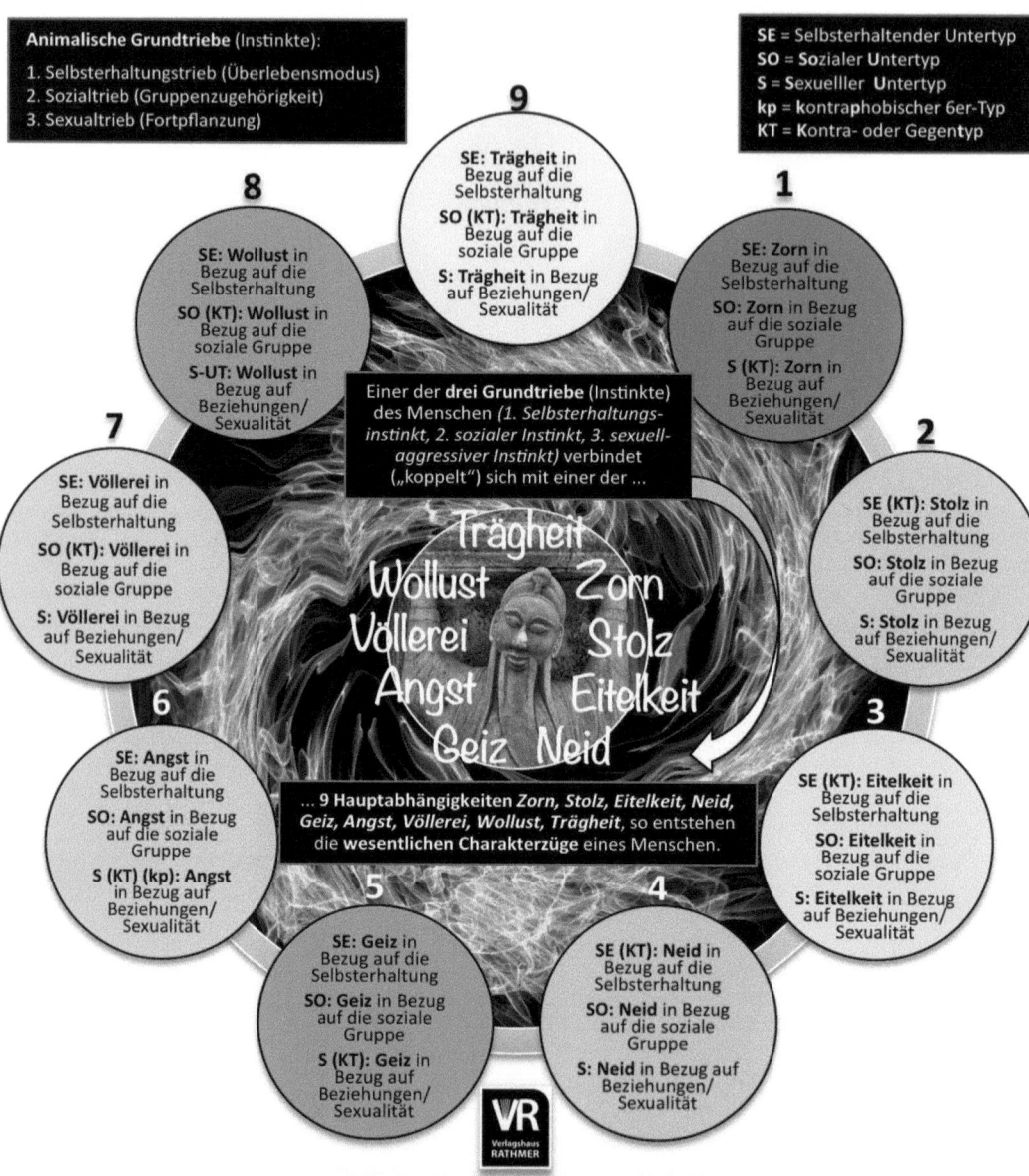

Animalische Grundtriebe (Instinkte):

1. Selbsterhaltungstrieb (Überlebensmodus)
2. Sozialtrieb (Gruppenzugehörigkeit)
3. Sexualtrieb (Fortpflanzung)

SE = Selbsterhaltender Untertyp
SO = Sozialer Untertyp
S = Sexueller Untertyp
kp = kontraphobischer 6er-Typ
KT = Kontra- oder Gegentyp

9
SE: **Trägheit** in Bezug auf die Selbsterhaltung
SO (KT): **Trägheit** in Bezug auf die soziale Gruppe
S: **Trägheit** in Bezug auf Beziehungen/Sexualität

8
SE: **Wollust** in Bezug auf die Selbsterhaltung
SO (KT): **Wollust** in Bezug auf die soziale Gruppe
S-UT: **Wollust** in Bezug auf Beziehungen/Sexualität

1
SE: **Zorn** in Bezug auf die Selbsterhaltung
SO: **Zorn** in Bezug auf die soziale Gruppe
S (KT): **Zorn** in Bezug auf Beziehungen/Sexualität

7
SE: **Völlerei** in Bezug auf die Selbsterhaltung
SO (KT): **Völlerei** in Bezug auf die soziale Gruppe
S: **Völlerei** in Bezug auf Beziehungen/Sexualität

2
SE (KT): **Stolz** in Bezug auf die Selbsterhaltung
SO: **Stolz** in Bezug auf die soziale Gruppe
S: **Stolz** in Bezug auf Beziehungen/Sexualität

Einer der **drei Grundtriebe** (Instinkte) des Menschen *(1. Selbsterhaltungs-instinkt, 2. sozialer Instinkt, 3. sexuell-aggressiver Instinkt)* verbindet („koppelt") sich mit einer der ...

Trägheit
Wollust   Zorn
Völlerei   Stolz
Angst   Eitelkeit
Geiz   Neid

6
SE: **Angst** in Bezug auf die Selbsterhaltung
SO: **Angst** in Bezug auf die soziale Gruppe
S (KT) (kp): **Angst** in Bezug auf Beziehungen/Sexualität

3
SE (KT): **Eitelkeit** in Bezug auf die Selbsterhaltung
SO: **Eitelkeit** in Bezug auf die soziale Gruppe
S: **Eitelkeit** in Bezug auf Beziehungen/Sexualität

... 9 Hauptabhängigkeiten *Zorn, Stolz, Eitelkeit, Neid, Geiz, Angst, Völlerei, Wollust, Trägheit*, so entstehen die **wesentlichen Charakterzüge** eines Menschen.

5
SE: **Geiz** in Bezug auf die Selbsterhaltung
SO: **Geiz** in Bezug auf die soziale Gruppe
S (KT): **Geiz** in Bezug auf Beziehungen/Sexualität

4
SE (KT): **Neid** in Bezug auf die Selbsterhaltung
SO: **Neid** in Bezug auf die soziale Gruppe
S: **Neid** in Bezug auf Beziehungen/Sexualität

VR Verlagshaus RATHMER

* Die dem einzelnen Enneatypen in aller Regel nicht bewussten **Hauptabhängigkeiten oder Hauptlaster des Menschen** lassen sich je nach Besonderheit der einzelnen 27 Unter-typen konkret als das **unbewusste Hauptproblem** oder **Hauptthema** der jeweiligen **Sub-typen** formulieren. Je unbewusster und kränker der Mensch ist, desto intensiver agiert er diese **einseitige Charakterfixierung** zum **Nachteil** seiner Umgebung und sich selbst aus.

Die tiefsten Geheimnisse der 9 Enneatypen

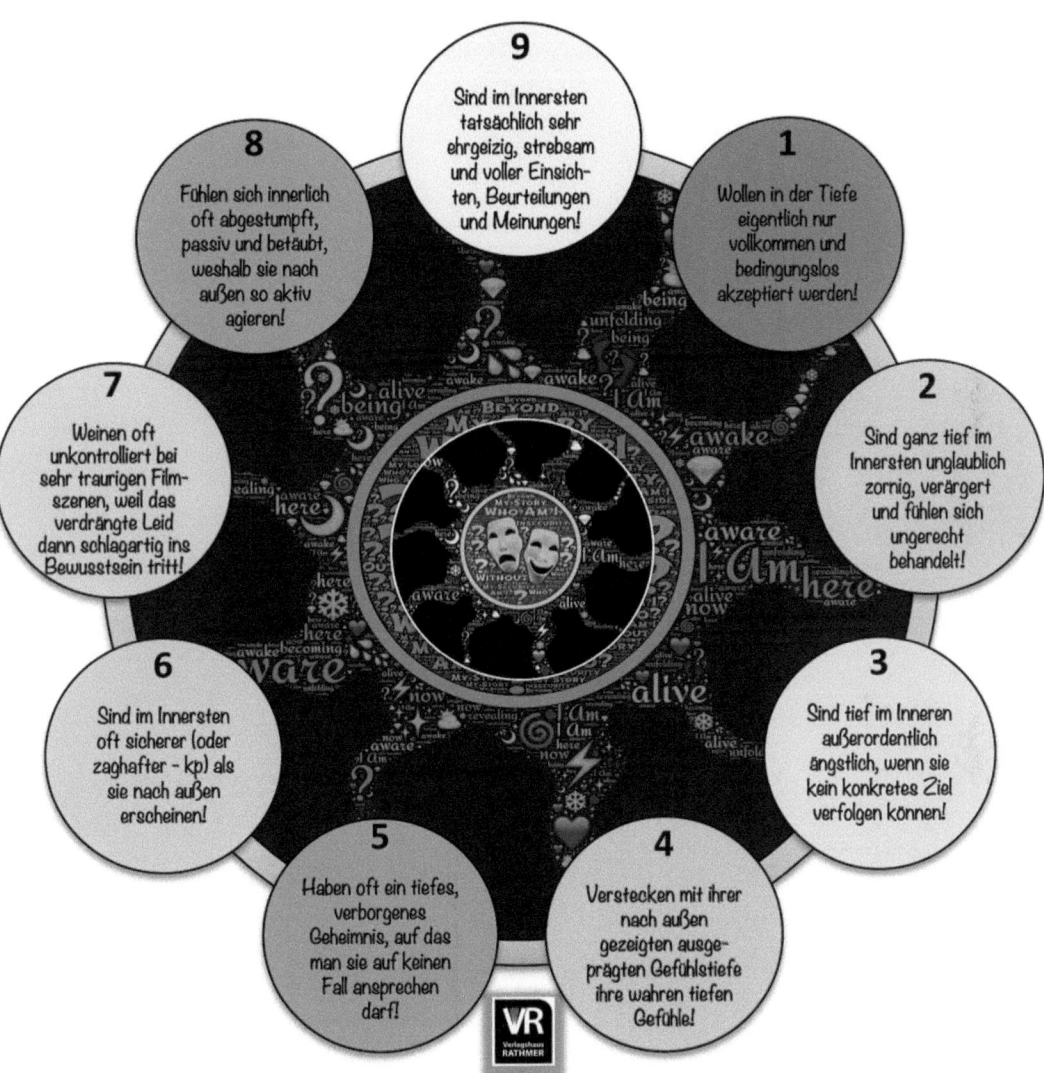

9
Sind im Innersten tatsächlich sehr ehrgeizig, strebsam und voller Einsichten, Beurteilungen und Meinungen!

8
Fühlen sich innerlich oft abgestumpft, passiv und betäubt, weshalb sie nach außen so aktiv agieren!

1
Wollen in der Tiefe eigentlich nur vollkommen und bedingungslos akzeptiert werden!

7
Weinen oft unkontrolliert bei sehr traurigen Filmszenen, weil das verdrängte Leid dann schlagartig ins Bewusstsein tritt!

2
Sind ganz tief im Innersten unglaublich zornig, verärgert und fühlen sich ungerecht behandelt!

6
Sind im Innersten oft sicherer (oder zaghafter - kp) als sie nach außen erscheinen!

3
Sind tief im Inneren außerordentlich ängstlich, wenn sie kein konkretes Ziel verfolgen können!

5
Haben oft ein tiefes, verborgenes Geheimnis, auf das man sie auf keinen Fall ansprechen darf!

4
Verstecken mit ihrer nach außen gezeigten ausgeprägten Gefühlstiefe ihre wahren tiefen Gefühle!

VR
Verlagshaus
RATHMER

Biblische Seligpreisungen & heilige Wege *

Bibel, Bergpredigt*, Matthäus (Mt) 5, 1-12:
Selig sind, ...

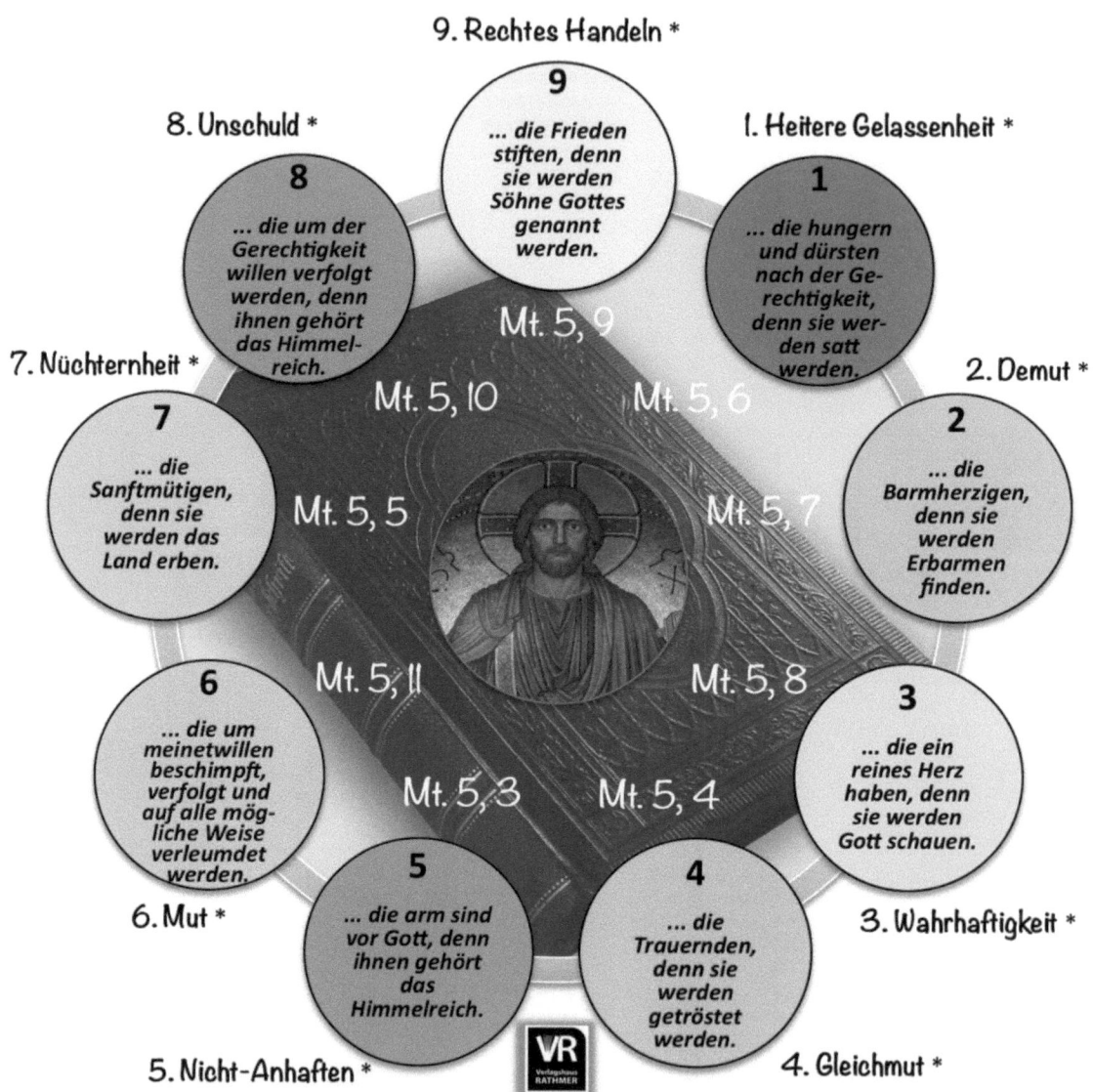

9. Rechtes Handeln *

9 ... die Frieden stiften, denn sie werden Söhne Gottes genannt werden.

8. Unschuld *

8 ... die um der Gerechtigkeit willen verfolgt werden, denn ihnen gehört das Himmelreich.

1. Heitere Gelassenheit *

1 ... die hungern und dürsten nach der Gerechtigkeit, denn sie werden satt werden.

7. Nüchternheit *

7 ... die Sanftmütigen, denn sie werden das Land erben.

2. Demut *

2 ... die Barmherzigen, denn sie werden Erbarmen finden.

Mt. 5, 9
Mt. 5, 10
Mt. 5, 6
Mt. 5, 5
Mt. 5, 7
Mt. 5, 11
Mt. 5, 8
Mt. 5, 3
Mt. 5, 4

6 ... die um meinetwillen beschimpft, verfolgt und auf alle mögliche Weise verleumdet werden.

6. Mut *

3 ... die ein reines Herz haben, denn sie werden Gott schauen.

3. Wahrhaftigkeit *

5 ... die arm sind vor Gott, denn ihnen gehört das Himmelreich.

4 ... die Trauernden, denn sie werden getröstet werden.

5. Nicht-Anhaften *

4. Gleichmut *

VR Verlagshaus RATHMER

---

* Die Bergpredigt: Die Rede von der wahren Gerechtigkeit: *„Als Jesus die vielen Menschen sah, stieg er auf einen Berg. Er setzte sich und seine Jünger traten zu ihm. Dann begann er zu reden und lehrte sie."* ...

Das Leben Jesu und die 9 Stufen seines Weges

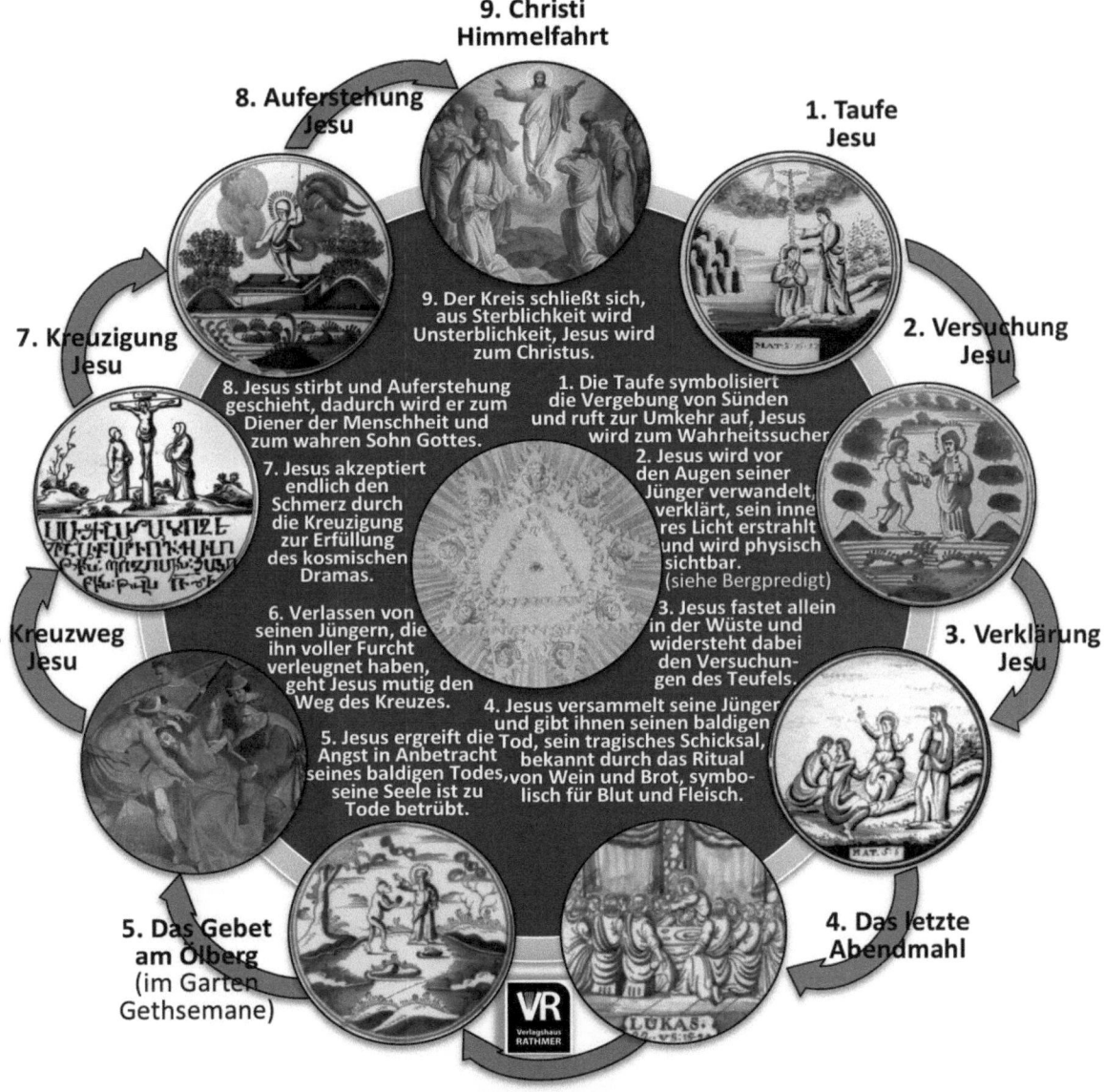

9. Christi Himmelfahrt

8. Auferstehung Jesu

1. Taufe Jesu

7. Kreuzigung Jesu

2. Versuchung Jesu

6. Kreuzweg Jesu

3. Verklärung Jesu

5. Das Gebet am Ölberg (im Garten Gethsemane)

4. Das letzte Abendmahl

9. Der Kreis schließt sich, aus Sterblichkeit wird Unsterblichkeit, Jesus wird zum Christus.

8. Jesus stirbt und Auferstehung geschieht, dadurch wird er zum Diener der Menschheit und zum wahren Sohn Gottes.

7. Jesus akzeptiert endlich den Schmerz durch die Kreuzigung zur Erfüllung des kosmischen Dramas.

6. Verlassen von seinen Jüngern, die ihn voller Furcht verleugnet haben, geht Jesus mutig den Weg des Kreuzes.

5. Jesus ergreift die Angst in Anbetracht seines baldigen Todes, seine Seele ist zu Tode betrübt.

1. Die Taufe symbolisiert die Vergebung von Sünden und ruft zur Umkehr auf, Jesus wird zum Wahrheitssucher.

2. Jesus wird vor den Augen seiner Jünger verwandelt, verklärt, sein inneres Licht erstrahlt und wird physisch sichtbar. (siehe Bergpredigt)

3. Jesus fastet allein in der Wüste und widersteht dabei den Versuchungen des Teufels.

4. Jesus versammelt seine Jünger und gibt ihnen seinen baldigen Tod, sein tragisches Schicksal, bekannt durch das Ritual von Wein und Brot, symbolisch für Blut und Fleisch.

VR Verlagshaus RATHMER

* Das Leben Jesu lässt sich primär in 9 Entwicklungsstufen seines Bewusstseins abbilden, während er einen menschlichen Zyklus durchlebt, deren Stufen im Grunde jeder Mensch in seinem Leben erlebt, ob bewusst oder unbewusst. Dabei erfährt jeder Mensch die 9 Prinzipien dieses Universums auf individuelle Weise.

Der Kreuzweg Jesu in 9 Stationen *

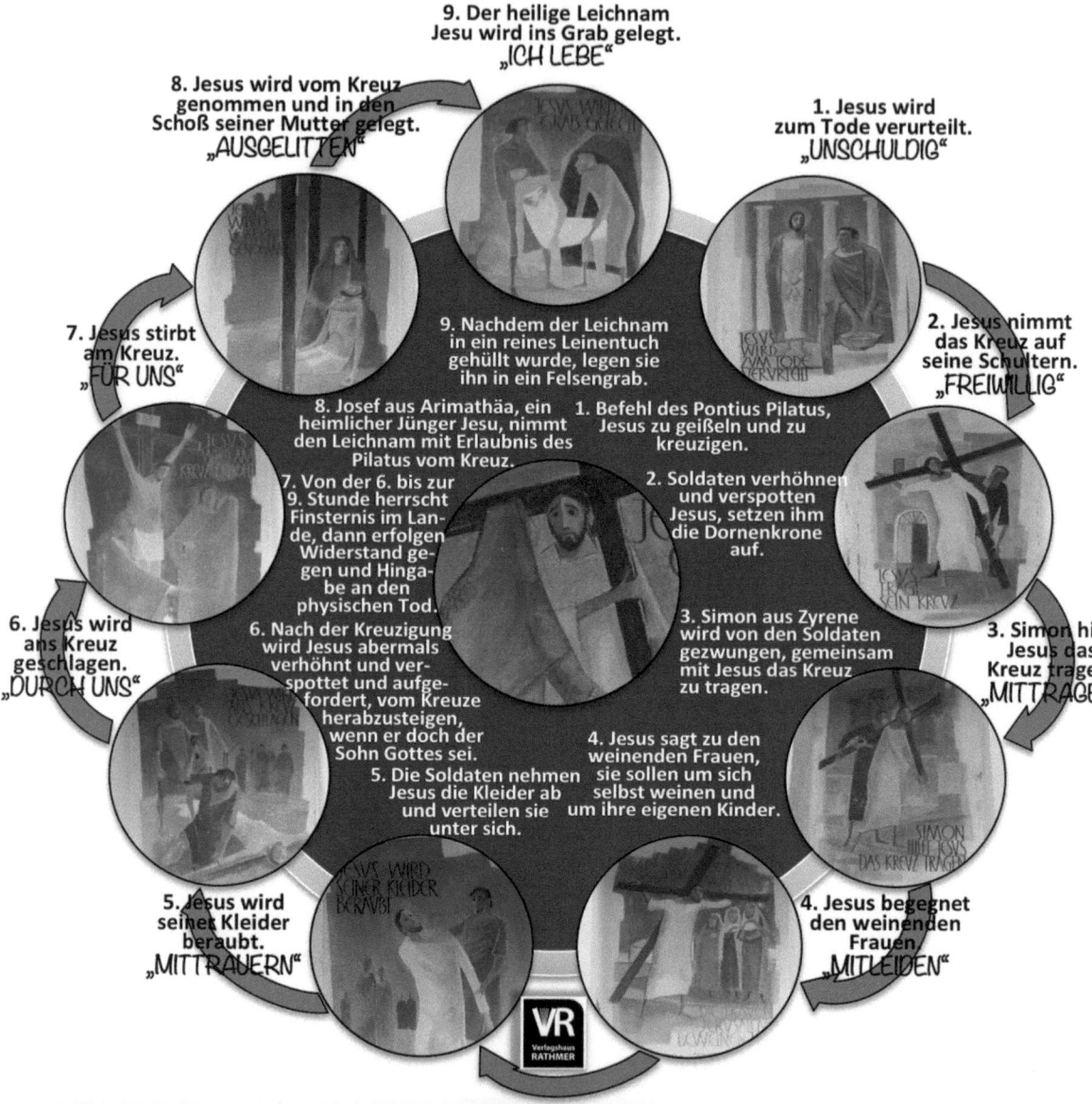

9. Der heilige Leichnam Jesu wird ins Grab gelegt. „ICH LEBE"

8. Jesus wird vom Kreuz genommen und in den Schoß seiner Mutter gelegt. „AUSGELITTEN"

1. Jesus wird zum Tode verurteilt. „UNSCHULDIG"

7. Jesus stirbt am Kreuz. „FÜR UNS"

2. Jesus nimmt das Kreuz auf seine Schultern. „FREIWILLIG"

6. Jesus wird ans Kreuz geschlagen. „DURCH UNS"

3. Simon hilft Jesus das Kreuz tragen „MITTRAGEN"

5. Jesus wird seiner Kleider beraubt. „MITTRAUERN"

4. Jesus begegnet den weinenden Frauen. „MITLEIDEN"

9. Nachdem der Leichnam in ein reines Leinentuch gehüllt wurde, legen sie ihn in ein Felsengrab.

8. Josef aus Arimathäa, ein heimlicher Jünger Jesu, nimmt den Leichnam mit Erlaubnis des Pilatus vom Kreuz.

1. Befehl des Pontius Pilatus, Jesus zu geißeln und zu kreuzigen.

7. Von der 6. bis zur 9. Stunde herrscht Finsternis im Lande, dann erfolgen Widerstand gegen und Hingabe an den physischen Tod.

2. Soldaten verhöhnen und verspotten Jesus, setzen ihm die Dornenkrone auf.

6. Nach der Kreuzigung wird Jesus abermals verhöhnt und verspottet und aufgefordert, vom Kreuze herabzusteigen, wenn er doch der Sohn Gottes sei.

3. Simon aus Zyrene wird von den Soldaten gezwungen, gemeinsam mit Jesus das Kreuz zu tragen.

5. Die Soldaten nehmen Jesus die Kleider ab und verteilen sie unter sich.

4. Jesus sagt zu den weinenden Frauen, sie sollen um sich selbst weinen und um ihre eigenen Kinder.

VR
Verlagshaus
RATHMER

* Der Kreuzweg Jesu bestand ursprünglich traditionell aus 7, ab ca. dem 16. Jahrhundert aus 14 Stationen. Allerdings finden von diesen 14 nur 9 Stationen in der Bibel ausdrücklich Erwähnung und es sind genau diejenigen, die auch dem Prozessmodell der universellen Enneagramms entsprechen. Die Abbildungen stammen von Nischenbildstöcken der Kreuzwegstationen in Althofen (Österreich) vom Ausgang des Kalvarienbergweges nach Norden bis zur Kalvarienbergkapelle hl. Kreuz.

Verhalten in Problemsituationen und Energiepunkte *

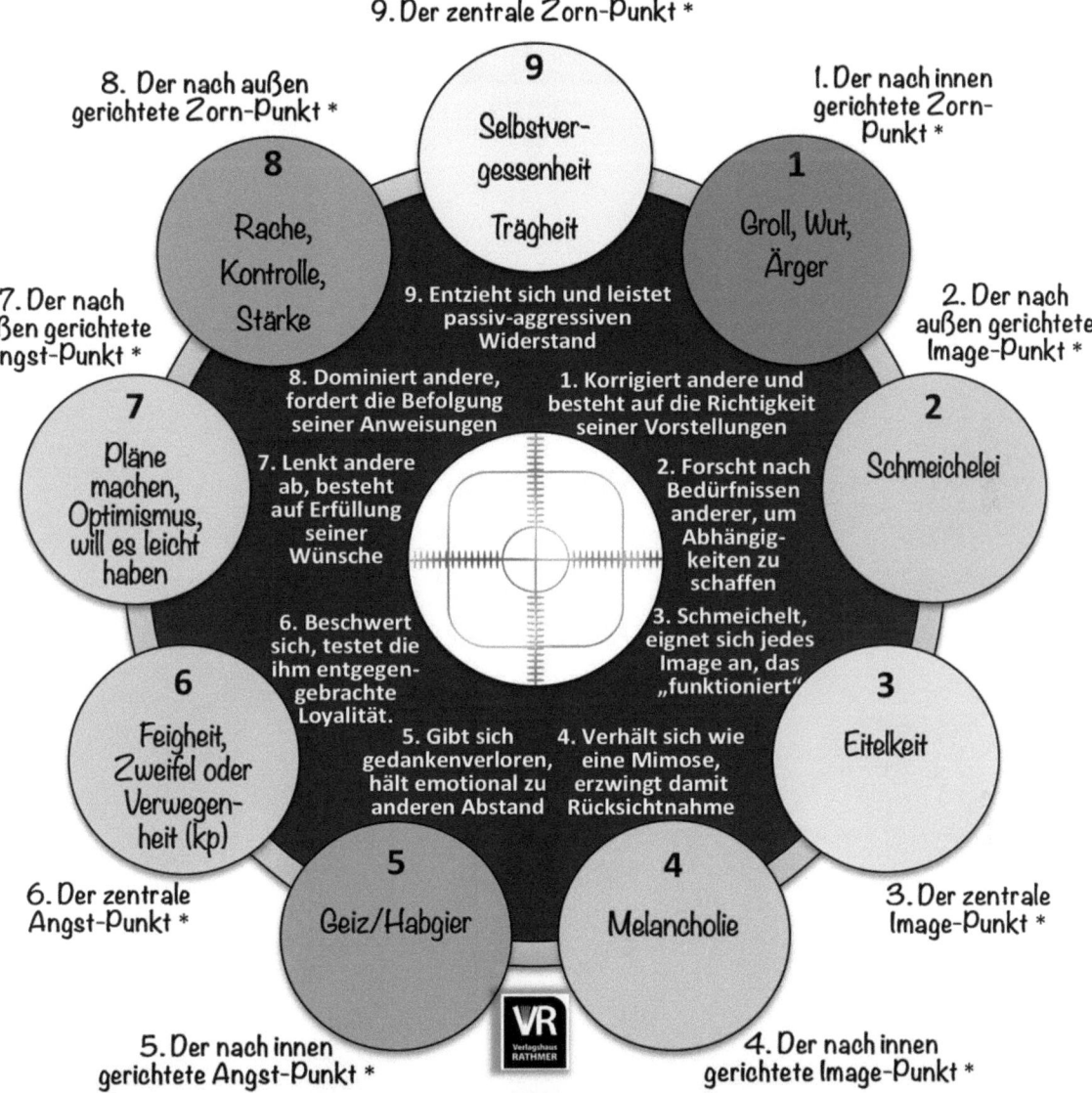

9. Der zentrale Zorn-Punkt *

8. Der nach außen gerichtete Zorn-Punkt *

1. Der nach innen gerichtete Zorn-Punkt *

7. Der nach außen gerichtete Angst-Punkt *

2. Der nach außen gerichtete Image-Punkt *

9
Selbstver-
gessenheit
Trägheit

8
Rache,
Kontrolle,
Stärke

1
Groll, Wut,
Ärger

7
Pläne
machen,
Optimismus,
will es leicht
haben

2
Schmeichelei

6
Feigheit,
Zweifel oder
Verwegen-
heit (kp)

3
Eitelkeit

5
Geiz/Habgier

4
Melancholie

9. Entzieht sich und leistet passiv-aggressiven Widerstand

8. Dominiert andere, fordert die Befolgung seiner Anweisungen

1. Korrigiert andere und besteht auf die Richtigkeit seiner Vorstellungen

7. Lenkt andere ab, besteht auf Erfüllung seiner Wünsche

2. Forscht nach Bedürfnissen anderer, um Abhängig-keiten zu schaffen

6. Beschwert sich, testet die ihm entgegen-gebrachte Loyalität.

3. Schmeichelt, eignet sich jedes Image an, das „funktioniert"

5. Gibt sich gedankenverloren, hält emotional zu anderen Abstand

4. Verhält sich wie eine Mimose, erzwingt damit Rücksichtnahme

7. Der nach außen gerichtete Angst-Punkt *

6. Der zentrale Angst-Punkt *

5. Der nach innen gerichtete Angst-Punkt *

4. Der nach innen gerichtete Image-Punkt *

3. Der zentrale Image-Punkt *

VR
Verlagshaus
RATHMER

Jeder Mensch verhält sich in problematischen Situationen seines Lebens je nach seiner ennea-grammatischen Fixierung sehr unterschiedlich. In Krisensituationen kann man daher den Enneagrammtyp eines anderen Menschen besonders gut erkennen, nur man selbst ist in solchen Situationen besonders „blind" für die psychologischen Eigenanteile, die einen oft erst unbewusst in die Problemsituation gebracht haben. Daher sollte man bei der Bestimmung des eigenen Enneatyps durchaus auch ehrliche „Fremdmeinungen" von vertrauten Menschen mitberücksichtigen. * Zentrale, nach außen und nach innen gerichtete Energiepunkte

17

Definitionen der Leidenschaften und Charakterfixierung *

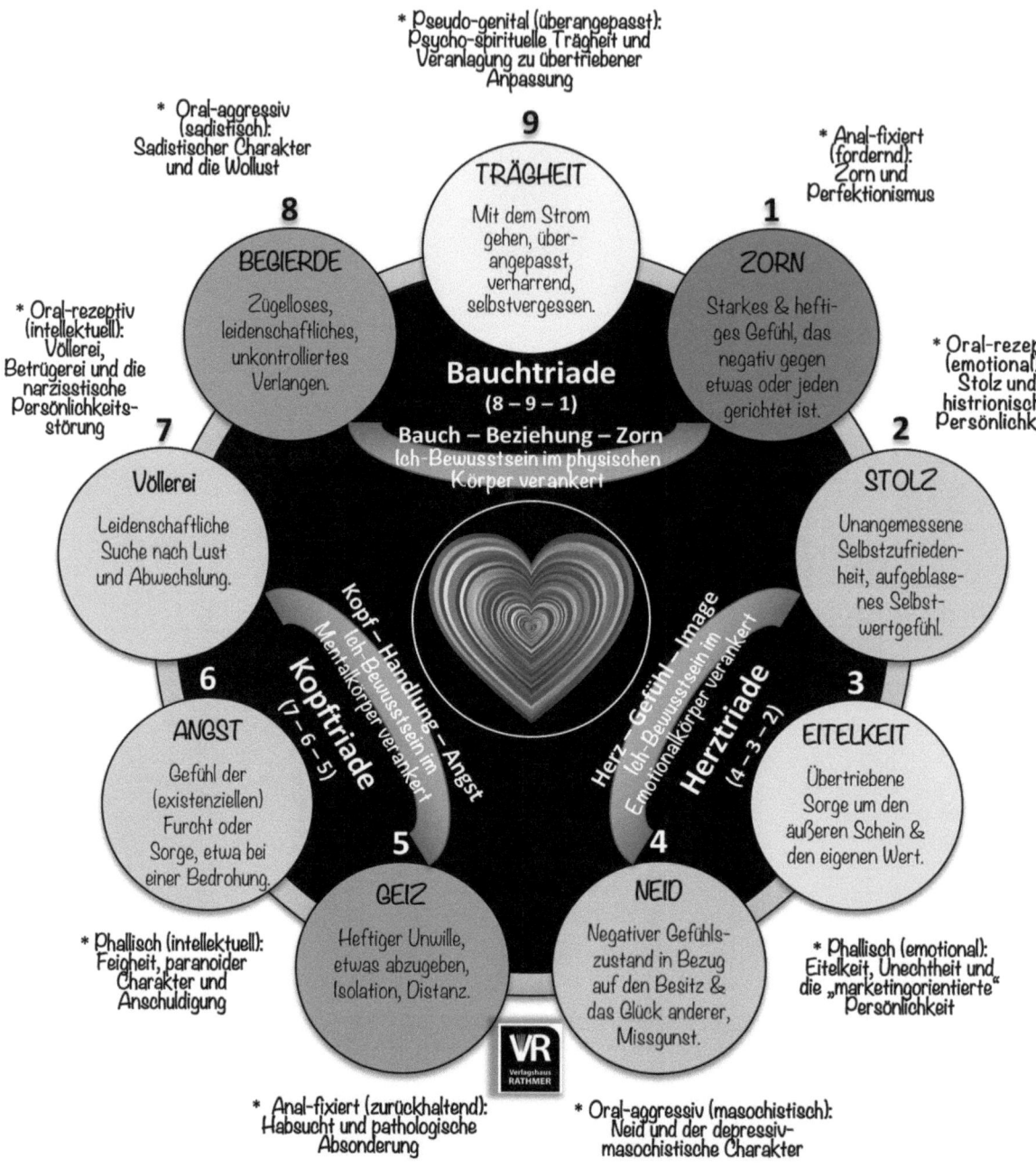

* Pseudo-genital (überangepasst):
Psycho-spirituelle Trägheit und
Veranlagung zu übertriebener
Anpassung

* Oral-aggressiv
(sadistisch):
Sadistischer Charakter
und die Wollust

* Anal-fixiert
(fordernd):
Zorn und
Perfektionismus

9

TRÄGHEIT

Mit dem Strom
gehen, über-
angepasst,
verharrend,
selbstvergessen.

8

BEGIERDE

Zügelloses,
leidenschaftliches,
unkontrolliertes
Verlangen.

1

ZORN

Starkes & hefti-
ges Gefühl, das
negativ gegen
etwas oder jeden
gerichtet ist.

* Oral-rezeptiv
(intellektuell):
Völlerei,
Betrügerei und die
narzisstische
Persönlichkeits-
störung

Bauchtriade
(8 – 9 – 1)
Bauch – Beziehung – Zorn
Ich-Bewusstsein im physischen
Körper verankert

* Oral-rezepti
(emotional):
Stolz und
histrionische
Persönlichkei

7

Völlerei

Leidenschaftliche
Suche nach Lust
und Abwechslung.

2

STOLZ

Unangemessene
Selbstzufrieden-
heit, aufgeblase-
nes Selbst-
wertgefühl.

Kopf – Handlung – Angst
Ich-Bewusstsein im
Mentalkörper verankert
Kopftriade
(7 – 6 – 5)

Herz – Gefühl – Image
Ich-Bewusstsein im
Emotionalkörper verankert
Herztriade
(4 – 3 – 2)

6

ANGST

Gefühl der
(existenziellen)
Furcht oder
Sorge, etwa bei
einer Bedrohung.

3

EITELKEIT

Übertriebene
Sorge um den
äußeren Schein &
den eigenen Wert.

5

GEIZ

Heftiger Unwille,
etwas abzugeben,
Isolation, Distanz.

4

NEID

Negativer Gefühls-
zustand in Bezug
auf den Besitz &
das Glück anderer,
Missgunst.

* Phallisch (intellektuell):
Feigheit, paranoider
Charakter und
Anschuldigung

* Phallisch (emotional):
Eitelkeit, Unechtheit und
die „marketingorientierte"
Persönlichkeit

VR
Verlagshaus
RATHMER

* Anal-fixiert (zurückhaltend):
Habsucht und pathologische
Absonderung

* Oral-aggressiv (masochistisch):
Neid und der depressiv-
masochistische Charakter

Formen der Angst, Grundängste* und Umgang mit Angst **

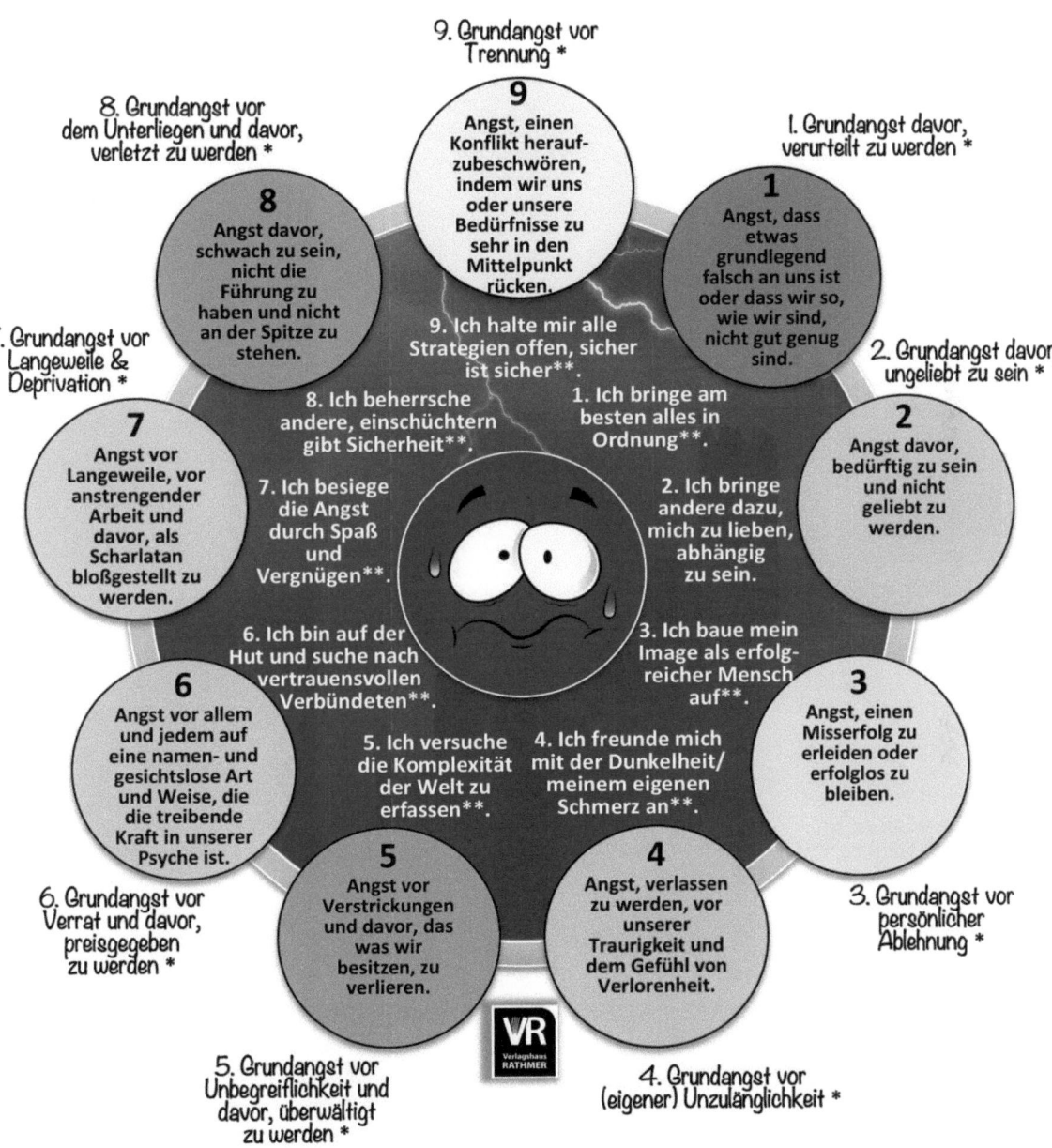

9. Grundangst vor Trennung *

9 Angst, einen Konflikt heraufzubeschwören, indem wir uns oder unsere Bedürfnisse zu sehr in den Mittelpunkt rücken.

8. Grundangst vor dem Unterliegen und davor, verletzt zu werden *

8 Angst davor, schwach zu sein, nicht die Führung zu haben und nicht an der Spitze zu stehen.

1. Grundangst davor, verurteilt zu werden *

1 Angst, dass etwas grundlegend falsch an uns ist oder dass wir so, wie wir sind, nicht gut genug sind.

7. Grundangst vor Langeweile & Deprivation *

7 Angst vor Langeweile, vor anstrengender Arbeit und davor, als Scharlatan bloßgestellt zu werden.

2. Grundangst davor, ungeliebt zu sein *

2 Angst davor, bedürftig zu sein und nicht geliebt zu werden.

9. Ich halte mir alle Strategien offen, sicher ist sicher**.

8. Ich beherrsche andere, einschüchtern gibt Sicherheit**.

1. Ich bringe am besten alles in Ordnung**.

7. Ich besiege die Angst durch Spaß und Vergnügen**.

2. Ich bringe andere dazu, mich zu lieben, abhängig zu sein.

6. Ich bin auf der Hut und suche nach vertrauensvollen Verbündeten**.

3. Ich baue mein Image als erfolgreicher Mensch auf**.

5. Ich versuche die Komplexität der Welt zu erfassen**.

4. Ich freunde mich mit der Dunkelheit/ meinem eigenen Schmerz an**.

6 Angst vor allem und jedem auf eine namen- und gesichtslose Art und Weise, die die treibende Kraft in unserer Psyche ist.

3 Angst, einen Misserfolg zu erleiden oder erfolglos zu bleiben.

6. Grundangst vor Verrat und davor, preisgegeben zu werden *

5 Angst vor Verstrickungen und davor, das was wir besitzen, zu verlieren.

4 Angst, verlassen zu werden, vor unserer Traurigkeit und dem Gefühl von Verlorenheit.

3. Grundangst vor persönlicher Ablehnung *

VR Verlagshaus RATHMER

5. Grundangst vor Unbegreiflichkeit und davor, überwältigt zu werden *

4. Grundangst vor (eigener) Unzulänglichkeit *

19

Entwicklung vom reinen Sein zur Ego-Persönlichkeit *, Erziehungserfahrungen **, familiäre Defizite ***

9. Mangel an Harmonie und Frieden ***

8. Konflikte oder Verwirrung in Bezug auf Macht ***

1. Liebe ist bedingt, ein Tauschgeschäft, ein Handel ***

9 Halt durch Glätten, so als wäre alles gut und leben auf mechanische Weise

8 Halt durch Zorn, Kampf, Gerechtigkeit und Rache

1 Halt durch Selbst- und Fremdver- besserung

9. Unsichtbare Bedürfnislosigkeit **

2. Keine Liebe zwischen den Eltern ***

7. Begrenzte Sichtweise, enge Perspektive ***

8. Gewalterfahrung **

1. Bestrafung - Belohnung **

7 Halt durch Planung, alles wieder gutzu- machen (Rückkehr ins verlorene Paradies)

7. Aufmerksam- keits-Defizit **

2. Liebeskampf **

2 Halt durch, Manipulation und Verfüh- rung der Umgebung

6. Elterliche Inkompetenz **

3. Erfüllung von Erwartungen **

6 Halt durch Angst, Miss- trauen sowie defensives und paranoides Verhalten

5. Aufdringliche Erziehung **

4. Liebesverlust **

3 Halt durch Selbst- und Fremdtäu- schung, es allein zu können

6. Fehlende Sicherheit und Unterstützung ***

5 Halt durch Nichtfühlen, Rückzug, Isolation und Vermeidung

4 Halt durch Leugnung der Trennung vom Sein und Selbst- und Fremdkontrolle

3. Keine Bindung zwischen den Familien- mitgliedern ***

5. Keine Führung, kein wirkliches Verständnis ***

4. Mangelndes Selbst- (wert) gefühl ***

VR Verlagshaus RATHMER

* In der frühen Kindheit verlieren wir allmählich den Kontakt mit dem **Urgrund des Seins** durch die Ent- wicklung von einem rein wahrnehmenden Bewusstsein hin zu einer Persönlichkeit mit einem spezifischen Abwehrmechanismus. Die neun Enneatypen entstehen aus der Reaktion auf den Verlust ihres Urvertrauens und die ihn begleitende Trennung vom Sein. Das Ego beinhaltet implizit das fundamentale Misstrauen gegenüber der Realität. Durch das Versagen der haltenden Umwelt fehlt es dem Kind an Urvertrauen, was zur **Abtrennung von Sein** und zu **vermehrter Ego-Aktivität** führt. Das Enneagramm zeigt die verschiedenen Möglichkeiten auf, wie sich das Ego entwickelt, um mit der Abwesenheit, den Erschütterungen, Brüchen und Unterbrechungen des Haltens der Umwelt umzugehen.

Bedürfnisse & Wunschvorstellungen (außen), Motivationen (innen) & Lösungsstrategien *

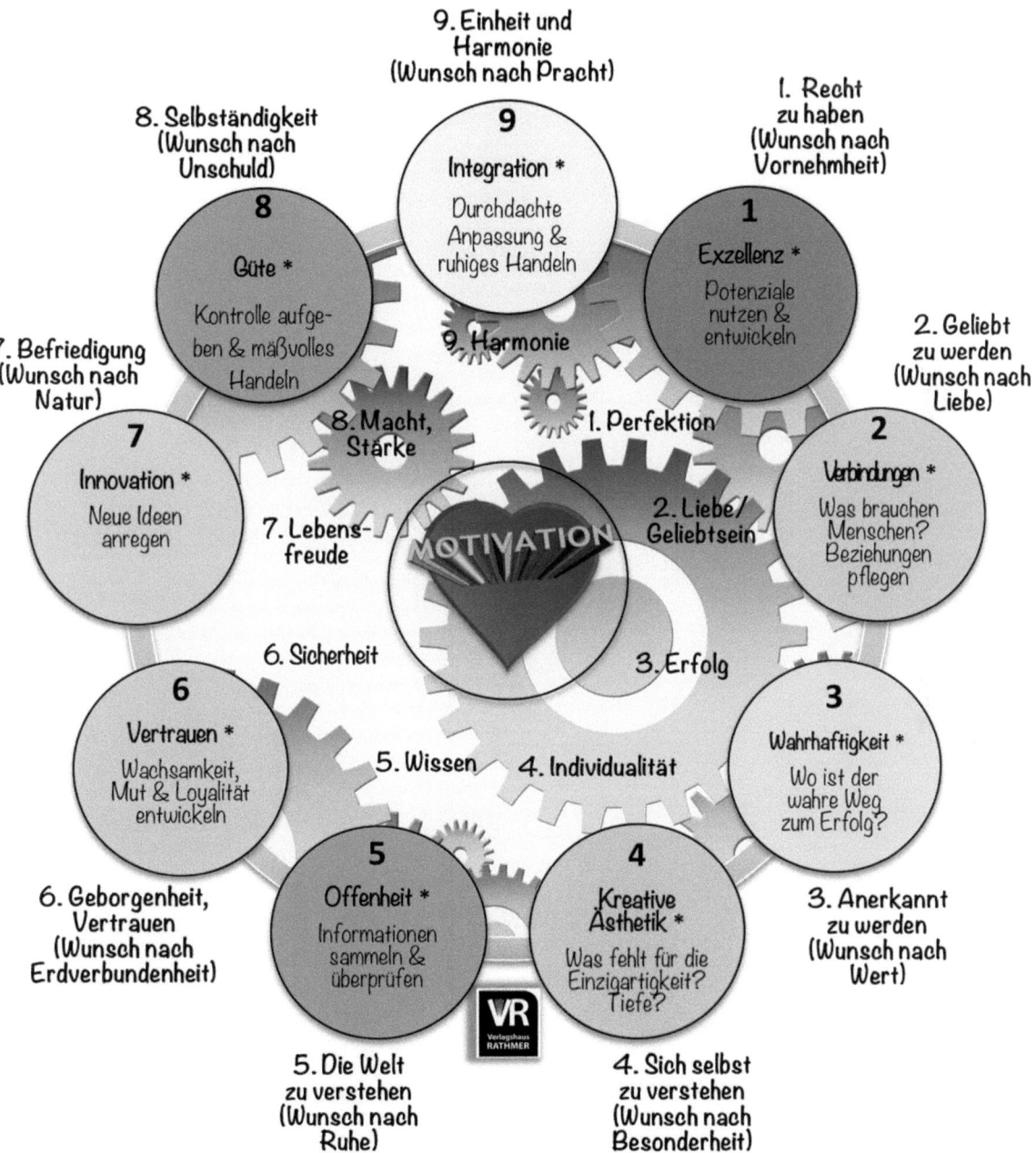

9. Einheit und Harmonie (Wunsch nach Pracht)

8. Selbständigkeit (Wunsch nach Unschuld)

1. Recht zu haben (Wunsch nach Vornehmheit)

2. Geliebt zu werden (Wunsch nach Liebe)

7. Befriedigung (Wunsch nach Natur)

3. Anerkannt zu werden (Wunsch nach Wert)

6. Geborgenheit, Vertrauen (Wunsch nach Erdverbundenheit)

5. Die Welt zu verstehen (Wunsch nach Ruhe)

4. Sich selbst zu verstehen (Wunsch nach Besonderheit)

9 Integration * Durchdachte Anpassung & ruhiges Handeln

8 Güte * Kontrolle aufgeben & maßvolles Handeln

1 Exzellenz * Potenziale nutzen & entwickeln

2 Verbindungen * Was brauchen Menschen? Beziehungen pflegen

7 Innovation * Neue Ideen anregen

3 Wahrhaftigkeit * Wo ist der wahre Weg zum Erfolg?

6 Vertrauen * Wachsamkeit, Mut & Loyalität entwickeln

5 Offenheit * Informationen sammeln & überprüfen

4 Kreative Ästhetik * Was fehlt für die Einzigartigkeit? Tiefe?

9. Harmonie

8. Macht, Stärke

1. Perfektion

7. Lebensfreude

2. Liebe/ Geliebtsein

6. Sicherheit

3. Erfolg

5. Wissen

4. Individualität

MOTIVATION

VR Verlagshaus RATHMER

Die drei Triaden und ihre Lebensstrategien *

* Unterscheidung der 9 Enneatypen in Vermischung von Enneagramm, Psychographie-Modell nach Friedmann und dem Modell nach Winkler

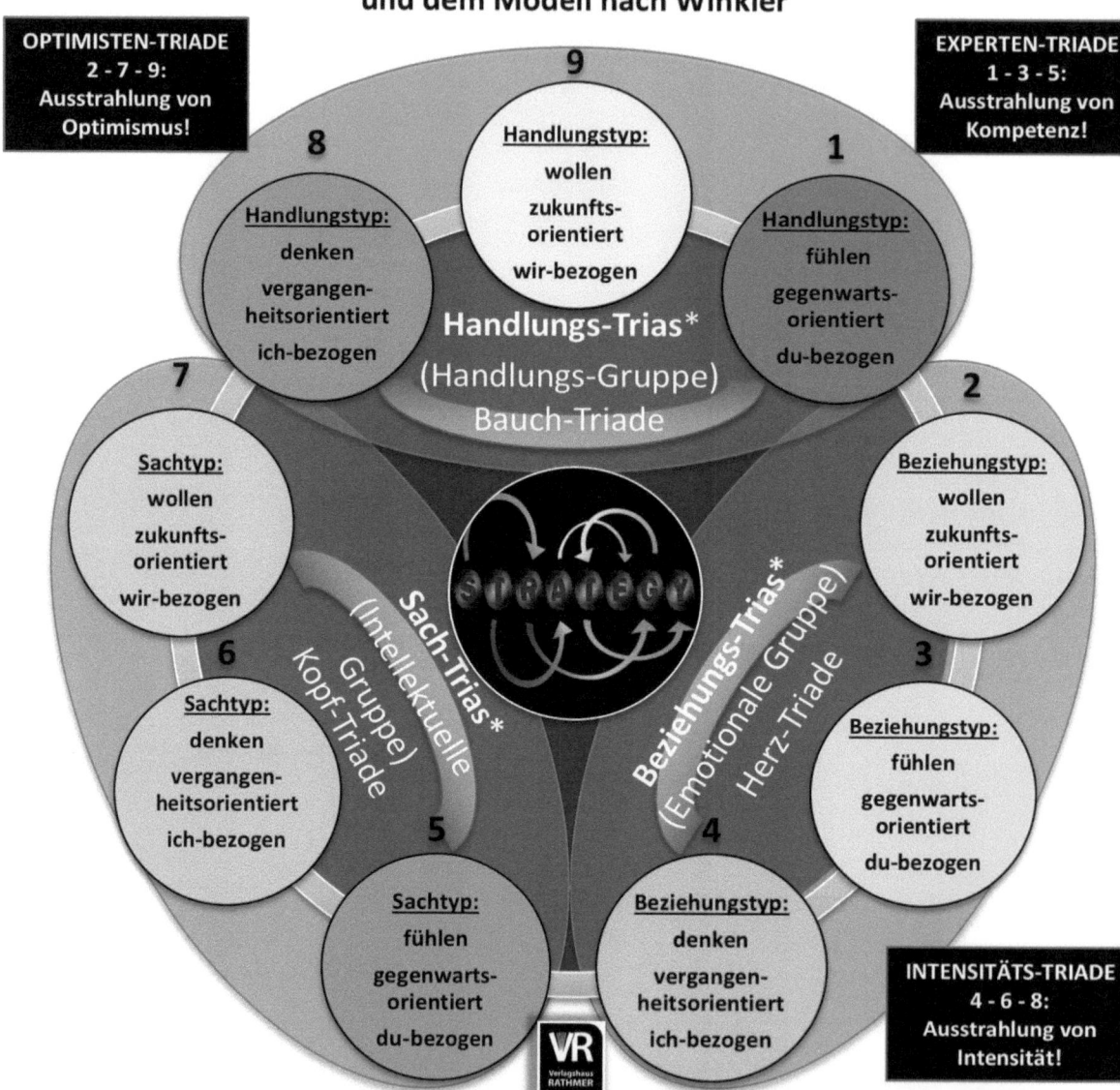

OPTIMISTEN-TRIADE
2 - 7 - 9:
Ausstrahlung von Optimismus!

EXPERTEN-TRIADE
1 - 3 - 5:
Ausstrahlung von Kompetenz!

9

8

Handlungstyp:
wollen
zukunfts-
orientiert
wir-bezogen

1

Handlungstyp:
denken
vergangen-
heitsorientiert
ich-bezogen

Handlungstyp:
fühlen
gegenwarts-
orientiert
du-bezogen

Handlungs-Trias*
(Handlungs-Gruppe)
Bauch-Triade

7

Sachtyp:
wollen
zukunfts-
orientiert
wir-bezogen

Beziehungstyp:
wollen
zukunfts-
orientiert
wir-bezogen

2

6

Sachtyp:
denken
vergangen-
heitsorientiert
ich-bezogen

Sach-Trias*
(Intellektuelle Gruppe)
Kopf-Triade

Beziehungs-Trias*
(Emotionale Gruppe)
Herz-Triade

3

Beziehungstyp:
fühlen
gegenwarts-
orientiert
du-bezogen

5

Sachtyp:
fühlen
gegenwarts-
orientiert
du-bezogen

4

Beziehungstyp:
denken
vergangen-
heitsorientiert
ich-bezogen

INTENSITÄTS-TRIADE
4 - 6 - 8:
Ausstrahlung von Intensität!

Typen des Fühlens sind gegenwartsorientiert und du-bezogen: 1, 3, 5 (sog. Experten-Triade)
Typen des Wollens sind zukunftsorientiert und wir-bezogen: 2, 7, 9 (sog. Optimisten-Triade)
Typen des Denkens sind vergangenheitsorientiert und ich-bezogen: 4, 6, 8 (sog. Intensitäts-Triade)

22

Gleichgewichtspunkte & Zentren *

effektiv =
bewirkend,
wirkungsvoll,
wirksam,
zielführend

Anmerkung: Eine **ganzheitliche Gesundheit** der Enneatypen kann nur durch die Entwicklung der unterdrückten **Gleichgewichtspunkte** bzw. der unterentwickelten **Tertiärzentren** geschehen.

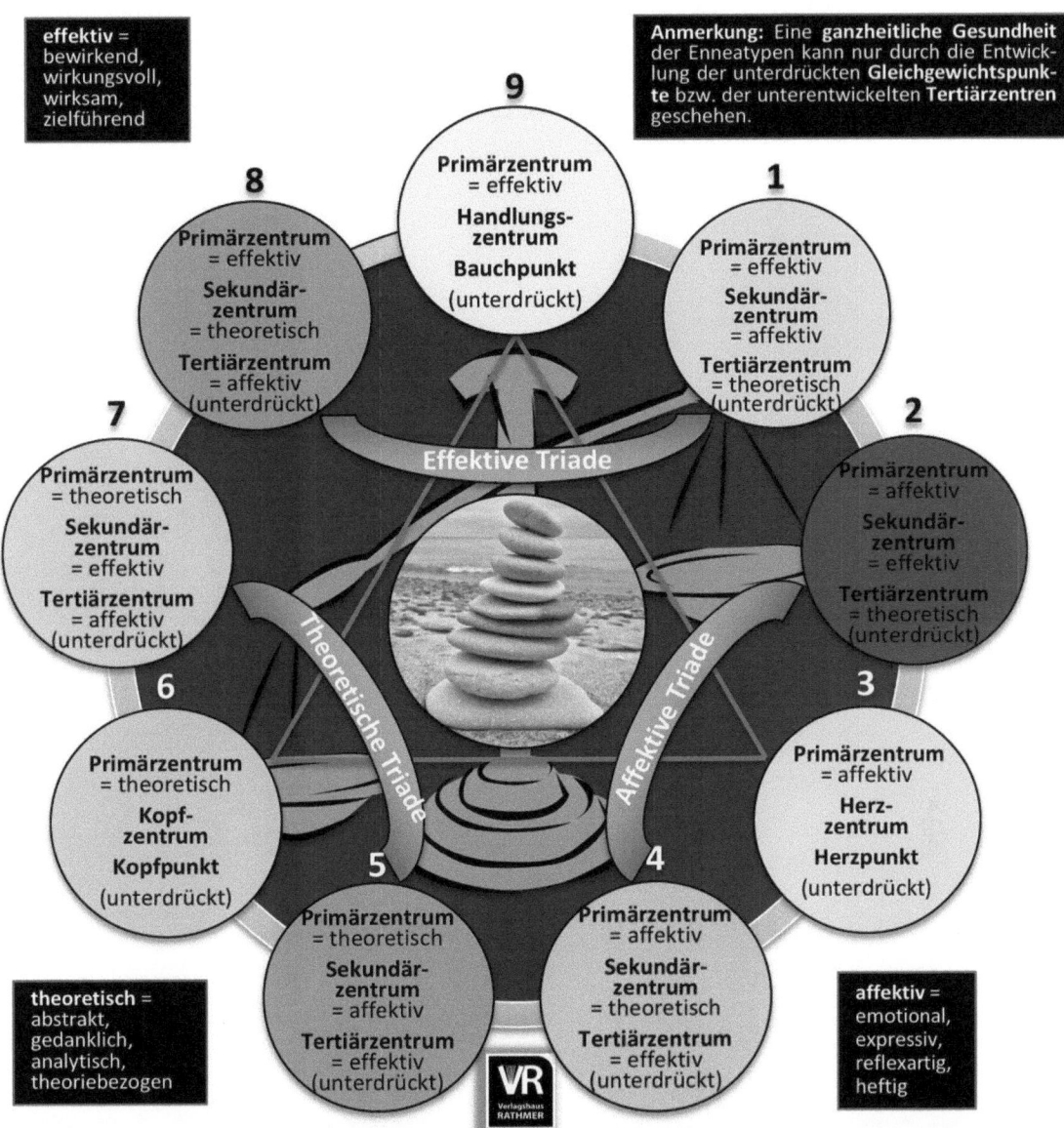

9
Primärzentrum = effektiv
Handlungs-zentrum
Bauchpunkt
(unterdrückt)

8
Primärzentrum = effektiv
Sekundär-zentrum = theoretisch
Tertiärzentrum = affektiv
(unterdrückt)

1
Primärzentrum = effektiv
Sekundär-zentrum = affektiv
Tertiärzentrum = theoretisch
(unterdrückt)

7
Primärzentrum = theoretisch
Sekundär-zentrum = effektiv
Tertiärzentrum = affektiv
(unterdrückt)

2
Primärzentrum = affektiv
Sekundär-zentrum = effektiv
Tertiärzentrum = theoretisch
(unterdrückt)

Effektive Triade

Theoretische Triade

Affektive Triade

6
Primärzentrum = theoretisch
Kopf-zentrum
Kopfpunkt
(unterdrückt)

3
Primärzentrum = affektiv
Herz-zentrum
Herzpunkt
(unterdrückt)

5
Primärzentrum = theoretisch
Sekundär-zentrum = affektiv
Tertiärzentrum = effektiv
(unterdrückt)

4
Primärzentrum = affektiv
Sekundär-zentrum = theoretisch
Tertiärzentrum = effektiv
(unterdrückt)

theoretisch =
abstrakt,
gedanklich,
analytisch,
theoriebezogen

affektiv =
emotional,
expressiv,
reflexartig,
heftig

VR
Verlagshaus
RATHMER

* Die **Gleichgewichtspunkte 3**, **6** und **9** haben lediglich ein **Primärzentrum**, welches sie *regelmäßig unterdrücken*, die **3** das **affektive Primärzentrum** *(Herzpunkt)*, die **6** das **theoretische Primärzentrum** *(Kopfpunkt)* und die **9** das **effektive Primärzentrum** *(Bauchpunkt)*, doch haben sie durch ihre direkte Verbindung gleichen Zugang zu jeweils allen anderen Gleichgewichtspunkten. Die anderen Enneatypen **(1, 2, 4, 5, 7, 8)** verfügen über jeweils ein **Primärzentrum**, ein **Sekundärzentrum** und ein **Tertiärzentrum**, das *letztere ist in aller Regel unterdrückt, die ersteren beiden gut ausgebildet.*

Defizite der Enneatypen von allgemeiner Natur

9. Frieden/Harmonie um jeden Preis!
Lösung: **Rechtes Handeln** (gegenwärtig sein, vom Bewahrer zum Universalisten)

9

8. Macht um jeden Preis!
Lösung: **Wahrheit** (Fundament schaffen, vom Kämpfer zum Menschenfreund)

8

1. Beherrschung um jeden Preis!
Lösung: **Gelassenheit** (Weisheit entwickeln, vom Perfektionisten zum Wegbereiter)

1

7. Glücklichsein um jeden Preis!
Lösung: **Nüchternheit** (Erhabenheit entwickeln vom Träumer zum Erwachten)

7

2. Geliebt werden um jeden Preis!
Lösung: Demut (Verständnis entwickeln, vom Helfer zum Gefährten)

Verborgene Machtansprüche, erspürt den Grad der Macht, Selbstsicherheit, Selbstständigkeit, Unabhängigkeit, Beschützerinstinkt, hart Schale – weicher Kern, kann schwer Kompromisse schließen oder sich zurücknehmen, will obsiegen, sucht den Streit/Kampf

Verborgene nicht gelebte Aggressionen, entscheidungs- und handlungsschwach, antriebslos, selbstvergessen, eingeschlafen, konfliktscheu, selbstlos, kaum eigene Wünsche und wenig Eigenliebe, bewegungsscheu, langsam, wenig Ehrgeiz, verlangt insgesamt wenig vom Leben

Verborgener Zorn, heimlicher Wille/Drang zur Macht und Streben nach Vollkommenheit, Verspanntheit, Starrheit, zwanghafte Ernsthaftigkeit, gehemmte Spontaneität, Selbstbeherrschung, oft negativ wirkend, ordnet sich ungern unter, steif

9. Zu harmonisch! (Hang zur Überanpassung/Bewahrung/Vermittlung)

8. Zu machtorientiert! (Hang zur Herausforderung, Nicht-Anpassung, Verleugnung eigener Schwächen, eigener Bedürftigkeit und Verletzlichkeit)

1. Zu angepasst! (Hang zur Vollkommenheit/Perfektion, Kritik, Rechthaberei)

7. Zu oberflächlich! (Hang zur Realitätsverzerrung/Verantwortungslosigkeit)

2. Zu rebellisch! (Hang zu starkem Willen/zur Freiheit und zur Abhängigkeit oder Unabhängigkeit)

Verborgene Unmäßigkeit, Leidenschaft, Völlerei und Lust hinter der Maske von Optimismus und Lebensbejahung, will das Leben einfach genießen, verneint dabei Leid und Negatives unter allen Umständen, oberflächlich zufrieden, kein Tiefgang, schnell Langeweile

Verborgener Stolz (große Zufriedenheit mit sich selbst und/oder mit einer Bezugsperson), verkleidet hinter falscher Großzügigkeit, dahinter steckt Selbstsucht und Ausbeutertum, lässt sein Selbstbild immer größer erscheinen, kindliche Bedürftigkeit

6. Zu ängstlich! (Hang zur Sicherheit/zum Zögern, zum Zweifeln, Misstrauen und mangelndem Mut oder zur Risikobereitschaft (kp))

3. Zu heuchlerisch! (Hang zur Äußerlichkeit und oberflächlichen Fassade ohne Tiefgang, Gewinnstreben, Gefühlskälte)

6

5. Zu unpersönlich! (Hang zum Rückzug/zur Isolation, zum Festhalten, Sammeln Anhaften, und abstraktem Beobachten)

Verborgene Angst, Zweifel und Misstrauen hinter der Maske von ängstlicher Freundlichkeit (phobisch) oder extremer Risikobereitschaft und Mut (kontraphobisch), eigene Handlungen, Ansichten und Absichten werden entweder nicht gelebt oder übertrieben ausagiert (kp)

4. Zu exklusiv! (Hang zur Schönheit/Ästhetik, zum Besonderen, zum Anderssein, zur Melancholie)

Verborgene Täuschung, Identifikation mit einer unechten Rolle, fester Glaube an den äußeren Anschein, will bewundert/anerkannt werden, skrupelose Pragmatiker ohne Moral, passen ihr Image der Gesellschaft an, wandlungsfähig, oberflächlich, kalt, berechnend, eigene Schwächen negierend

6. Sicherheit um jeden Preis!
Lösung: **Vertrauen, Mut** oder **Ent-Rüstung** (kp)
(Beständigkeit entwickeln Mitstreiter zum Menschen innerer Stabilität)

5

Verborgener Geiz, Habsucht, hält an Dingen und Situationen fest, emotional karg, isoliert sich, vertraut seinen Mitmenschen nicht wirklich, Einzelgänger, kleingeistig, abgehoben, Lebenskraft nur im Kopf, Emotionen werden ausgeblendet, theoretisierend

Verborgener Neid, Missgunst, hinter dem das Selbstbild eines besonderen, einzigartigen Menschen steckt, extravagantes Verhalten, wehleidig, dekadent, todesverliebt, melancholisch, Gefühlschaos, romantisch, stilvoll, künstlerisch, individualistisch

3. Anerkennung um jeden Preis!
Lösung: **Wahrhaftigkeit** (Liebe entwickeln vom Gewinner zum Motivierenden)

4

5. Wissen um jeden Preis!
Lösung: **Nicht-Anhaften** (Emotionale Offenheit/innere Schönheit entwickeln vom Beobachter zum Forscher)

4. Besonderheit um jeden Preis!
Lösung: **Gleichmut** (Kraft entwickeln vom Individualisten zum authentisch lebenden einfachen Menschen)

Die Bagua-Zonen im Feng Shui *

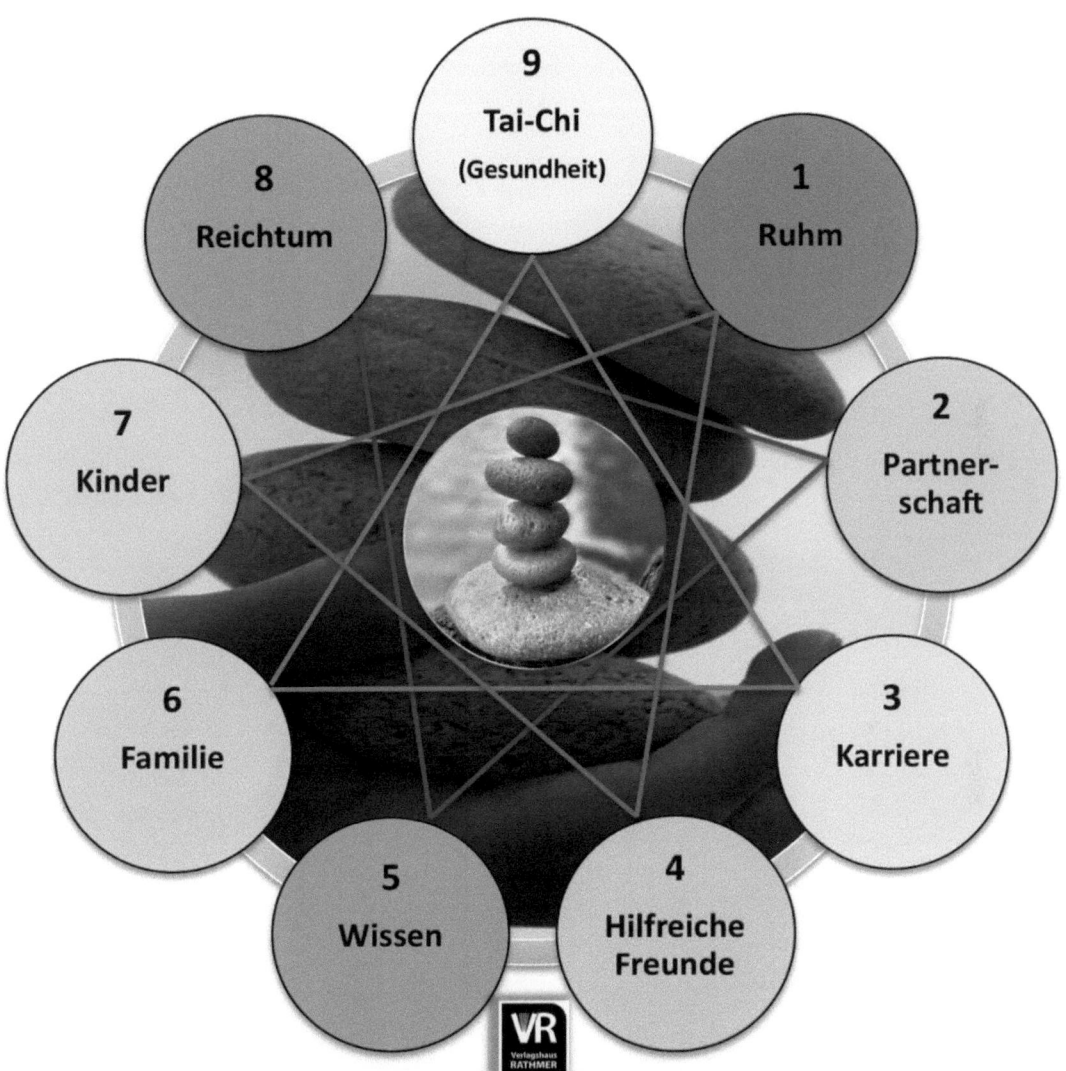

* Die **Bagua-Zonen im Feng Shui** teilen ein Haus, eine Wohnung oder auch einen Raum in **9 Lebensbereiche** ein, die genau den **9 Enneagramm-Prinzipien** entsprechen. Wenn man einen der **9 Bereiche** gezielt verbessern möchte, kann man nach der **Feng Shui-Lehre** die jeweilige Zone bewusst mit Feng Shui-Maßnahmen aufwerten.

Die 9 Sinne des Menschen im Rahmen des Enneagramms *

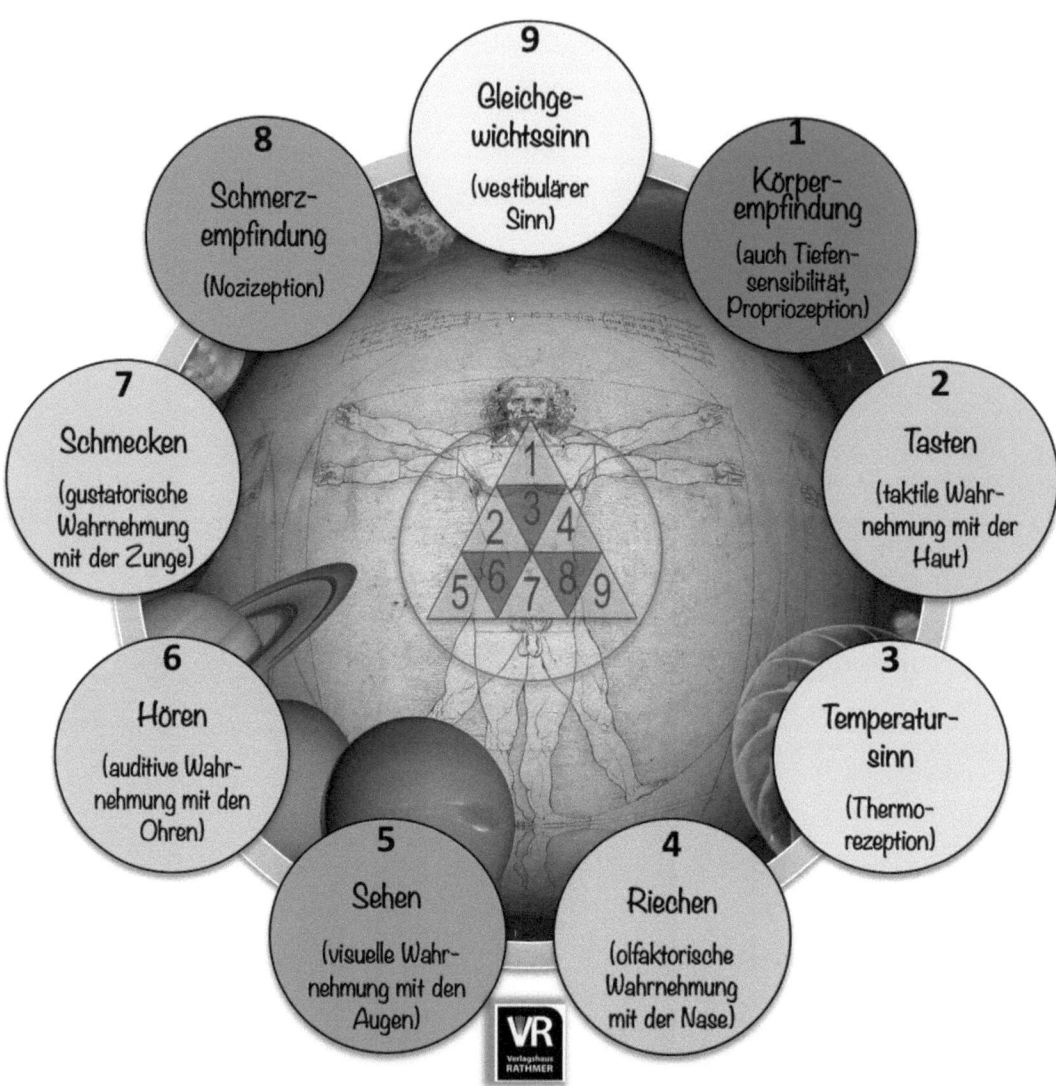

9 Gleichge-wichtssinn (vestibulärer Sinn)

8 Schmerz-empfindung (Nozizeption)

1 Körper-empfindung (auch Tiefen-sensibilität, Propriozeption)

7 Schmecken (gustatorische Wahrnehmung mit der Zunge)

2 Tasten (taktile Wahr-nehmung mit der Haut)

6 Hören (auditive Wahr-nehmung mit den Ohren)

3 Temperatur-sinn (Thermo-rezeption)

5 Sehen (visuelle Wahr-nehmung mit den Augen)

4 Riechen (olfaktorische Wahrnehmung mit der Nase)

VR Verlagshaus RATHMER

* Die bekannten **fünf 5 Sinne** (= Informationsquellen, Kanäle) **des Menschen** sind nur die geläufigsten und daher bekanntesten Sinne *(Sehen, Hören, Riechen, Schmecken, Tasten),* es gibt darüber hinaus **noch vier weitere Sinne** der physiologischen Wahrnehmung der Umwelt mithilfe von Sinnesorganen *(Körperempfindung, Temperatursinn, Gleichgewichtssinn, Schmerzempfindung).* Darüber hinaus gibt es in der indischen Tradition noch einen **6. Sinn,** den **menschlichen Geist oder Denksinn,** da die Inder aufgrund ihrer Weltanschauung das **Denken** als weiteren Sinn oder Wahrnehmungskanal betrachten. Diesen **Denksinn** würde man noch zusätzlich dem Enneagramm-Muster der 5 zuordnen.

Der häufigste Schwerpunkt im Missverhalten der Enneatypen im unbewussten Zustand

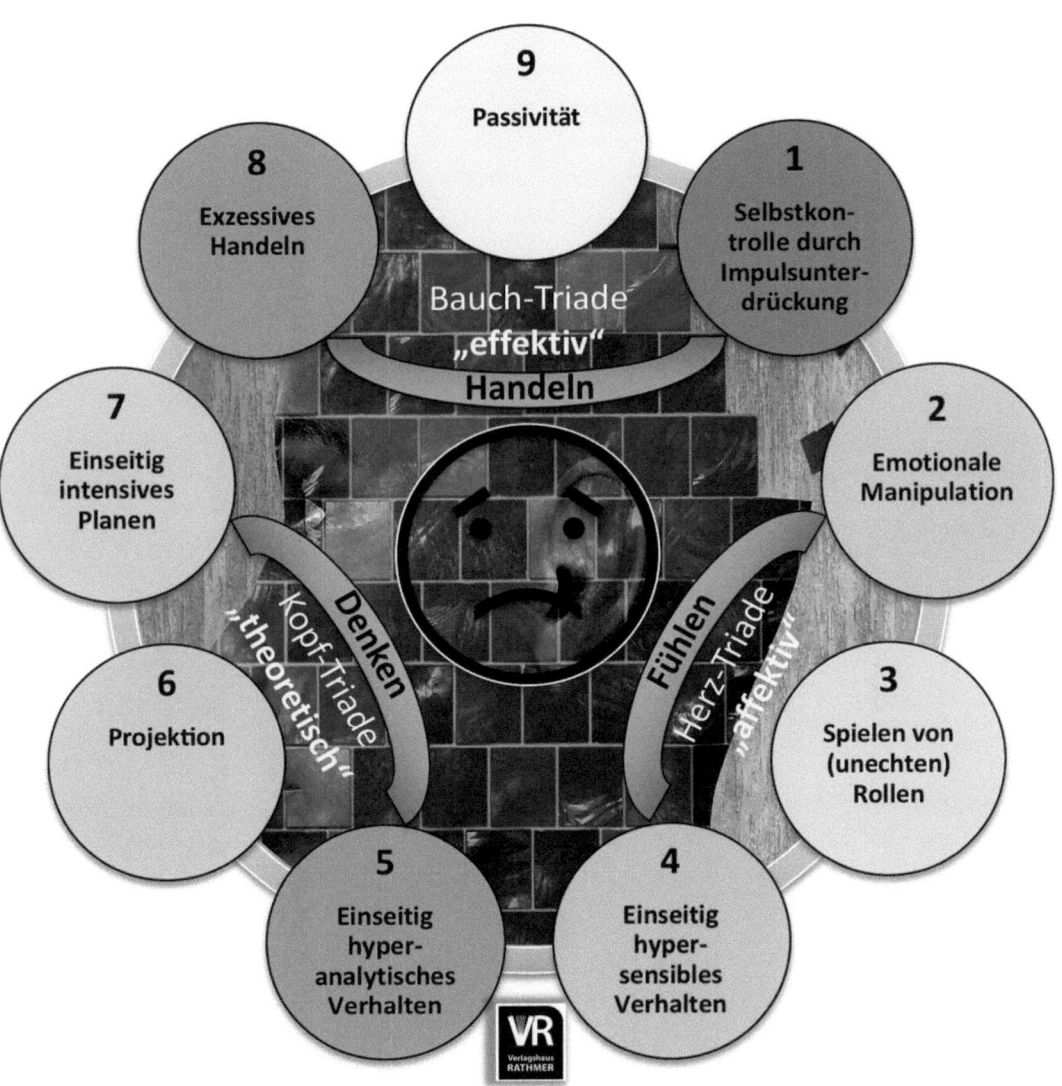

Das Hexeneinmaleins im Rahmen des Enneagramms

In diesem Wortlaut ein Auszug aus **Johann Wolfgang von Goethes „Faust I"**. Mephisto führt Faust in eine Hexenküche, um dort einen Verjüngungstrank für Faust brauen zu lassen. Unter allerlei Spektakel spricht die Hexe folgenden Zauberspruch:

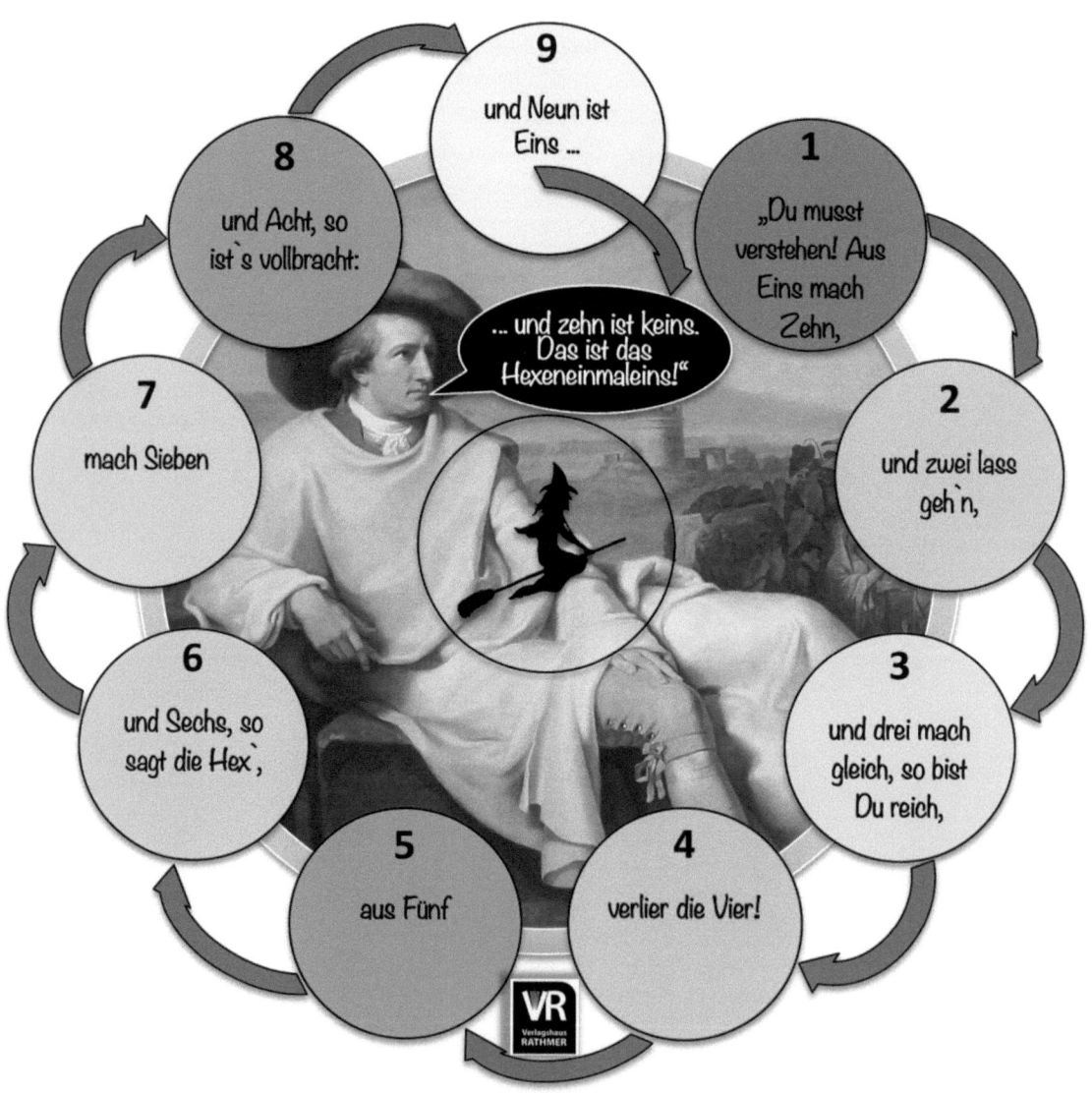

9 und Neun ist Eins ...

8 und Acht, so ist`s vollbracht:

1 „Du musst verstehen! Aus Eins mach Zehn,

... und zehn ist keins. Das ist das Hexeneinmaleins!"

7 mach Sieben

2 und zwei lass geh`n,

6 und Sechs, so sagt die Hex`,

3 und drei mach gleich, so bist Du reich,

5 aus Fünf

4 verlier die Vier!

Neunerlei Gewürz *

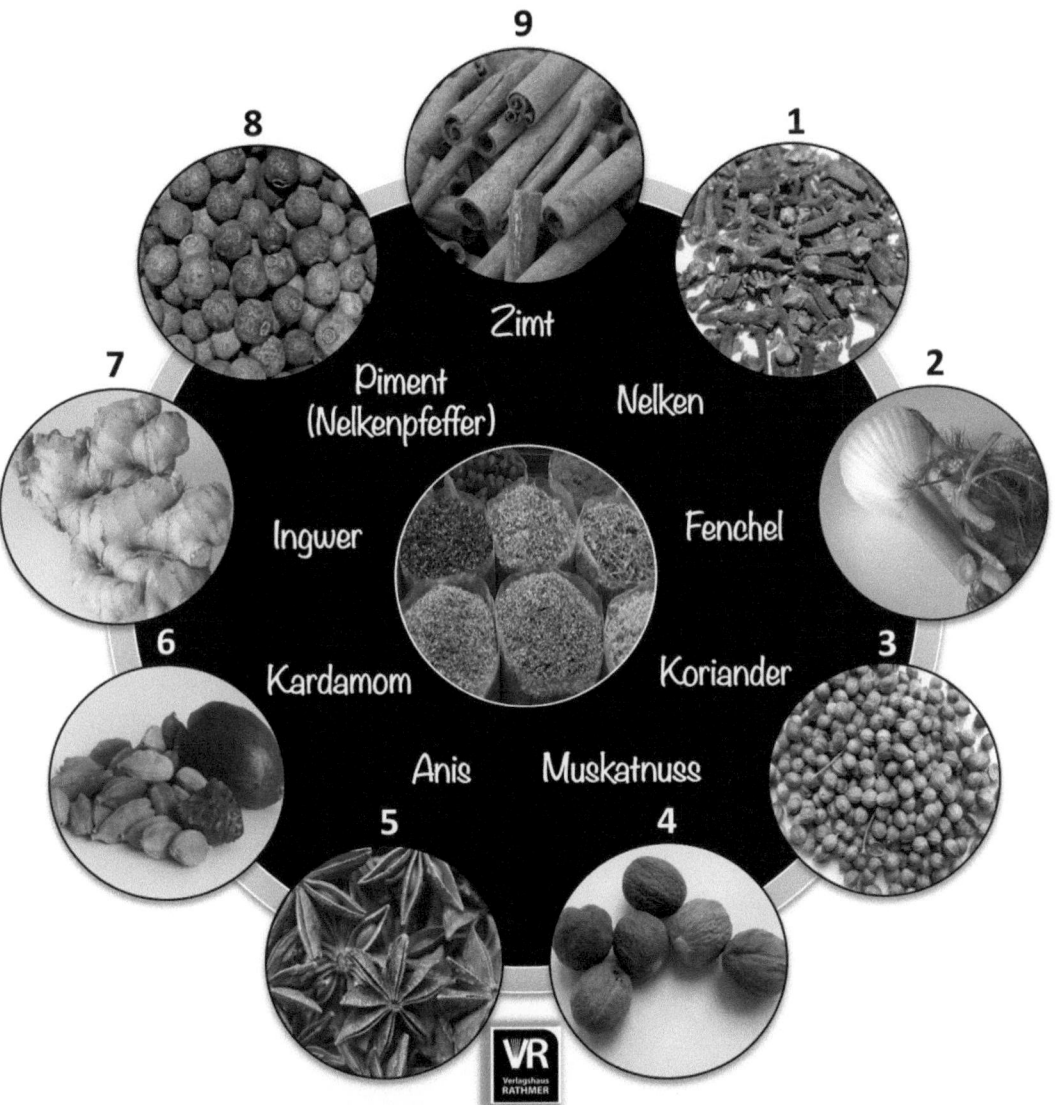

* Ein traditionelle Gewürzmischung für Lebkuchen ist das **„Neunerlei Gewürz"**. Hintergrund ist die Symbolik, dass neun Gewürze für ein **vollendetes Lobpreis Gottes** stehen. Damit soll einerseits auf die **Trinität** *(= Dreifaltigkeit Vater, Sohn und heiliger Geist)*, andererseits auf die **drei Elemente** *Erde, Luft und Wasser* sowie auf die **Dreiheit** *Erde, Himmel und Hölle* verwiesen werden.

Die 9 Qualifikationen * des Erfolgs im Rahmen des Enneagramms

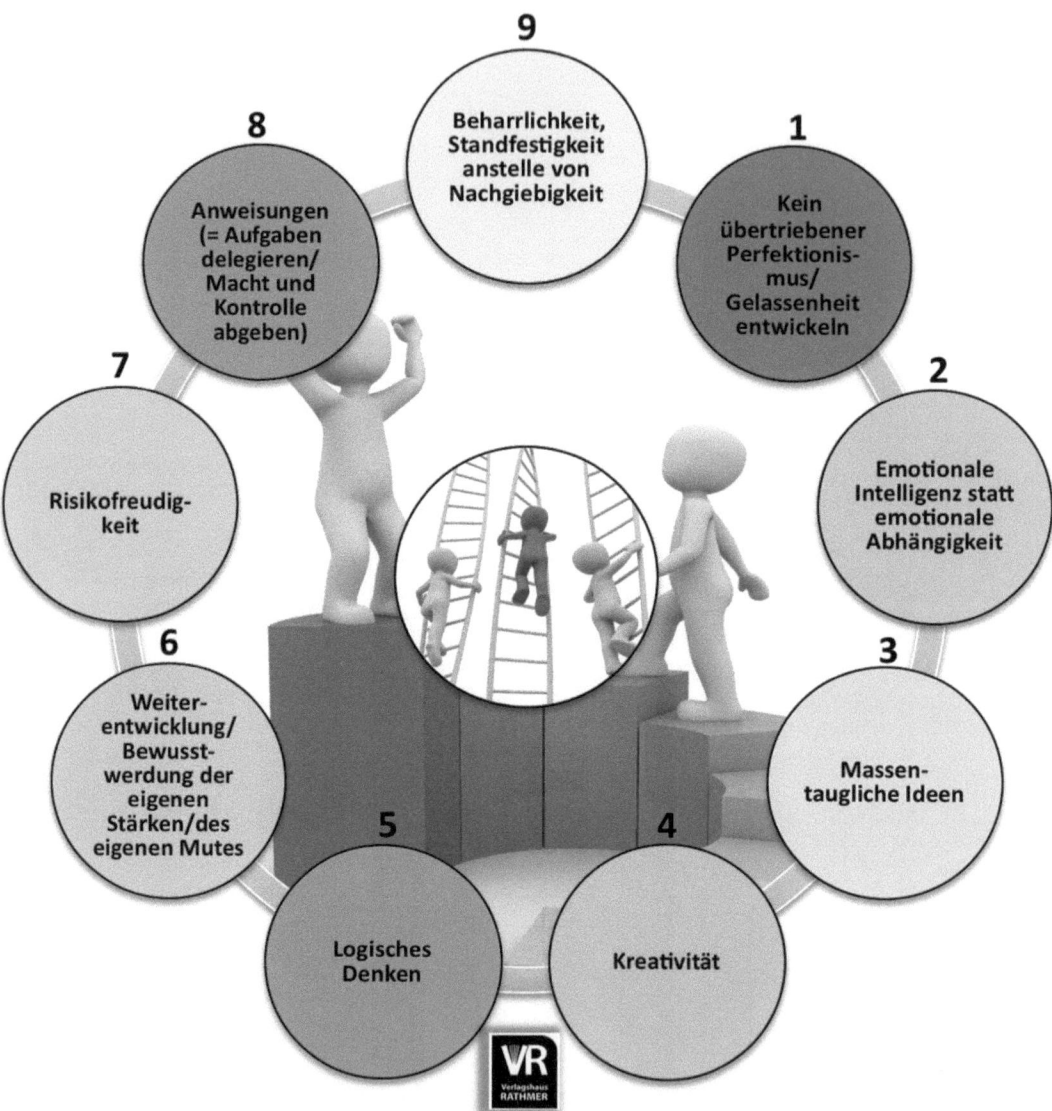

9 Beharrlichkeit, Standfestigkeit anstelle von Nachgiebigkeit

8 Anweisungen (= Aufgaben delegieren/ Macht und Kontrolle abgeben)

1 Kein übertriebener Perfektionis- mus/ Gelassenheit entwickeln

7 Risikofreudig- keit

2 Emotionale Intelligenz statt emotionale Abhängigkeit

6 Weiter- entwicklung/ Bewusst- werdung der eigenen Stärken/des eigenen Mutes

3 Massen- taugliche Ideen

5 Logisches Denken

4 Kreativität

VR Verlagshaus RATHMER

* Diese **9 Schlüsselqualifikationen** sind wesentliche Indikatoren für späteren beruflichen Erfolg und auch für allgemeinen Erfolg im Leben. Sie stellen gleichsam die **Hauptstärken** von Menschen dar, die sich Ihres Enneatyps bewusst geworden sind und damit mögliche Persönlichkeitsschwächen des je- weiligen Typs in Stärken verwandeln können.

Erfolgreiche Menschen – Typspezifische Eigenschaften der Enneatypen

Die folgenden **Eigenschaften***, die den 9 Enneagramm-Mustern entsprechen, findet man regelmäßig bei **erfolgreichen Menschen**:

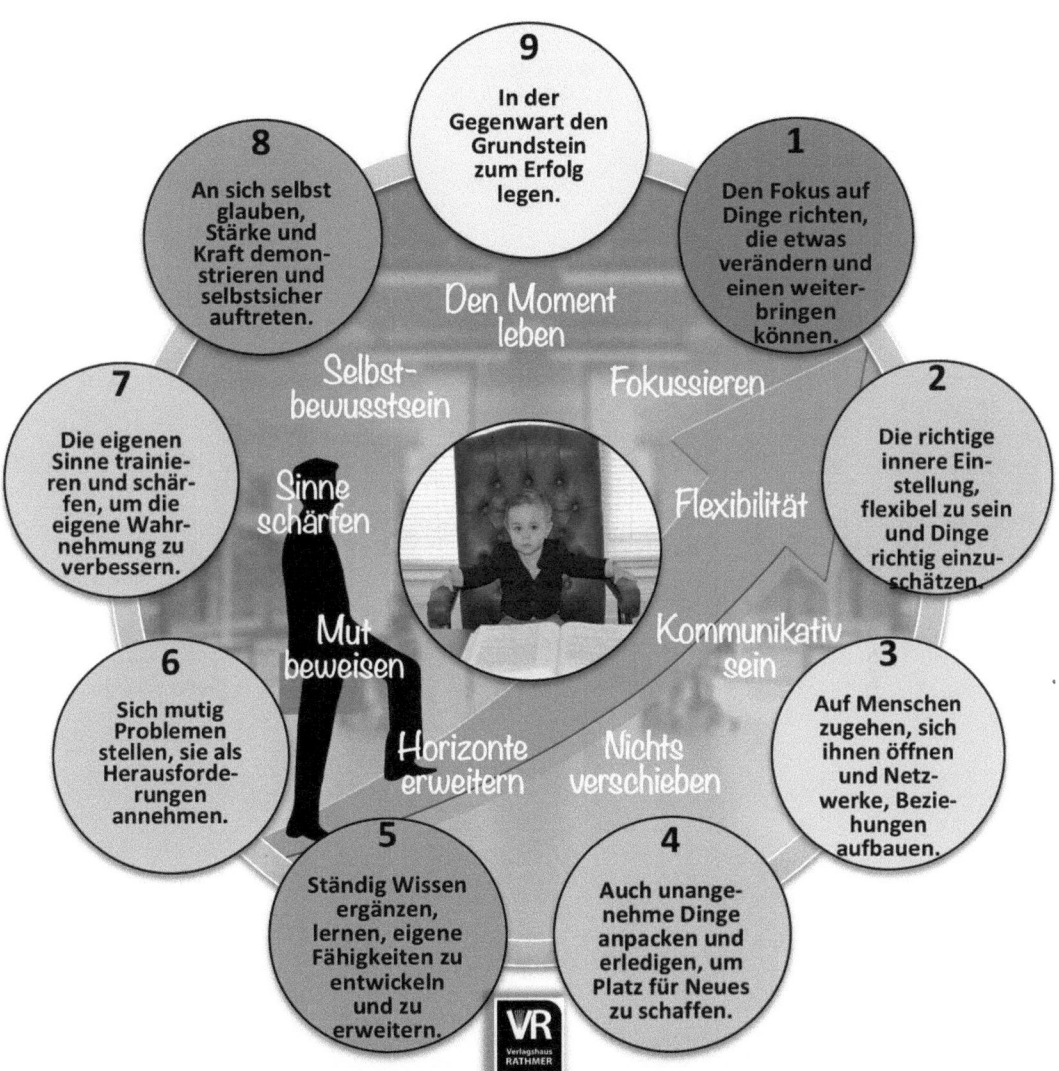

9
In der Gegenwart den Grundstein zum Erfolg legen.

8
An sich selbst glauben, Stärke und Kraft demonstrieren und selbstsicher auftreten.

1
Den Fokus auf Dinge richten, die etwas verändern und einen weiterbringen können.

7
Die eigenen Sinne trainieren und schärfen, um die eigene Wahrnehmung zu verbessern.

2
Die richtige innere Einstellung, flexibel zu sein und Dinge richtig einzuschätzen.

6
Sich mutig Problemen stellen, sie als Herausforderungen annehmen.

3
Auf Menschen zugehen, sich ihnen öffnen und Netzwerke, Beziehungen aufbauen.

5
Ständig Wissen ergänzen, lernen, eigene Fähigkeiten zu entwickeln und zu erweitern.

4
Auch unangenehme Dinge anpacken und erledigen, um Platz für Neues zu schaffen.

Den Moment leben

Selbstbewusstsein

Fokussieren

Sinne schärfen

Flexibilität

Mut beweisen

Kommunikativ sein

Horizonte erweitern

Nichts verschieben

VR
Verlagshaus
RATHMER

* Diese **Eigenschaften** sind bei erfolgreichen Menschen in ähnlich starker Form ausgeprägt, da sich hier die universellen Ur-Prinzipien in einem Menschen mehr oder weniger intensiv manifestieren.

Bildungs- und Entwicklungsbereiche bei Kindern *

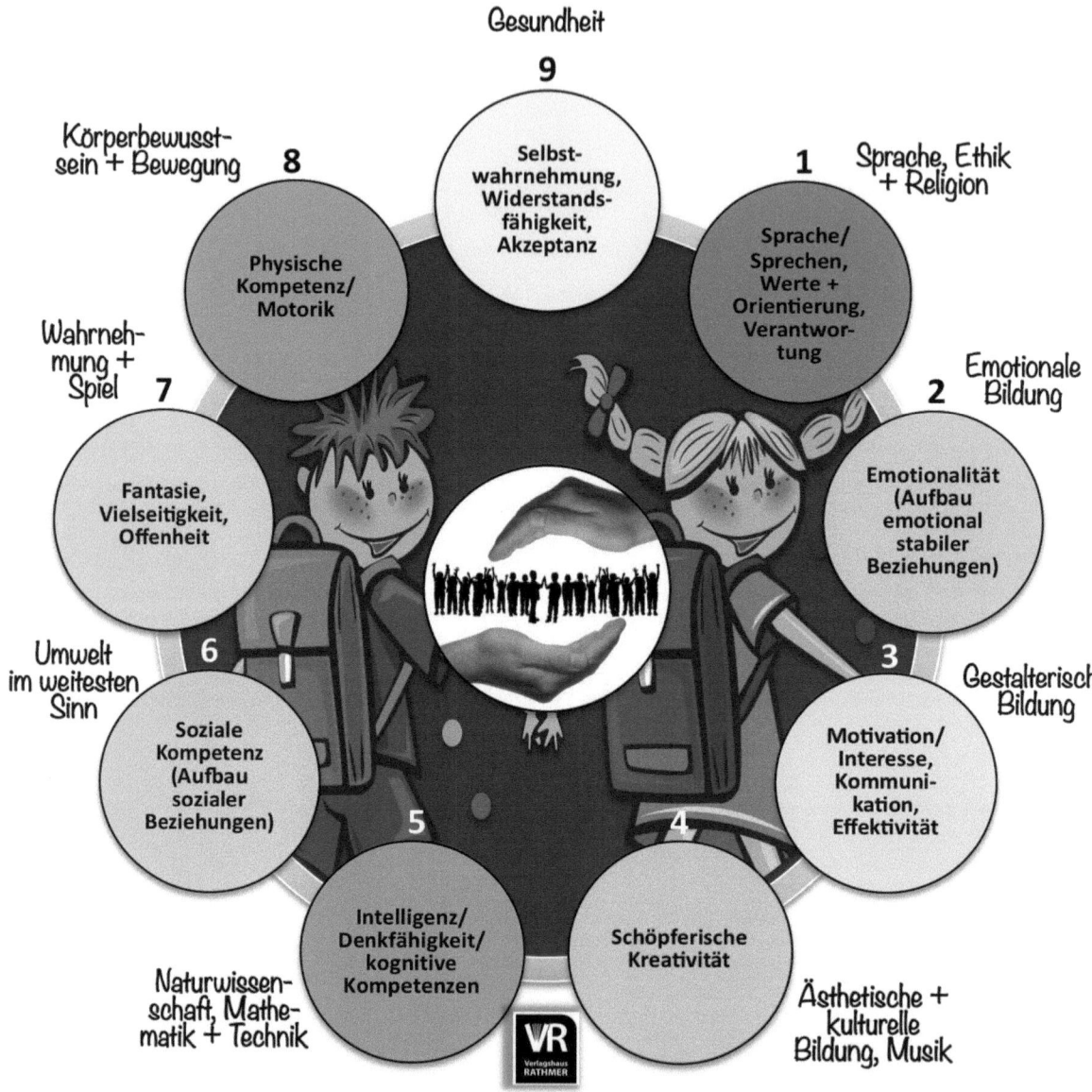

Gesundheit

9

Selbst-wahrnehmung, Widerstands-fähigkeit, Akzeptanz

Körperbewusst-sein + Bewegung
8

Physische Kompetenz/ Motorik

Sprache, Ethik + Religion
1

Sprache/ Sprechen, Werte + Orientierung, Verantwor-tung

Wahrneh-mung + Spiel
7

Fantasie, Vielseitigkeit, Offenheit

Emotionale Bildung
2

Emotionalität (Aufbau emotional stabiler Beziehungen)

Umwelt im weitesten Sinn
6

Soziale Kompetenz (Aufbau sozialer Beziehungen)

Gestalterisch Bildung
3

Motivation/ Interesse, Kommuni-kation, Effektivität

5

Intelligenz/ Denkfähigkeit/ kognitive Kompetenzen

4

Schöpferische Kreativität

Naturwissen-schaft, Mathe-matik + Technik

Ästhetische + kulturelle Bildung, Musik

* Die Entwicklung dieser Lebensbereiche bei Kindern ist die Grundlage für die Entwicklung von Selbstbewusstsein, Eigenständigkeit und Identität, um ihnen zu ermöglichen, ihr Entwicklungs-potenzial möglichst vielseitig auszuschöpfen für ein erfülltes Leben in dieser Gesellschaft.

32

Hochsensibilität im Rahmen des Enneagramms

Die folgenden **positiven Eigenschaften***, die den 9 Enneagramm-Mustern entsprechen, findet man regelmäßig bei **hochsensiblen Menschen**:

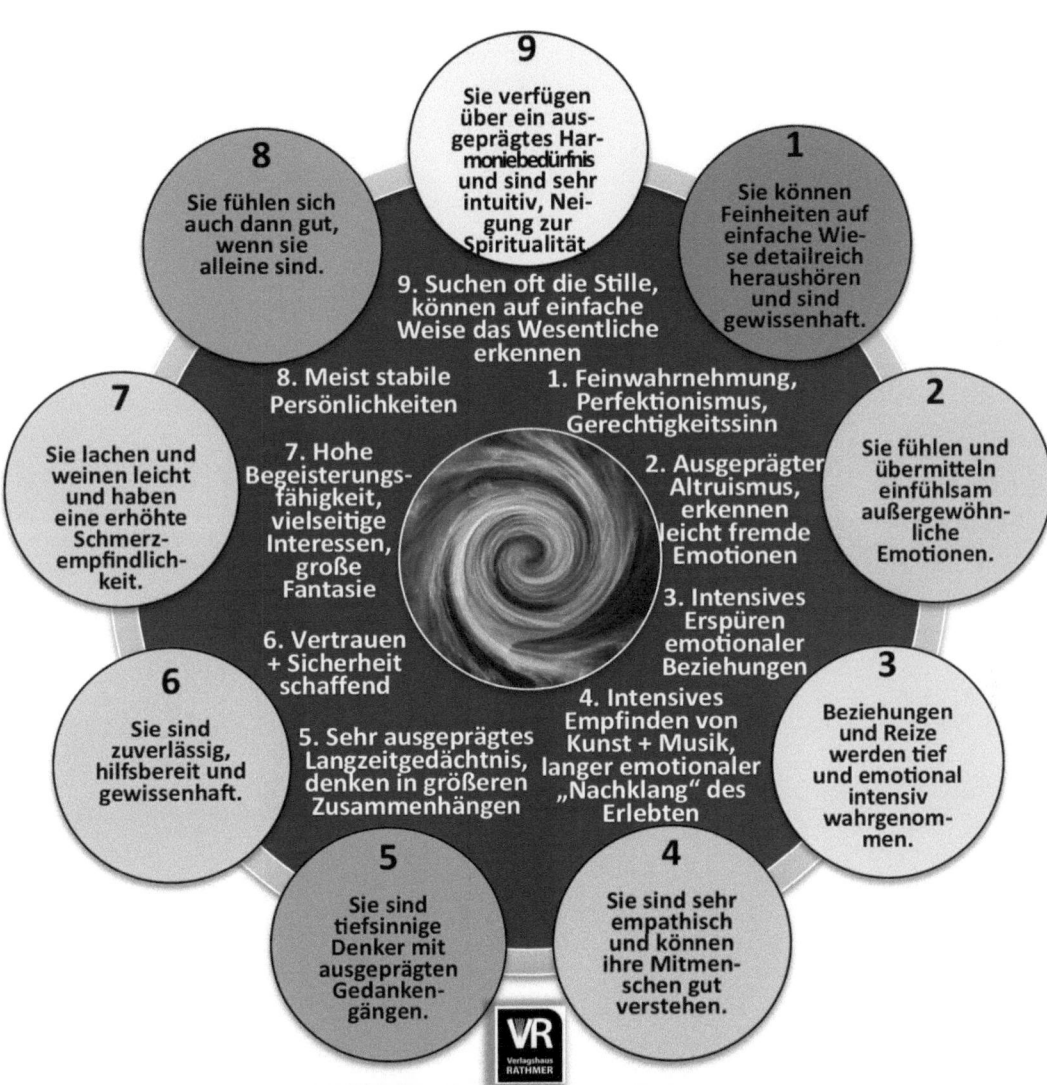

9
Sie verfügen über ein ausgeprägtes Harmoniebedürfnis und sind sehr intuitiv, Neigung zur Spiritualität

8
Sie fühlen sich auch dann gut, wenn sie alleine sind.

1
Sie können Feinheiten auf einfache Weise detailreich heraushören und sind gewissenhaft.

7
Sie lachen und weinen leicht und haben eine erhöhte Schmerzempfindlichkeit.

2
Sie fühlen und übermitteln einfühlsam außergewöhnliche Emotionen.

6
Sie sind zuverlässig, hilfsbereit und gewissenhaft.

3
Beziehungen und Reize werden tief und emotional intensiv wahrgenommen.

5
Sie sind tiefsinnige Denker mit ausgeprägten Gedankengängen.

4
Sie sind sehr empathisch und können ihre Mitmenschen gut verstehen.

9. Suchen oft die Stille, können auf einfache Weise das Wesentliche erkennen

8. Meist stabile Persönlichkeiten

1. Feinwahrnehmung, Perfektionismus, Gerechtigkeitssinn

7. Hohe Begeisterungsfähigkeit, vielseitige Interessen, große Fantasie

2. Ausgeprägter Altruismus, erkennen leicht fremde Emotionen

3. Intensives Erspüren emotionaler Beziehungen

6. Vertrauen + Sicherheit schaffend

5. Sehr ausgeprägtes Langzeitgedächtnis, denken in größeren Zusammenhängen

4. Intensives Empfinden von Kunst + Musik, langer emotionaler „Nachklang" des Erlebten

* Diese **Eigenschaften** sind bei hochsensiblen Menschen häufig in starker Form ausgeprägt, da sich hier die universellen Ur-Prinzipien in einem Menschen übermäßig einseitig intensiv manifestieren. Diese Eigenschaften, so positiv sie auch erscheinen mögen, können im Einzelfall zu einseitig ausgeprägt Segen & Fluch zugleich sein.

Die Kommunikationsstile nach Schulz von Thun *

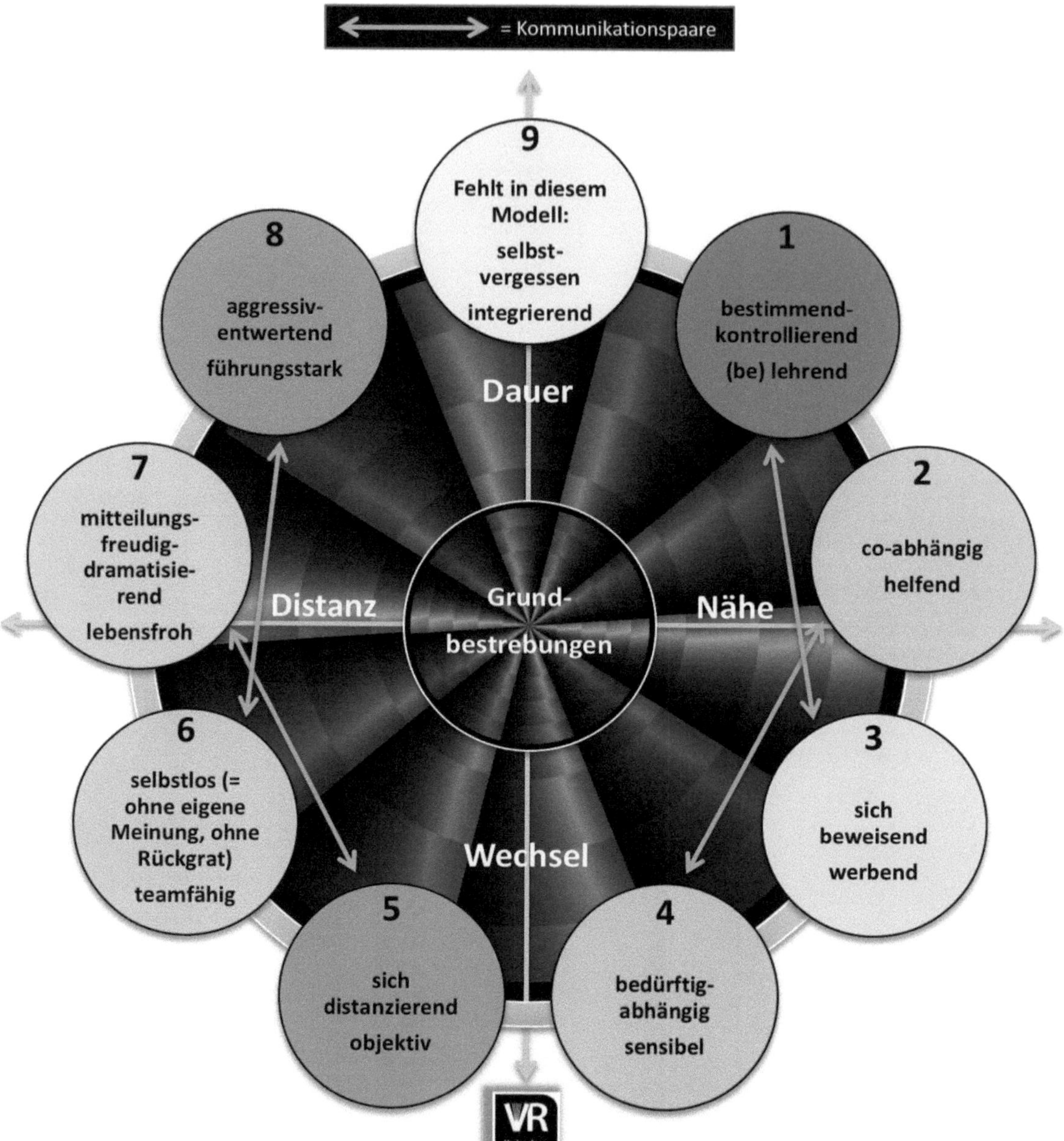

←——————→ = Kommunikationspaare

9
Fehlt in diesem Modell:
selbst-vergessen integrierend

8
aggressiv-entwertend
führungsstark

1
bestimmend-kontrollierend
(be) lehrend

7
mitteilungs-freudig-dramatisie-rend
lebensfroh

2
co-abhängig
helfend

Dauer

Distanz

Grund-bestrebungen

Nähe

6
selbstlos (= ohne eigene Meinung, ohne Rückgrat)
teamfähig

Wechsel

3
sich beweisend
werbend

5
sich distanzierend
objektiv

4
bedürftig-abhängig
sensibel

VR
Verlagshaus
RATHMER

* Friedemann Schulz von Thun, geb. 1944, deutscher Psychologe und Kommunikationswissenschaftler unterscheidet aufgrund seiner vor allem therapeutischen Erfahrung **8 Kommunikations- oder Inter-aktionsstile**, in denen Menschen sich präsentieren und ihre Kommunikationsbeziehung gestalten.

Die 9 Stufen der Konflikteskalation nach Glasl *
und deren Konfliktlösungsstrategien **

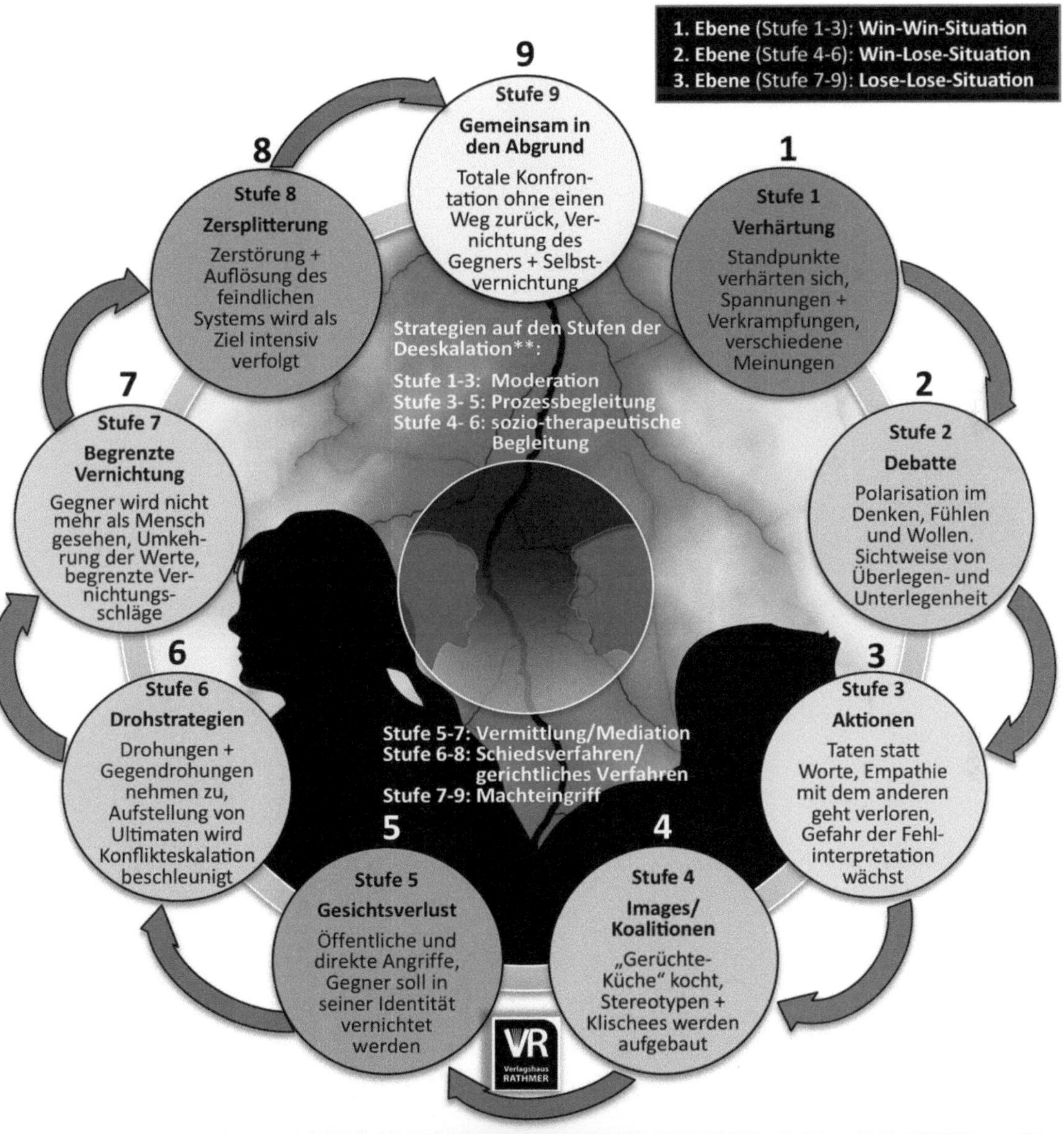

1. **Ebene** (Stufe 1-3): **Win-Win-Situation**
2. **Ebene** (Stufe 4-6): **Win-Lose-Situation**
3. **Ebene** (Stufe 7-9): **Lose-Lose-Situation**

9

Stufe 9
Gemeinsam in den Abgrund
Totale Konfrontation ohne einen Weg zurück, Vernichtung des Gegners + Selbstvernichtung

8

Stufe 8
Zersplitterung
Zerstörung + Auflösung des feindlichen Systems wird als Ziel intensiv verfolgt

1

Stufe 1
Verhärtung
Standpunkte verhärten sich, Spannungen + Verkrampfungen, verschiedene Meinungen

7

Stufe 7
Begrenzte Vernichtung
Gegner wird nicht mehr als Mensch gesehen, Umkehrung der Werte, begrenzte Vernichtungsschläge

2

Stufe 2
Debatte
Polarisation im Denken, Fühlen und Wollen. Sichtweise von Überlegen- und Unterlegenheit

Strategien auf den Stufen der Deeskalation**:

Stufe 1-3: Moderation
Stufe 3- 5: Prozessbegleitung
Stufe 4- 6: sozio-therapeutische Begleitung

6

Stufe 6
Drohstrategien
Drohungen + Gegendrohungen nehmen zu, Aufstellung von Ultimaten wird Konflikteskalation beschleunigt

3

Stufe 3
Aktionen
Taten statt Worte, Empathie mit dem anderen geht verloren, Gefahr der Fehlinterpretation wächst

Stufe 5-7: Vermittlung/Mediation
Stufe 6-8: Schiedsverfahren/gerichtliches Verfahren
Stufe 7-9: Machteingriff

5

Stufe 5
Gesichtsverlust
Öffentliche und direkte Angriffe, Gegner soll in seiner Identität vernichtet werden

4

Stufe 4
Images/Koalitionen
„Gerüchte-Küche" kocht, Stereotypen + Klischees werden aufgebaut

VR
Verlagshaus RATHMER

* **Friedrich Glasl**, geb. 1941, österreichischer Ökonom, Organisationsberater und Konfliktforscher: aus Konfliktmanagement. Ein Handbuch für Führungskräfte und Berater/2. Auflage, Stuttgart 1990. Die Fähigkeit zum weltbild- und wertfreiem Erkennen und Eliminieren von konfliktnährenden Kräften zum Zwecke einer Konfliktdeeskalation ** bietet insbesondere Führungskräften, Beratern und Sozialarbeitern große Vorteile.

Das musikalische Oktavengesetz im Rahmen des Enneagramms *

In einer Oktave gibt es auf dem Weg von einem C zum nächsten C bestimmte Stellen, an denen die ursprüngliche Schwingung langsamer wird und einen Schock von außen benötigt. Diese Stellen entsprechen den fehlenden schwarzen Tasten auf der Klaviatur (3 + 8).

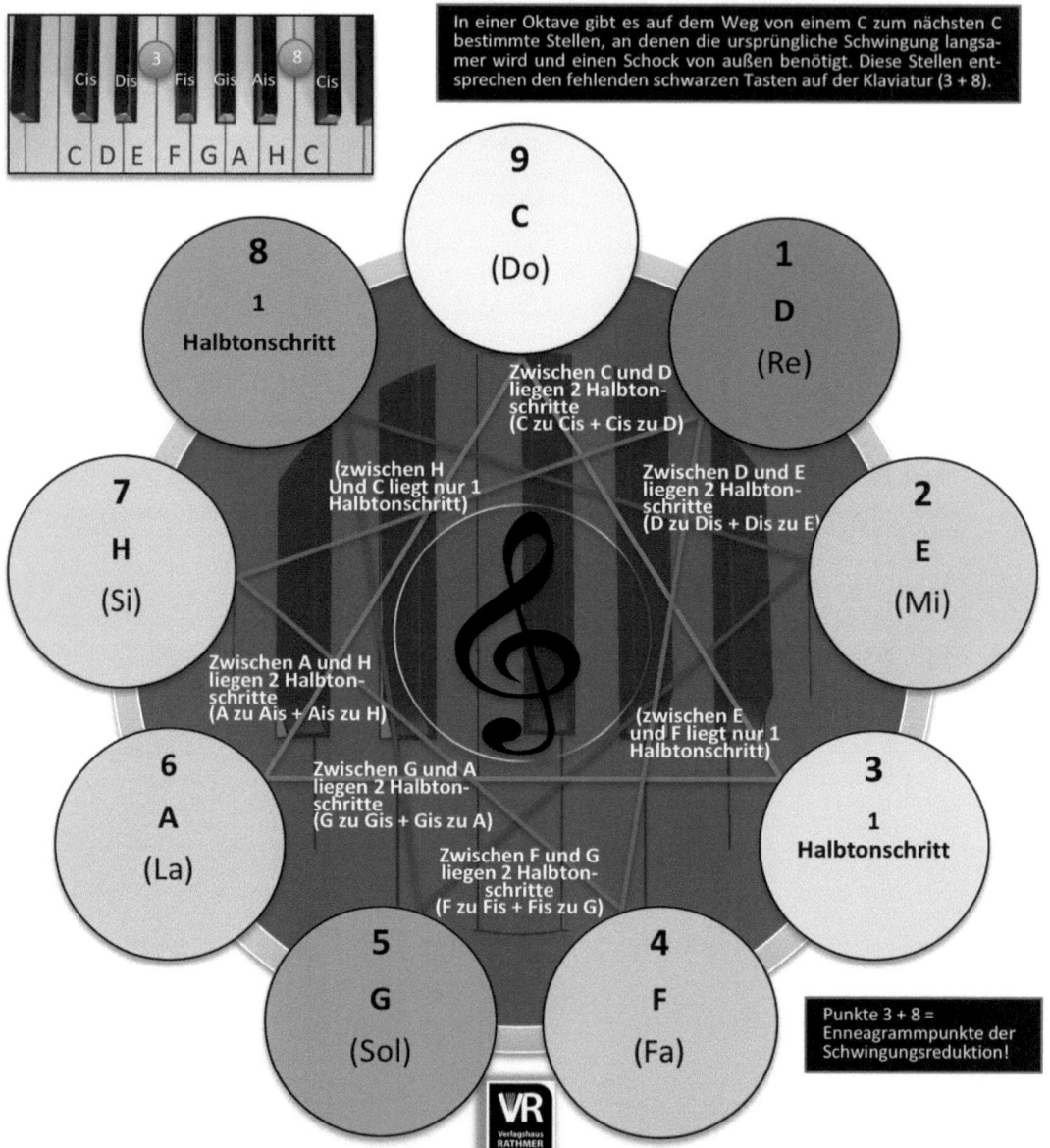

* Jeder Vorgang innerhalb des Universums, ganz gleich auf welcher Ebene er stattfindet, ist in seiner allmählichen Entwicklung vollends durch das Gesetz des Aufbaus der Sieben-Ton-Leiter bedingt. Dabei bildet jede Note, jeder Ton auf einer anderen Ebene wieder eine ganze Oktave. Die 'Intervalle' zwischen Mi und Fa und zwischen Si und Do, welche nicht durch die Energiestärke des sich vollziehenden Vorgangs ausgefüllt werden können und einen von außen kommenden 'Schock', sozusagen äußere Hilfe, erfordern, verbinden gerade durch diesen Sachverhalt einen Vorgang mit anderen Vorgängen. Hieraus folgt, dass das 'Oktavengesetz' alle Vorgänge des Weltalls miteinander verbindet.

Die Neun-Jahres-Zyklen * des Lebens

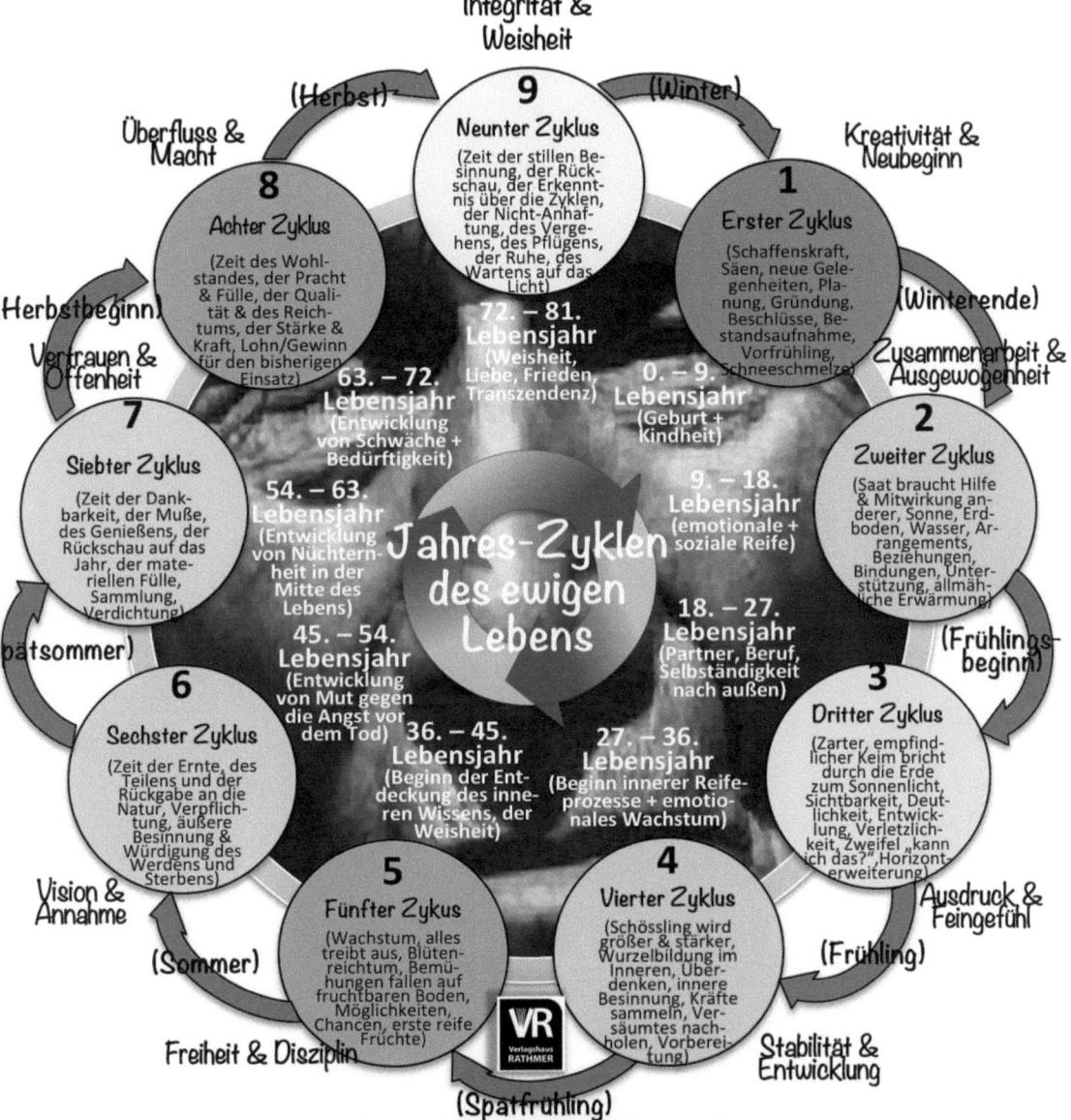

Integrität & Weisheit

(Herbst) — **9** — **(Winter)**

Neunter Zyklus
(Zeit der stillen Besinnung, der Rückschau, der Erkenntnis über die Zyklen, der Nicht-Anhaftung, des Vergehens, des Pflügens, der Ruhe, des Wartens auf das Licht)

72. – 81. Lebensjahr (Weisheit, Liebe, Frieden, Transzendenz)

Überfluss & Macht

8

Achter Zyklus
(Zeit des Wohlstandes, der Pracht & Fülle, der Qualität & des Reichtums, der Stärke & Kraft, Lohn/Gewinn für den bisherigen Einsatz)

63. – 72. Lebensjahr (Entwicklung von Schwäche + Bedürftigkeit)

Kreativität & Neubeginn

1

Erster Zyklus
(Schaffenskraft, Säen, neue Gelegenheiten, Planung, Gründung, Beschlüsse, Bestandsaufnahme, Vorfrühling, Schneeschmelze)

0. – 9. Lebensjahr (Geburt + Kindheit)

(Winterende)

(Herbstbeginn)

Vertrauen & Offenheit

7

Siebter Zyklus
(Zeit der Dankbarkeit, der Muße, des Genießens, der Rückschau auf das Jahr, der materiellen Fülle, Sammlung, Verdichtung)

54. – 63. Lebensjahr (Entwicklung von Nüchternheit in der Mitte des Lebens)

45. – 54. Lebensjahr (Entwicklung von Mut gegen die Angst vor dem Tod)

Jahres-Zyklen des ewigen Lebens

9. – 18. Lebensjahr (emotionale + soziale Reife)

Zusammenarbeit & Ausgewogenheit

2

Zweiter Zyklus
(Saat braucht Hilfe & Mitwirkung anderer, Sonne, Erdboden, Wasser, Arrangements, Beziehungen, Bindungen, Unterstützung, allmähliche Erwärmung)

18. – 27. Lebensjahr (Partner, Beruf, Selbständigkeit nach außen)

(Frühlingsbeginn)

(Spätsommer)

Vision & Annahme

6

Sechster Zyklus
(Zeit der Ernte, des Teilens und der Rückgabe an die Natur, Verpflichtung, äußere Besinnung & Würdigung des Werdens und Sterbens)

36. – 45. Lebensjahr (Beginn der Entdeckung des inneren Wissens, der Weisheit)

27. – 36. Lebensjahr (Beginn innerer Reifeprozesse + emotionales Wachstum)

3

Dritter Zyklus
(Zarter, empfindlicher Keim bricht durch die Erde zum Sonnenlicht, Sichtbarkeit, Deutlichkeit, Entwicklung, Verletzlichkeit, Zweifel „kann ich das?", Horizonterweiterung)

Ausdruck & Feingefühl

(Sommer)

5

Fünfter Zyklus
(Wachstum, alles treibt aus, Blütenreichtum, Bemühungen fallen auf fruchtbaren Boden, Möglichkeiten, Chancen, erste reife Früchte)

4

Vierter Zyklus
(Schössling wird größer & stärker, Wurzelbildung im Inneren, Überdenken, innere Besinnung, Kräfte sammeln, Versäumtes nachholen, Vorbereitung)

(Frühling)

Freiheit & Disziplin

VR Verlagshaus RATHMER

(Spätfrühling)

Stabilität & Entwicklung

---

* „Das Wirken der Welt vollzieht sich immer in Kreisen, und alles versucht, rund zu sein. Der Himmel ist rund, und ich habe gehört, dass die Erde auch eine Kugel sein soll und ebenso alle Sterne. Der stärkste Wind ist der Wirbelsturm; die Vögel bauen ihre Nester rund, denn ihre Religion ist wie die unsere. Die Sonne und der Mond sind beide rund, sie gehen auf im Kreis und wieder unter. Sogar die Jahreszeiten bilden einen großen Kreis in ihrem Wechsel und kehren immer an den Anfangspunkt zurück. Das Leben eines Menschen ist ein Kreis von Kindheit zu Kindheit, und so ist es mit allem, was von einer Kraft bewegt ist." (**Nicholas Black Elk** („Schwarzer Hirsch", Dezember 1863 – 19. August 1950) war ein Wichasha Wakan (Medizinmann, Heiliger Mann) der Oglala-Lakota-Indianer, siehe sein Foto im Innenkreis).

Die Dynamik von Gesundheit & Krankheit

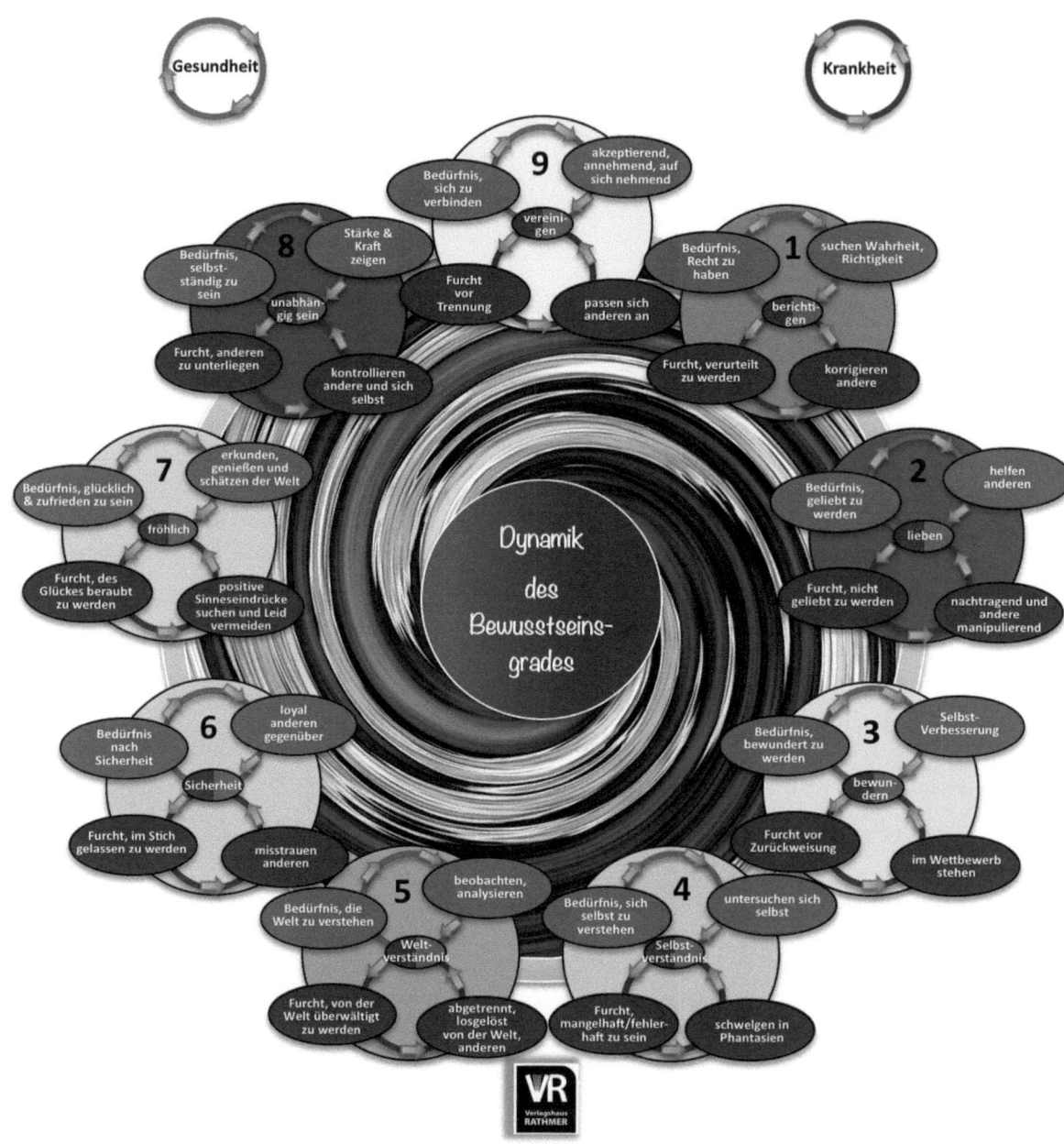

38

Die Dynamik von Bewusstheit & Unbewusstheit

Enneatyp 1 – die zornige Persönlichkeit, die nach Perfektion strebt

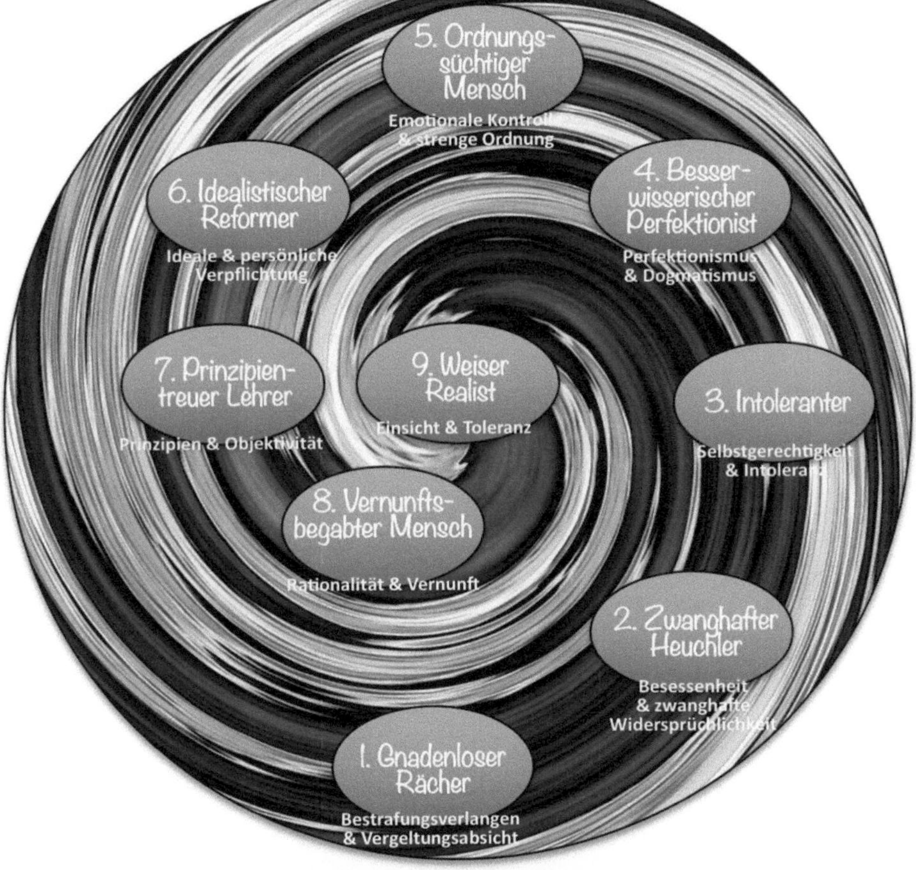

5. Ordnungs-süchtiger Mensch
Emotionale Kontrolle & strenge Ordnung

6. Idealistischer Reformer
Ideale & persönliche Verpflichtung

4. Besser-wisserischer Perfektionist
Perfektionismus & Dogmatismus

7. Prinzipien-treuer Lehrer
Prinzipien & Objektivität

9. Weiser Realist
Einsicht & Toleranz

3. Intoleranter
Selbstgerechtigkeit & Intoleranz

8. Vernunfts-begabter Mensch
Rationalität & Vernunft

2. Zwanghafter Heuchler
Besessenheit & zwanghafte Widersprüchlichkeit

1. Gnadenloser Rächer
Bestrafungsverlangen & Vergeltungsabsicht

---

* Jeder Mensch entwickelt sich seinem Enneatyp entsprechend im Laufe seines Lebens von mehr oder weniger starker **Unbewusstheit** zu immer mehr **Bewusstheit**. Wir erkennen darin den eigentlichen Sinn unseres Lebens, wobei wir verschiedene insgesamt **9 Entwicklungsstufen** zu durchlaufen haben, um nach und nach unsere **Fixierungen, Leidenschaften, Laster, Hauptabhängigkeiten** zu erlösen, damit wir die nächste **Stufe der Bewusstseinsentwicklung** in unserem Leben emporsteigen. Die **Dynamik** der Zunahme von Bewusstheit erfolgt dabei von **außen nach innen**. **Bewusstheit** steht hier für **Gesundheit, Unbewusstheit** für **Krankheit**. *Begrifflichkeiten in Anlehnung an Don Richard Riso – Das Enneagramm-Handbuch, 1993.*

39

Die Dynamik von Bewusstheit & Unbewusstheit

Enneatyp 2 – die stolze Persönlichkeit, die nach Liebe strebt

5. Besitz-ergreifender Intimfreund
Aufdringlichkeit & Besitzgier

6. Groß-sprecherischer Freund
Aufrichtigkeit & Anstand

4. Überheblicher Heiliger
Selbstüberhebung & Unentbehrlichkeit

7. Fürsorglicher
Barmherzigkeit & Dienst am Nächsten

9. Uneigen-nütziger Altruist
Selbstlosigkeit & Demut

3. Selbst-betrügerischer Manipulierer
Selbstbetrug & Manipulation

8. Einfühlsamer
Empathie & Teilnahme

2. Dominanter Erpresser
Rechthaberei & Zwangsausübung

1. Psycho-somatisches Opfer
Konversionsstörungen & psychosomatische Probleme

* Einige Menschen sind sind in ihrem **Wesen/ihrer Persönlichkeit** unter Umständen so eingeschränkt und eng, dass schon die auf einer einzigen Stufe ihres Typs auftretenden charakterlichen Merkmale beispielhaft für sie sind. Die überwiegende Anzahl der Menschen bewegt sich allerdings auf der Bewusstseinsspirale permanent entweder mehr nach innen oder nach außen in Form eines sich kontinuierlich verändernden Bewusstseinsprozesses, also über sämtliche neun Bewusstseinsstufen hinweg. Dabei machen sie gelegentlich eine starke Bewegung nach außen in Richtung Unbewusstheit bis hin zur 1. Ebene, die immer auch eine deutliche neurotische Störung bedeutet, manchmal aber auch stark nach innen in Richtung Bewusstheit.

VR
Verlagshaus
RATHMER

Die Dynamik von Bewusstheit & Unbewusstheit

Enneatyp 3 – die eitle Persönlichkeit, die nach Erfolg strebt

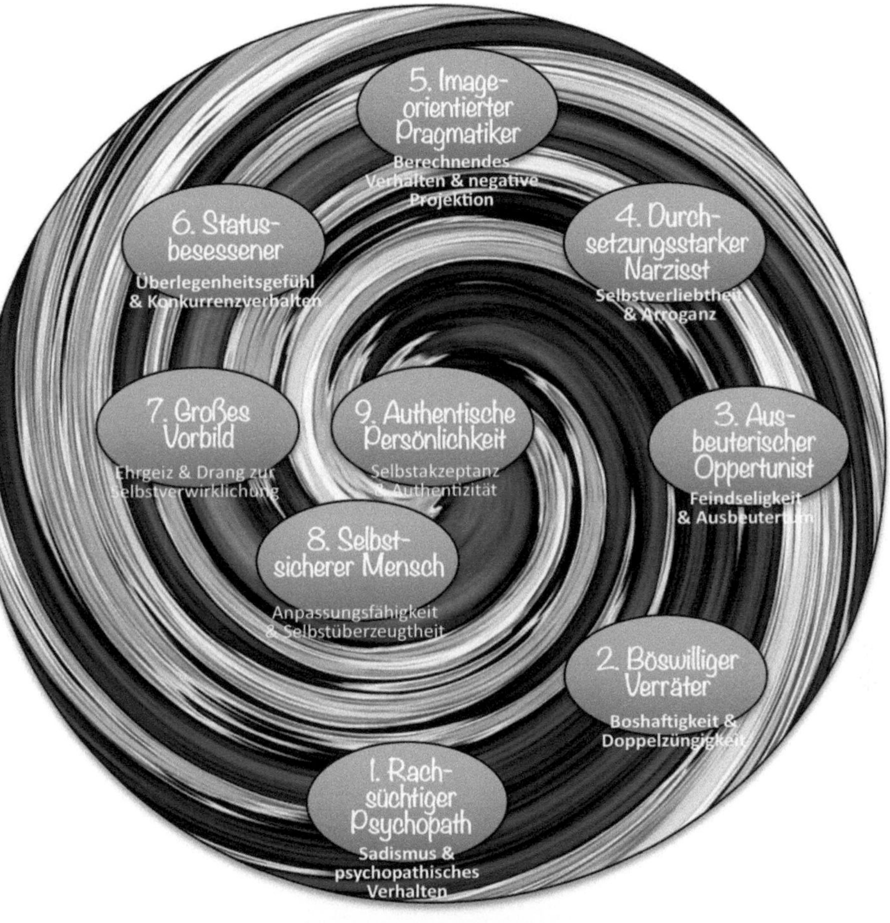

5. Image-orientierter Pragmatiker
Berechnendes Verhalten & negative Projektion

6. Status-besessener
Überlegenheitsgefühl & Konkurrenzverhalten

4. Durch-setzungsstarker Narzisst
Selbstverliebtheit & Arroganz

7. Großes Vorbild
Ehrgeiz & Drang zur Selbstverwirklichung

9. Authentische Persönlichkeit
Selbstakzeptanz & Authentizität

3. Aus-beuterischer Opportunist
Feindseligkeit & Ausbeutertum

8. Selbst-sicherer Mensch
Anpassungsfähigkeit & Selbstüberzeugtheit

2. Böswilliger Verräter
Boshaftigkeit & Doppelzüngigkeit

1. Rach-süchtiger Psychopath
Sadismus & psychopathisches Verhalten

* Auf der gesamten Bandbreite menschlichen Bewusstseins von Stufe 1 bis Stufe 9 treten bei jedem Ennea-typen verschiedene **Charakterzüge** und **Abwehrmechanismen** in Erscheinung und verbinden sich mit den bereits vorhandenen Grundzügen des jeweiligen Menschen zu äußerst komplexen Mustern, die dann die eigentliche Individualität eines Menschen ausmachen. So ist auch zu erklären, dass man keineswegs durch eine kurze Beschreibung dieser Bewusstseinsprozesse auf neun Ebenen den ganzen Facettenreichtum eines Individuums beschreiben kann, aber dennoch geben uns diese Wegweiser in Form prägnanter Be-griffe eine gute Struktur des menschlichen Bewusstseinsprozesses jedes einzelnen Enneatyps.

VR
Verlagshaus
RATHMER

41

Die Dynamik von Bewusstheit & Unbewusstheit

Enneatyp 4 – die neidische Persönlichkeit, die nach Individualität strebt

5. Selbst-verliebter Introvertierter
Selbstbezogenheit & Rückzug

6. Phantasie-voller Künstler
Phantasie & Kunst

4. Schwacher Ästhet
Selbstmitleid & Maßlosigkeit

7. Sich offenbarender Mensch
Individualität & Ausdrucksstärke

9. Inspiriert-schöpferischer Mensch
Selbsterneuerung & Kreativität

3. Selbst-entfremdeter Depressiver
Gehemmtheit & Entfremdung

8. Intuitiv Lebender
Selbstbewusstheit & Intuition

2. Emotional Leidender
Selbsthass & Selbstquälerei

1. Selbst-zerstörerischer
Selbstzerstörungstendenzen & Selbstmordgedanken

* Eine stufenweise Bewegung in Richtung Spiralenmitte bedeutet immer auch zugleich eine Verbesserung der psychischen Gesundheit und Ausgeglichenheit, in Folge natürlich auch eine Verbesserung der körperlichen Symptomatik, falls vorhanden. Eine Entwicklung nach außen in Richtung Unbewusstheit ist aber gleichwohl möglich, sowohl im Laufe von Minuten, Stunden, Tagen, Jahren und Jahrzehnten. Je weiter wir uns nach außen in Richtung Unbewusstheit entwickeln, desto stärker werden unsere neurotischen Verhaltensweisen in unserem täglichen Alltag, wobei wir uns dieser krankhaften Züge auf dem Weg nach außen immer weniger bewusst sind und schließlich in tiefer Unbewusstheit immer unglücklicher werden.

VR
Verlagshaus
RATHMER

Die Dynamik von Bewusstheit & Unbewusstheit

Enneatyp 5 – die geizige Persönlichkeit, die nach Wissen strebt

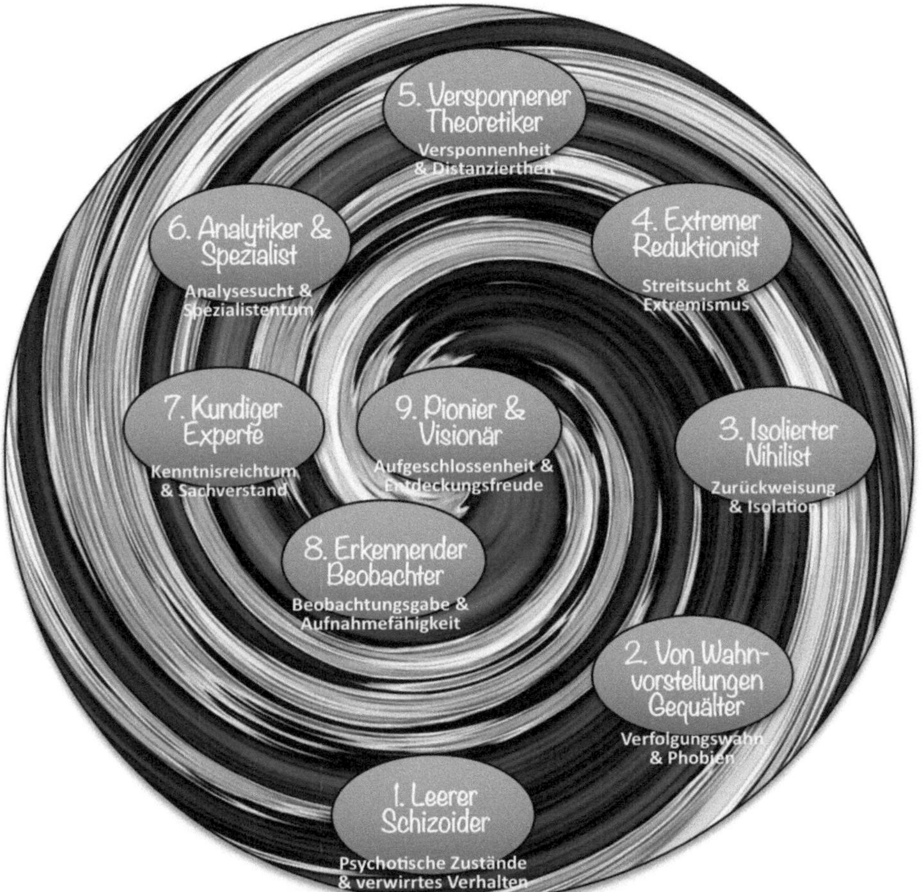

5. Versponnener Theoretiker
Versponnenheit & Distanziertheit

6. Analytiker & Spezialist
Analysesucht & Spezialistentum

4. Extremer Reduktionist
Streitsucht & Extremismus

7. Kundiger Experte
Kenntnisreichtum & Sachverstand

9. Pionier & Visionär
Aufgeschlossenheit & Entdeckungsfreude

3. Isolierter Nihilist
Zurückweisung & Isolation

8. Erkennender Beobachter
Beobachtungsgabe & Aufnahmefähigkeit

2. Von Wahn-vorstellungen Gequälter
Verfolgungswahn & Phobien

1. Leerer Schizoider
Psychotische Zustände & verwirrtes Verhalten

* Bewusstheit bzw. Entwicklung entlang dieser Bewusstseinsspirale nach innen ist also der Schlüssel zum Glück jedes einzelnen Enneatyps. Wir sollten natürlich nicht vergessen, dass diese Entwicklungsschritte zwar die Möglichkeit bieten, die grobe Bewusstseinsentwicklung der einzelnen Enneatypen analytisch zu erfassen und einzuordnen, aber letztlich ein gedankliches Konstrukt bleiben: Echte Menschen sind letztlich nicht so voraussagbar und genau definiert wie in diesen Übersichten. Und doch enthalten diese abstrakten Beschreibungen eine aussagekräftige Generalisierung, die vor allem dann hilfreich ist, wenn man die vorläufige Einordnung in einen bestimmten Enneatyp noch ein wenig deutlicher definieren/erkennen möchte.

VR
Verlagshaus
RATHMER

43

Die Dynamik von Bewusstheit & Unbewusstheit

Enneatyp 6 – die ängstliche Persönlichkeit, die nach Sicherheit strebt

5. Ambivalenter
Zwiespältigkeit & ausweichendes Verhalten

6. Gehorsamer Traditionalist
Abhängigkeit & Traditionen

4. Über-kompensierter (harter) Typ
Aufsässigkeit & Herrschsucht

7. Engagierter & loyaler Freund
Pflichtgefühl & Kooperations-bereitschaft

9. Selbst-bejahende Persönlichkeit
Selbstvertrauen & Mut

3. Unsicherer Mensch
Selbstverachtung & Abhängigkeit

8. Liebens-werter Mensch
Emotionales Engagement & Liebenswürdigkeit

2. Hysteriker
Überreaktion & irrationales Verhalten

1. Selbst-zerstörerischer Masochist
Selbstangriff & selbsterniedrigendes Unterwerfungsverhalten

* Zwischen den Stufen 1 – 4 – 7, 2 – 5 – 8 und 3 – 6 – 9 laufen die psychischen Prozesse <u>bei jedem Enneatyp</u> einem inneren Zusammenhang gemäß dynamisch und zugleich parallel ab. So entwickelt sich die ängstliche Persönlichkeit (Enneatyp 6) z.B. von einem unsicheren Menschen (Stufe 3) über den gehorsamen Traditionalisten (Stufe 6) bis hin zu einer selbstbejahenden Persönlichkeit (Stufe 9). Parallel verläuft ein anderer Bewusstseinsprozess auf den Stufen 2 – 5 – 8 vom Hysteriker (Stufe 2) über den Ambivalenten (Stufe 5) bis hin zum liebenswerten Menschen (Stufe 8), schließlich auf den Stufen 3 – 6 – 9 geht der Weg von Unbewusstheit Richtung Bewusstheit vom selbstzerstörerischen Masochisten (Stufe 1) über den überkompensierten (harten) Typ (Stufe 4) bis hin zum engagierten und loyalen Freund (Stufe 7).

44

Die Dynamik von Bewusstheit & Unbewusstheit

Enneatyp 7 – die maßlose Persönlichkeit, die nach Spaß strebt

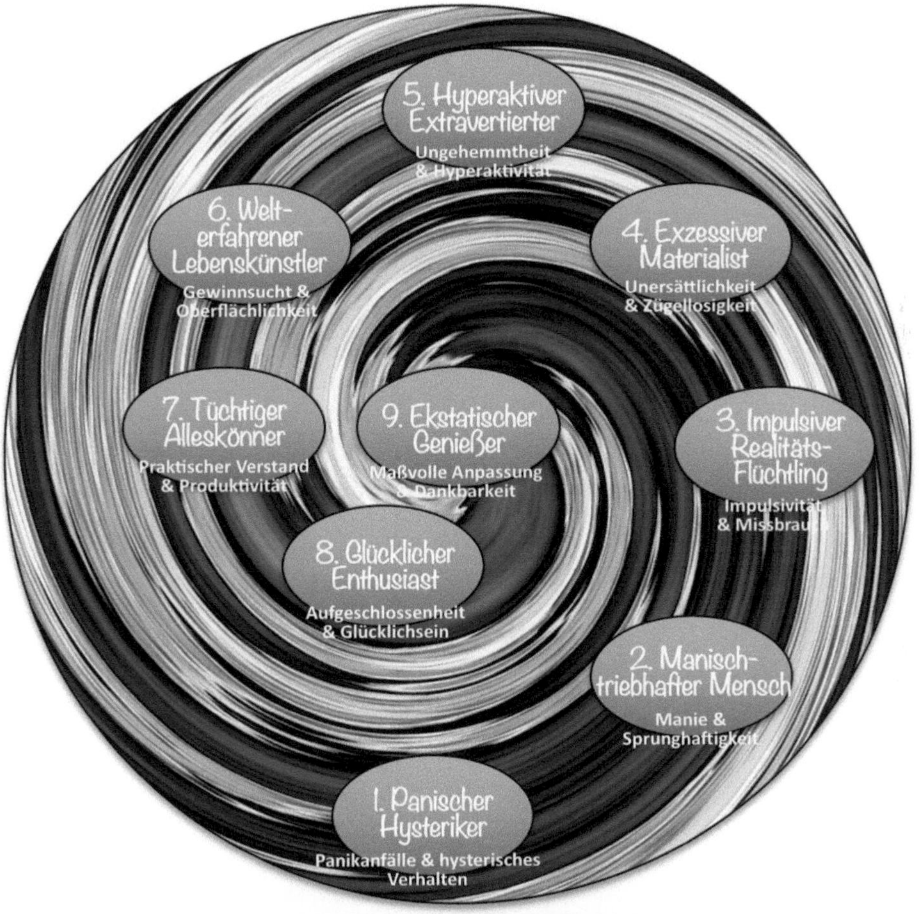

5. Hyperaktiver Extravertierter
Ungehemmtheit & Hyperaktivität

6. Welt- erfahrener Lebenskünstler
Gewinnsucht & Oberflächlichkeit

4. Exzessiver Materialist
Unersättlichkeit & Zügellosigkeit

7. Tüchtiger Alleskönner
Praktischer Verstand & Produktivität

9. Ekstatischer Genießer
Maßvolle Anpassung & Dankbarkeit

3. Impulsiver Realitäts- Flüchtling
Impulsivität & Missbrauch

8. Glücklicher Enthusiast
Aufgeschlossenheit & Glücklichsein

2. Manisch- triebhafter Mensch
Manie & Sprunghaftigkeit

1. Panischer Hysteriker
Panikanfälle & hysterisches Verhalten

---

* Die einzelnen Bewusstseinsstufen in diesem Modell lassen sich auch unabhängig vom jeweiligen Ennea- typ abstrakt beschreiben: Zunächst befindet sich jeder Enneatyp auf den **Stufen 9 – 7** im Bereich der **gesunden Entwicklung**, auf den **Stufen 6 – 4** im Bereich der **durchschnittlichen Entwicklung** und auf den **Stufen 3 – 1** im Bereich der **gestörten Entwicklung** seiner Persönlichkeit. Stufe 9 ist das **Stadium der Befreiung**, indem der Mensch sein falsches Selbst überwunden hat und indem er beginnt, sich wahrhaft selbst zu verwirklichen. Stufe 8 stellt das **Stadium der psychischen Möglichkeiten** dar, hier erkennen wir erste Anzeichen des egoistischen Handelns aufgrund von Abwehrmechanismen in gesundem Maße.

VR
Verlagshaus
RATHMER

45

Die Dynamik von Bewusstheit & Unbewusstheit

Enneatyp 8 – die gierige Persönlichkeit, die nach Macht strebt

5. Dominierender Machtmensch
Expansionsstreben & Dominanz

6. Unternehmungslustiger Abenteurer
Selbständigkeit & Eigennützigkeit

4. Feindseliger Kämpfer
Starrsinnigkeit & Kampfbereitschaft

7. Konstruktiver Anführer
Autorität & Führungsvermögen

9. Großmütiger Menschenfreund
Bescheidenheit & Großzügigkeit

3. Skrupeloser Tyrann
Skrupelosigkeit & Gewalttätigkeit

8. Sich selbst vertrauender Mensch
Anmaßung & Demonstration von Stärke

2. Allmächtiger Größenwahnsinniger
Größenwahn & Selbstüberschätzung

1. Gewalttätiger Zerstörer
Rachsucht & asoziales Verhalten

* Stufe 7 ist das **Stadium der sozialen Werte**, die jeweilige Ego-Fixierung wird hier aktiver und erzeugt eine charakteristische Persönlichkeit im Rahmen sozialer und interpersonaler Fähigkeiten, der Mensch agiert immer noch im gesunden Bereich. Stufe 6 ist das Stadium des Ungleichgewichts, indem die Eigeninteressen einer gesunden, bewussten Entwicklung zuwiderläuft. Die Abwehrmechanismen verstärken sich zunehmend, sodass ein Ungleichgewicht auftritt. Stufe 5 ist das **Stadium der sozialen Kontrolle**, bei dem das Ego sich noch mehr aufbläht, während der Mensch versucht, seine Umgebung auf typische Weise unter Kontrolle zu bringen. Auf Stufe 4, dem **Stadium der Überkompensation**, beginnt der Mensch, Konflikte und Ängste, die allmählich immer mehr zunehmen, übermäßig zu kompensieren, um doch noch das zu erlangen, was er ersehnt mit extremen Verhaltensweisen, die im Allgemeinen auf andere belastend wirken.

Die Dynamik von Bewusstheit & Unbewusstheit

Enneatyp 9 – die träge Persönlichkeit, die nach Harmonie strebt

5. Passiv-gleichgültiger Mensch
Teilnahmslosigkeit & Passivität

6. Angepasster Mensch
Anpassung & Nachgiebigkeit

4. Resignierter Fatalist
Resignation & Fatalismus

7. Gutherziger Friedensstifter
Festigkeit & Stärkungsvermögen

9. In sich ruhender Mensch
Selbstbeherrschung & innere Zufriedenheit

3. Nachlässiger
Verdrängung & Nachlässigkeit

8. Empfäng- licher Mensch
Empfänglichkeit & Friedfertigkeit

2. Gespaltener Mensch
Innere Spaltung & Verwirrtheit

1. Sich aufgebender Mensch
Selbstaufgabe & Entpersonalisierung

* Mit Stufe 3, dem **Stadium der Gewalt**, gelangen wir in den Bereich einer gestörten Entwicklung. Die Abwehrmechanismen haben aus den verschiedensten Gründen versagt und schwerwiegende Reaktionen sind die Folge mit tiefgreifenden zwischenmenschlichen Konflikten. Stufe 2 ist das **Stadium der Wahnvorstellungen und zwanghaften Verhaltensweisen** mit schwerwiegenden innerpsychischen Konflikten. Der Mensch schafft sich seine eigene realitätsferne Wirklichkeit und blendet die Realität des Lebens vollständig aus. Stufe 1 stellt schließlich das **Stadium der pathologischen Zerstörungswut** dar, einen schwer neurotischen Zustand, im dem zerstörerisches Verhalten offen zutage tritt. Der Mensch möchte nun sich selbst und/oder andere zerstören. Er flieht dadurch von sich selbst und entgeht dabei der Notwendigkeit, aus sich heraus sein Leben neu aufzubauen, er hat sich vom Leben verabschiedet und geht Richtung Leid und Tod.

47

Seelischer Schattenanteil & Depression

9er-Depression: gr. Akedia = Mattigkeit, Verdruss, Überdruss, Widerwillen, „Angst des Herzens" (lat. anxietas cordis), unruhige oder angstvolle Bedrücktheit.

4er und 5er-Depression: gr. Melancholia = Schwarzgalligkeit (Melancholie), beim **4er-Typ** dominieren Schmerz, Traurigkeit, Schwermut + Verlassenheitsgefühle, beim **5er-Typ** Nachdenklichkeit, Leere + Isolation.

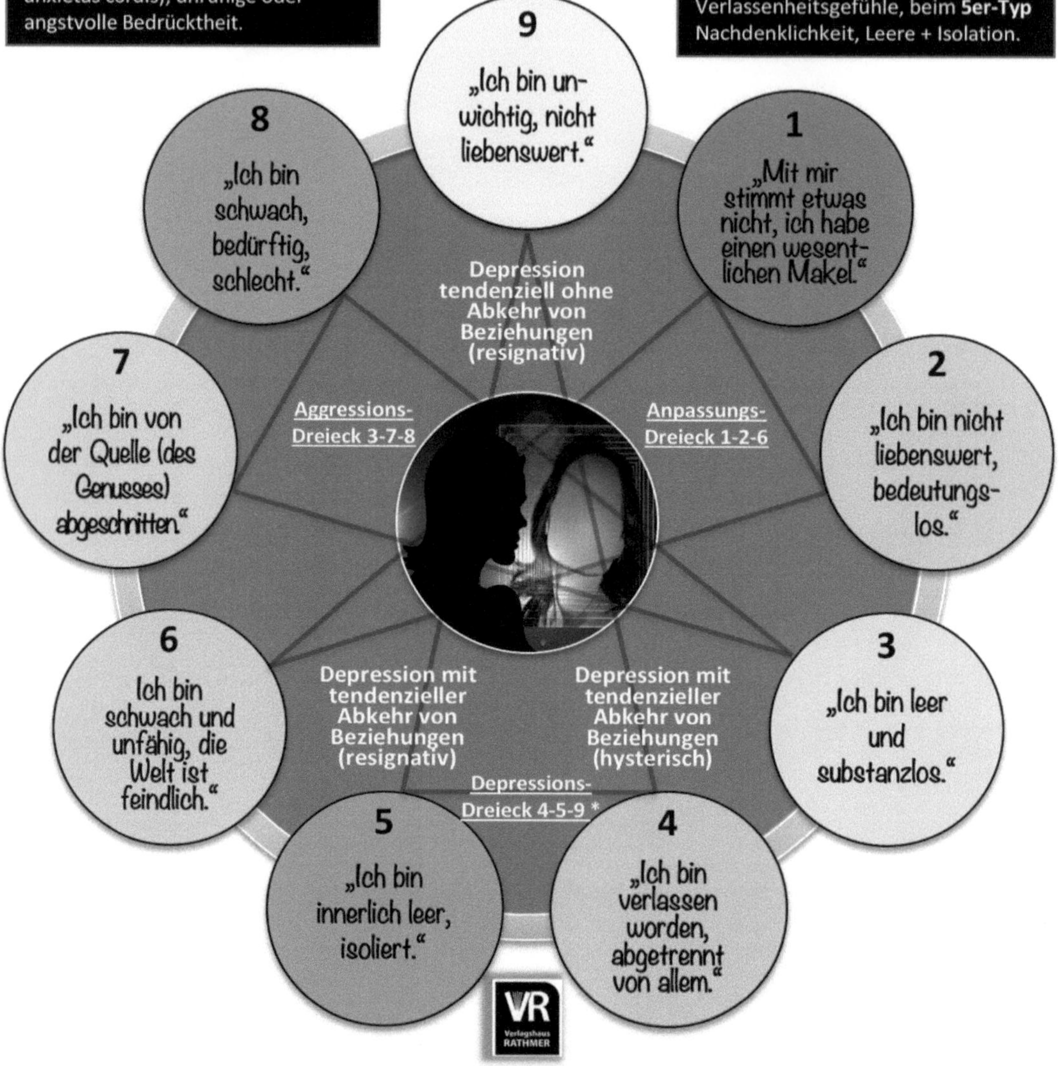

9
„Ich bin unwichtig, nicht liebenswert."

8
„Ich bin schwach, bedürftig, schlecht."

1
„Mit mir stimmt etwas nicht, ich habe einen wesentlichen Makel."

7
„Ich bin von der Quelle (des Genusses) abgeschnitten."

2
„Ich bin nicht liebenswert, bedeutungslos."

6
Ich bin schwach und unfähig, die Welt ist feindlich."

3
„Ich bin leer und substanzlos."

5
„Ich bin innerlich leer, isoliert."

4
„Ich bin verlassen worden, abgetrennt von allem."

Depression tendenziell ohne Abkehr von Beziehungen (resignativ)

Aggressions-Dreieck 3-7-8

Anpassungs-Dreieck 1-2-6

Depression mit tendenzieller Abkehr von Beziehungen (resignativ)

Depression mit tendenzieller Abkehr von Beziehungen (hysterisch)

Depressions-Dreieck 4-5-9 *

* Depressions-Dreieck: Die Enneatypen **4, 5** und **9** neigen häufiger als andere zu Depressionen, denn sie neigen in ihren Reaktionen zu **entziehendem Rückzug**, indem sie sich im Zweifel allgemein von Menschen **abkehren** und sich dadurch selbst unterdrücken.

Programmierungen der Persönlichkeit

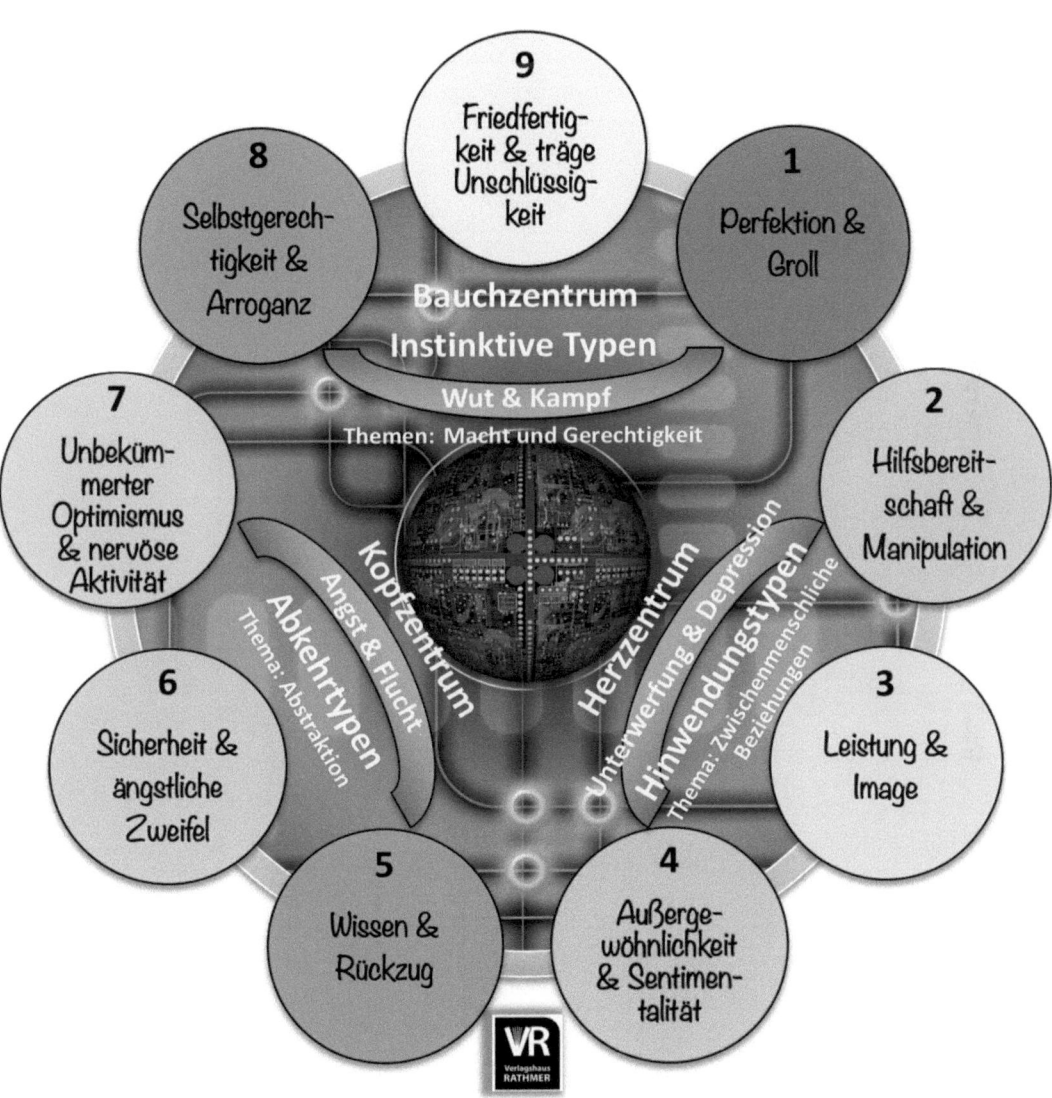

49

Psychologische Muster, zu bearbeitende Themen * & Lösungen **

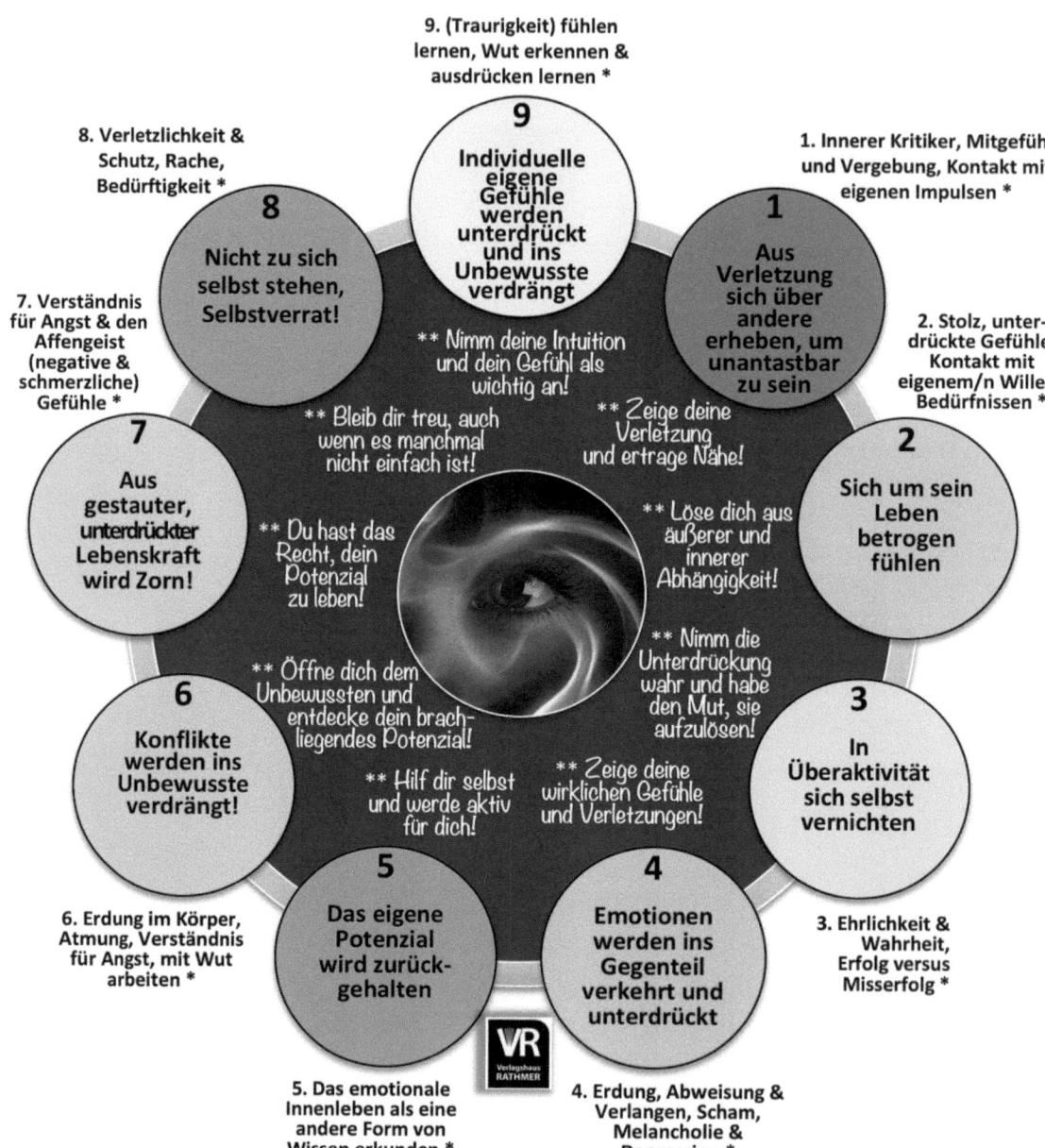

9. (Traurigkeit) fühlen lernen, Wut erkennen & ausdrücken lernen *

8. Verletzlichkeit & Schutz, Rache, Bedürftigkeit *

1. Innerer Kritiker, Mitgefühl und Vergebung, Kontakt mit eigenen Impulsen *

7. Verständnis für Angst & den Affengeist (negative & schmerzliche) Gefühle *

2. Stolz, unterdrückte Gefühle, Kontakt mit eigenem/n Willen, Bedürfnissen *

9 Individuelle eigene Gefühle werden unterdrückt und ins Unbewusste verdrängt

8 Nicht zu sich selbst stehen, Selbstverrat!

1 Aus Verletzung sich über andere erheben, um unantastbar zu sein

7 Aus gestauter, unterdrückter Lebenskraft wird Zorn!

2 Sich um sein Leben betrogen fühlen

6 Konflikte werden ins Unbewusste verdrängt!

3 In Überaktivität sich selbst vernichten

5 Das eigene Potenzial wird zurückgehalten

4 Emotionen werden ins Gegenteil verkehrt und unterdrückt

** Nimm deine Intuition und dein Gefühl als wichtig an!

** Bleib dir treu, auch wenn es manchmal nicht einfach ist!

** Zeige deine Verletzung und ertrage Nähe!

** Du hast das Recht, dein Potenzial zu leben!

** Löse dich aus äußerer und innerer Abhängigkeit!

** Öffne dich dem Unbewussten und entdecke dein brachliegendes Potenzial!

** Nimm die Unterdrückung wahr und habe den Mut, sie aufzulösen!

** Hilf dir selbst und werde aktiv für dich!

** Zeige deine wirklichen Gefühle und Verletzungen!

6. Erdung im Körper, Atmung, Verständnis für Angst, mit Wut arbeiten *

3. Ehrlichkeit & Wahrheit, Erfolg versus Misserfolg *

5. Das emotionale Innenleben als eine andere Form von Wissen erkunden *

4. Erdung, Abweisung & Verlangen, Scham, Melancholie & Depression *

Bewusstseinsebenen * der modernen Psychologie

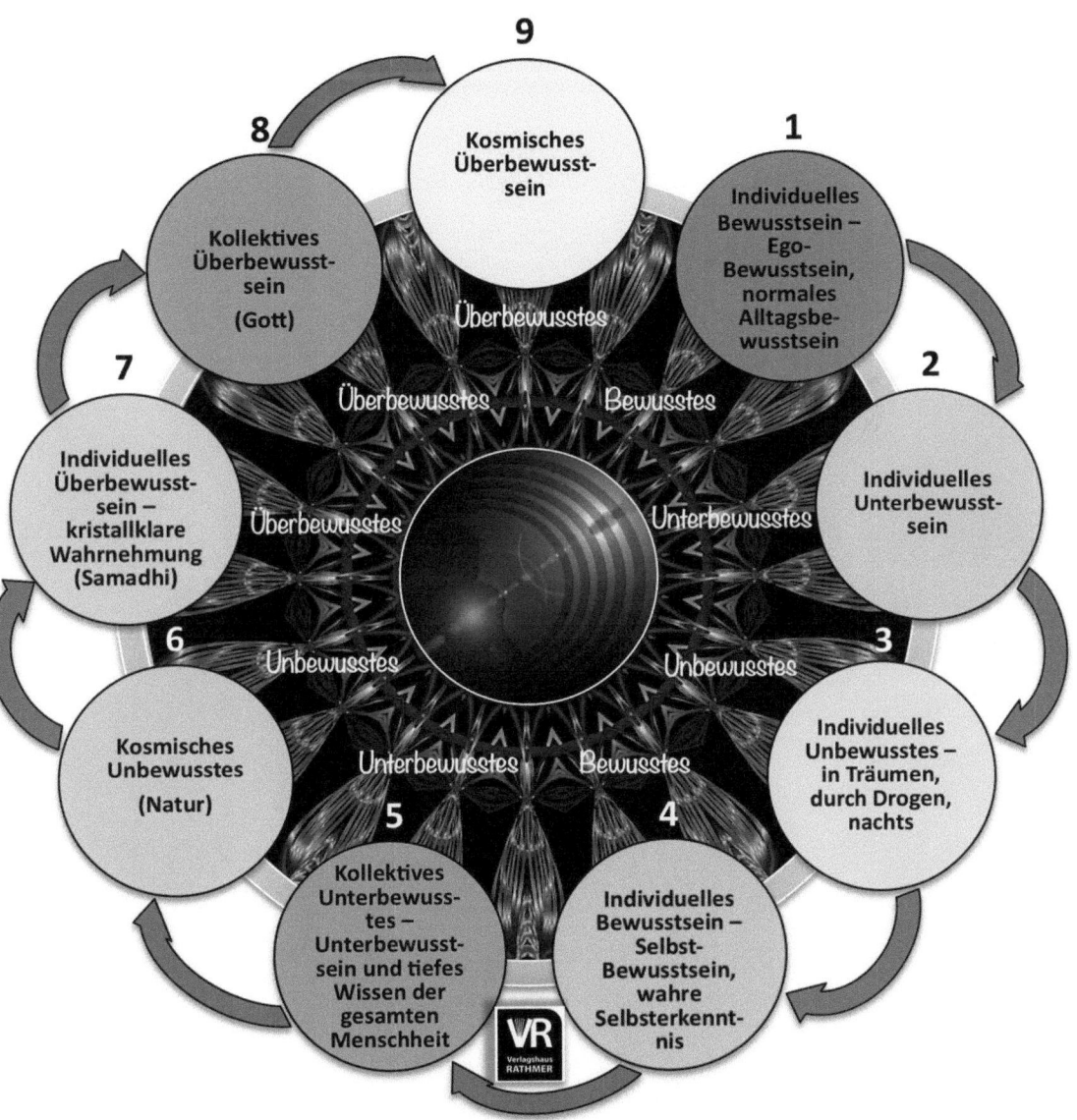

9 — Kosmisches Überbewusstsein

8 — Kollektives Überbewusstsein (Gott)

1 — Individuelles Bewusstsein – Ego-Bewusstsein, normales Alltagsbewusstsein

7 — Individuelles Überbewusstsein – kristallklare Wahrnehmung (Samadhi)

2 — Individuelles Unterbewusstsein

6 — Kosmisches Unbewusstes (Natur)

3 — Individuelles Unbewusstes – in Träumen, durch Drogen, nachts

5 — Kollektives Unterbewusstes – Unterbewusstsein und tiefes Wissen der gesamten Menschheit

4 — Individuelles Bewusstsein – Selbst-Bewusstsein, wahre Selbsterkenntnis

Überbewusstes · Bewusstes · Unterbewusstes · Unbewusstes

VR Verlagshaus RATHMER

* Das Bewusstsein der Menschheit entwickelt sich seit seinen Anfängen von Enneagrammpunkt 1 bis 9 im Rahmen eines sich ausdehnenden Prozesses ähnlich der räumlichen Expansion des Universums.

Die Ausdrucksformen der einzelnen Leidenschaften & entsprechende psychische Pathologien

Die Leidenschaften werden in diesem Sinne sowohl als Gefühlszustände als auch als motivierende Triebe verstanden.

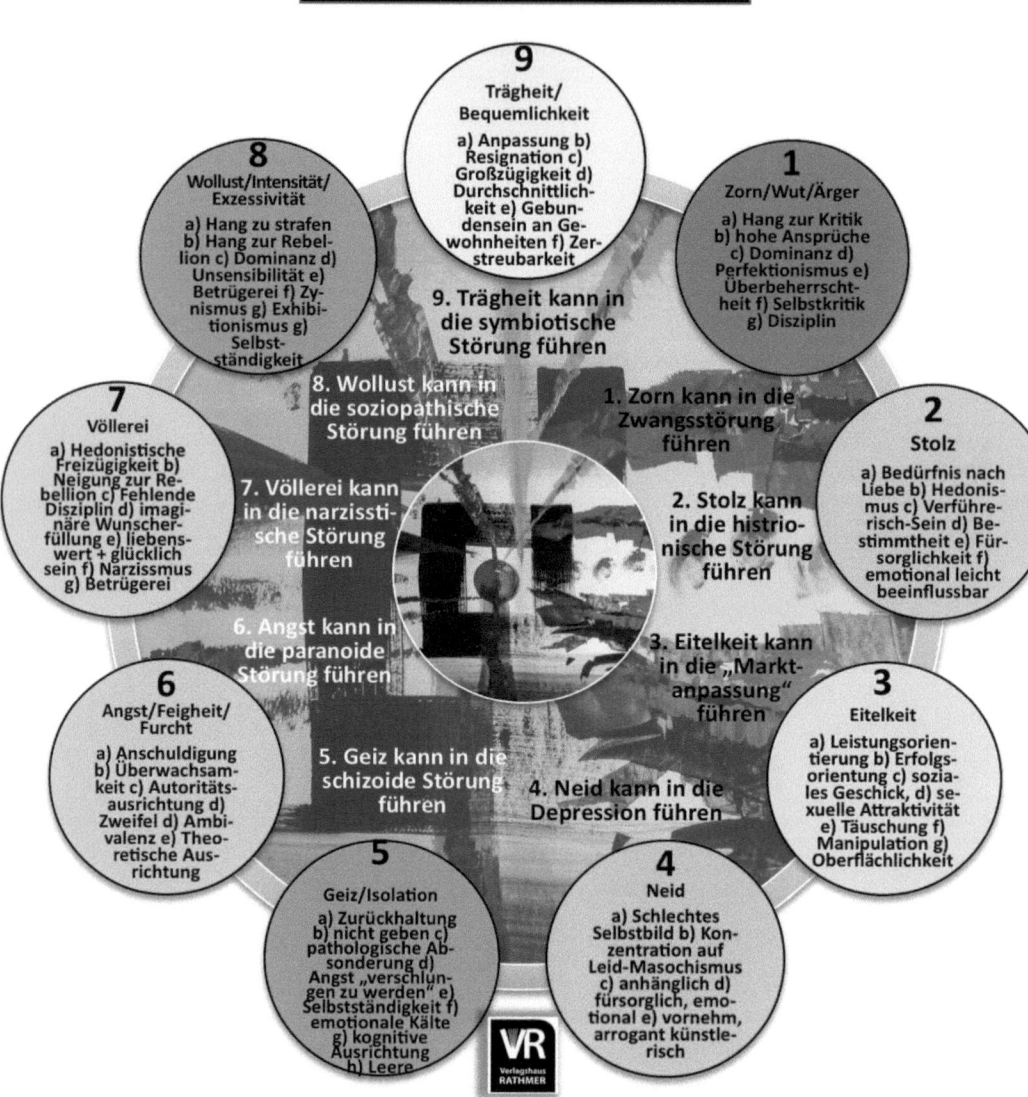

9
Trägheit/Bequemlichkeit
a) Anpassung b) Resignation c) Großzügigkeit d) Durchschnittlichkeit e) Gebundensein an Gewohnheiten f) Zerstreubarkeit

8
Wollust/Intensität/Exzessivität
a) Hang zu strafen b) Hang zur Rebellion c) Dominanz d) Unsensibilität e) Betrügerei f) Zynismus g) Exhibitionismus g) Selbstständigkeit

1
Zorn/Wut/Ärger
a) Hang zur Kritik b) hohe Ansprüche c) Dominanz d) Perfektionismus e) Überbeherrschtheit f) Selbstkritik g) Disziplin

7
Völlerei
a) Hedonistische Freizügigkeit b) Neigung zur Rebellion c) Fehlende Disziplin d) imaginäre Wuncherfüllung e) liebenswert + glücklich sein f) Narzissmus g) Betrügerei

2
Stolz
a) Bedürfnis nach Liebe b) Hedonismus c) Verführerisch-Sein d) Bestimmtheit e) Fürsorglichkeit f) emotional leicht beeinflussbar

6
Angst/Feigheit/Furcht
a) Anschuldigung b) Überwachsamkeit c) Autoritätsausrichtung d) Zweifel d) Ambivalenz e) Theoretische Ausrichtung

3
Eitelkeit
a) Leistungsorientierung b) Erfolgsorientierung c) soziales Geschick, d) sexuelle Attraktivität e) Täuschung f) Manipulation g) Oberflächlichkeit

5
Geiz/Isolation
a) Zurückhaltung b) nicht geben c) pathologische Absonderung d) Angst „verschlungen zu werden" e) Selbstständigkeit f) emotionale Kälte g) kognitive Ausrichtung h) Leere

4
Neid
a) Schlechtes Selbstbild b) Konzentration auf Leid-Masochismus c) anhänglich d) fürsorglich, emotional e) vornehm, arrogant künstlerisch

9. Trägheit kann in die symbiotische Störung führen

8. Wollust kann in die soziopathische Störung führen

1. Zorn kann in die Zwangsstörung führen

7. Völlerei kann in die narzisstische Störung führen

2. Stolz kann in die histrionische Störung führen

6. Angst kann in die paranoide Störung führen

3. Eitelkeit kann in die „Marktanpassung" führen

5. Geiz kann in die schizoide Störung führen

4. Neid kann in die Depression führen

Die 9 Leidenschaften und deren Definition nach Oscar Ichazo und seiner Prototypenlehre

Leidenschaften werden als emotionale Haltungen verstanden!
Oscar Ichazo, Philosoph, Urheber der modernen Fassung des Enneagramms der Persönlichkeitstypen (geb. 1931 in Bolivien, lebt heute als Schriftsteller auf Hawaii)

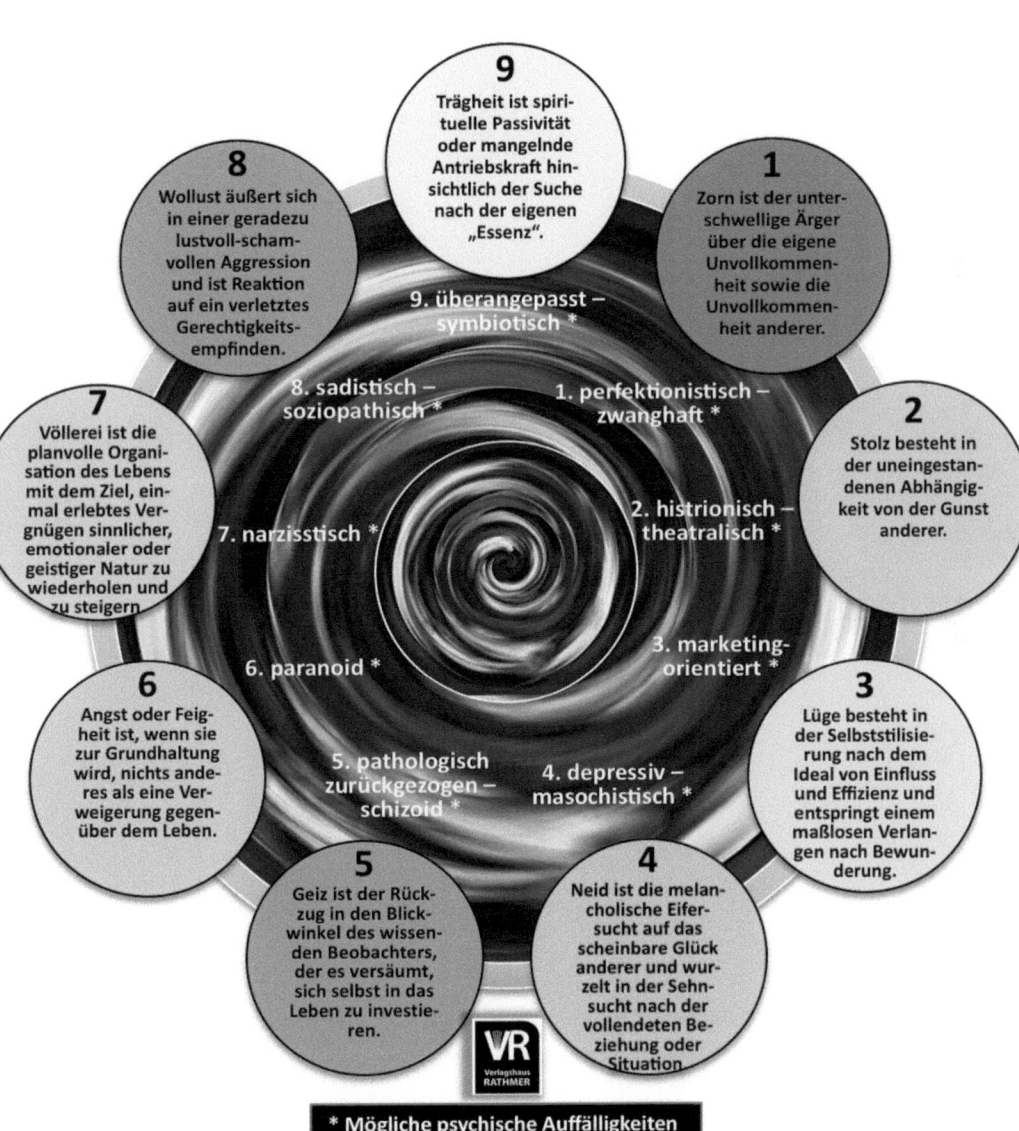

9
Trägheit ist spirituelle Passivität oder mangelnde Antriebskraft hinsichtlich der Suche nach der eigenen „Essenz".

8
Wollust äußert sich in einer geradezu lustvoll-schamvollen Aggression und ist Reaktion auf ein verletztes Gerechtigkeitsempfinden.

1
Zorn ist der unterschwellige Ärger über die eigene Unvollkommenheit sowie die Unvollkommenheit anderer.

7
Völlerei ist die planvolle Organisation des Lebens mit dem Ziel, einmal erlebtes Vergnügen sinnlicher, emotionaler oder geistiger Natur zu wiederholen und zu steigern

2
Stolz besteht in der uneingestandenen Abhängigkeit von der Gunst anderer.

6
Angst oder Feigheit ist, wenn sie zur Grundhaltung wird, nichts anderes als eine Verweigerung gegenüber dem Leben.

3
Lüge besteht in der Selbststilisierung nach dem Ideal von Einfluss und Effizienz und entspringt einem maßlosen Verlangen nach Bewunderung.

5
Geiz ist der Rückzug in den Blickwinkel des wissenden Beobachters, der es versäumt, sich selbst in das Leben zu investieren.

4
Neid ist die melancholische Eifersucht auf das scheinbare Glück anderer und wurzelt in der Sehnsucht nach der vollendeten Beziehung oder Situation

9. überangepasst – symbiotisch *
8. sadistisch – soziopathisch *
1. perfektionistisch – zwanghaft *
7. narzisstisch *
2. histrionisch – theatralisch *
6. paranoid *
3. marketingorientiert *
5. pathologisch zurückgezogen – schizoid *
4. depressiv – masochistisch *

VR Verlagshaus RATHMER

* Mögliche psychische Auffälligkeiten

Die 9 Ego-Fixierungen und deren Fallen nach Oscar Ichazo und seiner Prototypenlehre

* Konzepte zur Realisierung der Ego-Fixierungen ** (Masken & intrinsische Motivationen)

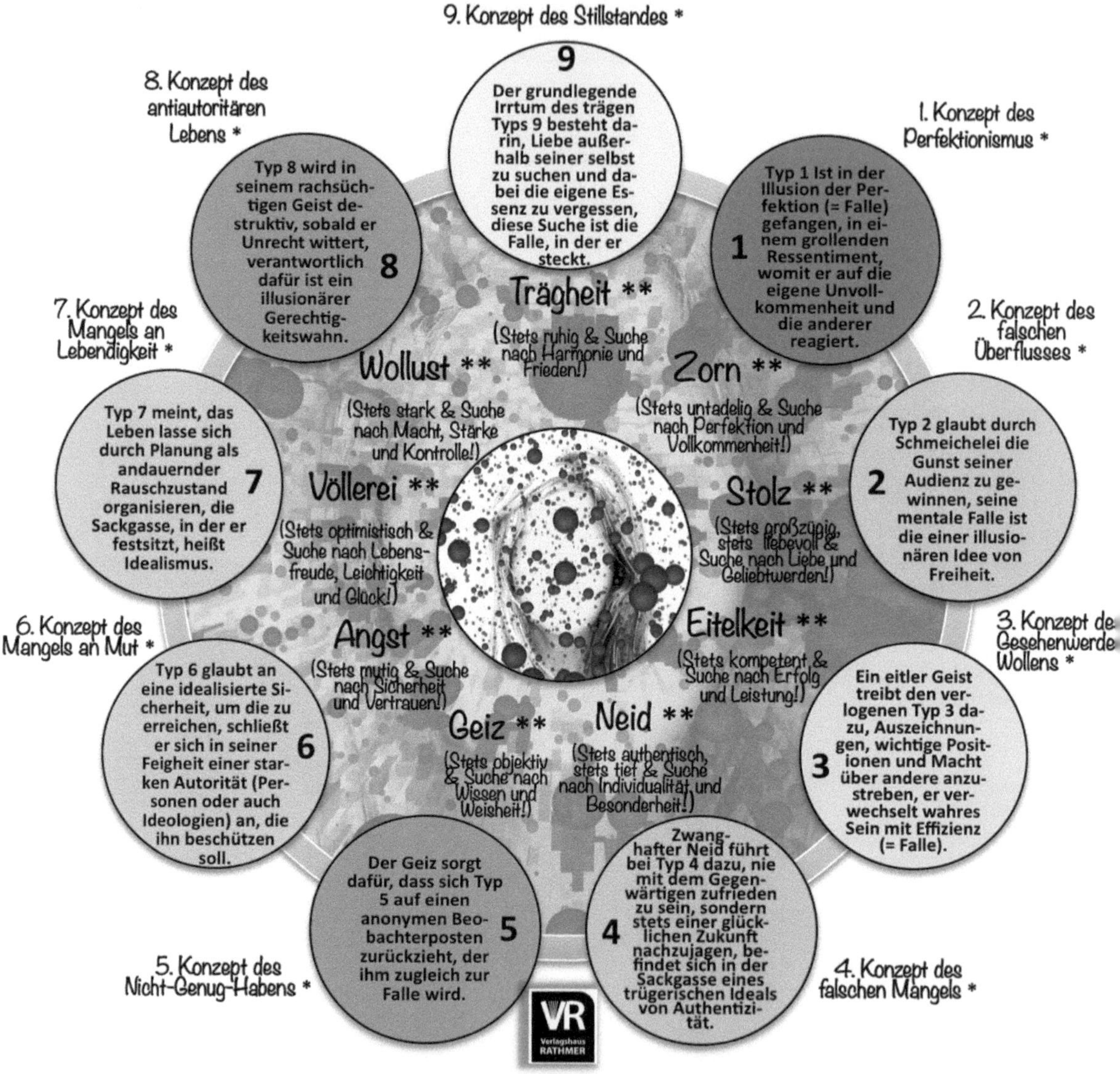

9. Konzept des Stillstandes *

8. Konzept des antiautoritären Lebens *

1. Konzept des Perfektionismus *

9
Der grundlegende Irrtum des trägen Typs 9 besteht darin, Liebe außerhalb seiner selbst zu suchen und dabei die eigene Essenz zu vergessen, diese Suche ist die Falle, in der er steckt.

Typ 8 wird in seinem rachsüchtigen Geist destruktiv, sobald er Unrecht wittert, verantwortlich dafür ist ein illusionärer Gerechtigkeitswahn. **8**

1 Typ 1 ist in der Illusion der Perfektion (= Falle) gefangen, in einem grollenden Ressentiment, womit er auf die eigene Unvollkommenheit und die anderer reagiert.

7. Konzept des Mangels an Lebendigkeit *

2. Konzept des falschen Überflusses *

Typ 7 meint, das Leben lasse sich durch Planung als andauernder Rauschzustand organisieren, die Sackgasse, in der er festsitzt, heißt Idealismus. **7**

Trägheit **
(Stets ruhig & Suche nach Harmonie und Frieden!)

Zorn **
(Stets untadelig & Suche nach Perfektion und Vollkommenheit!)

Typ 2 glaubt durch Schmeichelei die Gunst seiner Audienz zu gewinnen, seine mentale Falle ist die einer illusionären Idee von Freiheit. **2**

Wollust **
(Stets stark & Suche nach Macht, Stärke und Kontrolle!)

Völlerei **
(Stets optimistisch & Suche nach Lebensfreude, Leichtigkeit und Glück!)

Stolz **
(Stets großzügig, stets liebevoll & Suche nach Liebe und Geliebtwerden!)

6. Konzept des Mangels an Mut *

3. Konzept des Gesehenwerde Wollens *

Typ 6 glaubt an eine idealisierte Sicherheit, um die zu erreichen, schließt er sich in seiner Feigheit einer starken Autorität (Personen oder auch Ideologien) an, die ihn beschützen soll. **6**

Angst **
(Stets mutig & Suche nach Sicherheit und Vertrauen!)

Eitelkeit **
(Stets kompetent, & Suche nach Erfolg und Leistung!)

Ein eitler Geist treibt den verlogenen Typ 3 dazu, Auszeichnungen, wichtige Positionen und Macht über andere anzustreben, er verwechselt wahres Sein mit Effizienz (= Falle). **3**

Geiz **
(Stets objektiv & Suche nach Wissen und Weisheit!)

Neid **
(Stets authentisch, stets tief & Suche nach Individualität und Besonderheit!)

Der Geiz sorgt dafür, dass sich Typ 5 auf einen anonymen Beobachterposten zurückzieht, der ihm zugleich zur Falle wird. **5**

Zwanghafter Neid führt bei Typ 4 dazu, nie mit dem Gegenwärtigen zufrieden zu sein, sondern stets einer glücklichen Zukunft nachzujagen, befindet sich in der Sackgasse eines trügerischen Ideals von Authentizität. **4**

5. Konzept des Nicht-Genug-Habens *

4. Konzept des falschen Mangels *

* **Ego-Fixierungen** werden als **mentale Haltungen** verstanden, eine Art fixer und daher verzerrter Idee darüber, wie das Leben zu organisieren sei, um das durch den **Seinsmangel hervorgerufene Gefühl der Leere** zu überwinden. Die Ego-Perspektive ist letztlich die **Illusion eines getrennten Ich`s**, in Wahrheit ist alles mit der **Ganzheit des Seins** verbunden, aber ohne diese Täuschung als Grundlage des dualistischen Menschseins wäre eine Entwicklung zum ganzheitlichen Sein nicht vorstellbar in einer oberflächlich dualen, polaren Welt.

54

Die 9 heiligen (erlösenden) Ideen nach Oscar Ichazo und seiner Prototypenlehre

Die **9 heiligen (erlösenden) Ideen** stellen das **Gegenstück zu den Ego-Fixierungen** dar, es sind gewissermaßen **Ahnungen von heiligen Qualitäten des wahren, „essentiellen"** Lebens; sie eröffnen den **Zugang zur Erfahrung des wahren Selbst** und damit zu innerem Frieden und Glück:

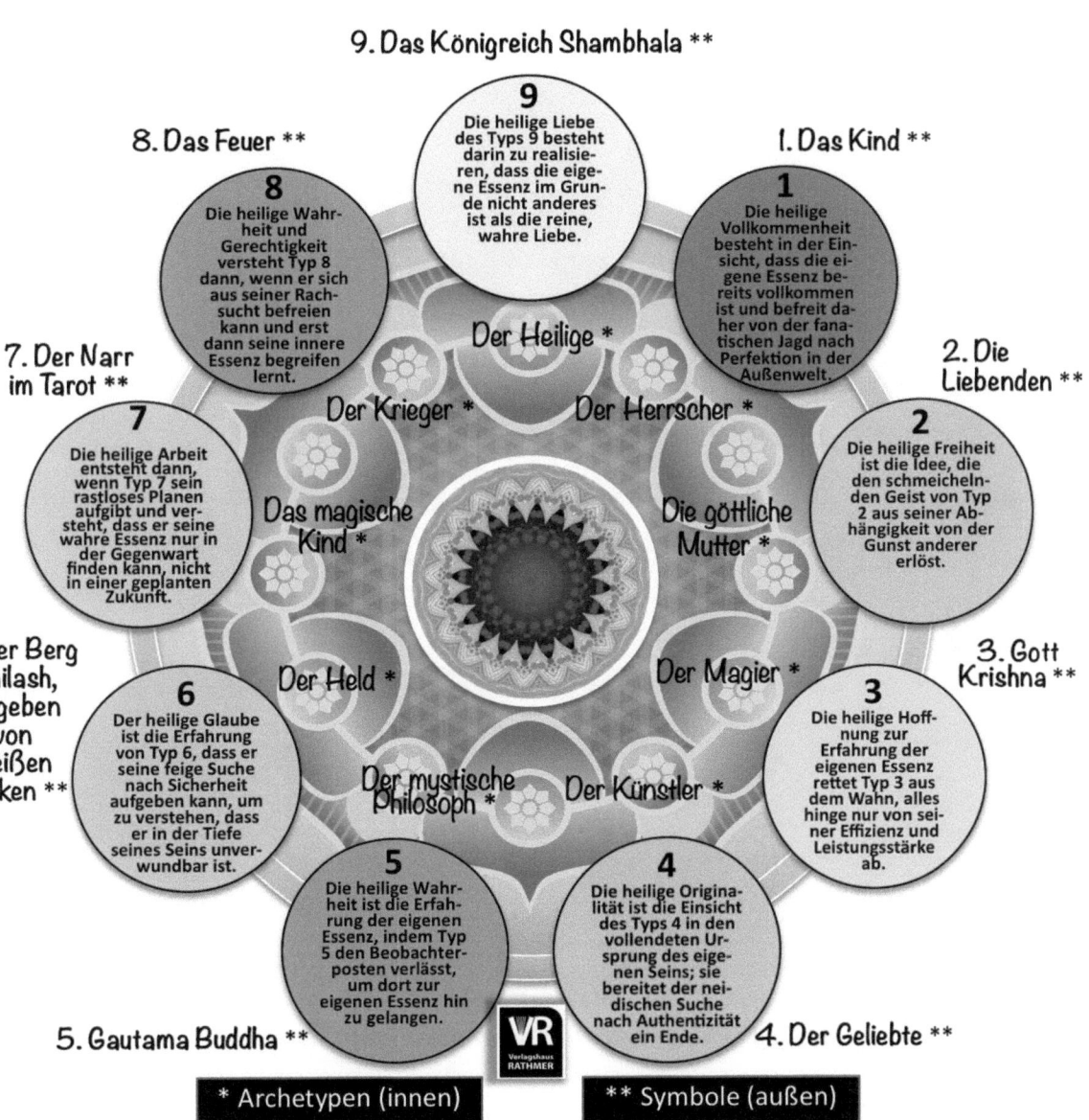

9. Das Königreich Shambhala **

8. Das Feuer **

1. Das Kind **

7. Der Narr im Tarot **

2. Die Liebenden **

Der Berg Kailash, umgeben von weißen Wolken **

3. Gott Krishna **

5. Gautama Buddha **

4. Der Geliebte **

9
Die heilige Liebe des Typs 9 besteht darin zu realisieren, dass die eigene Essenz im Grunde nicht anderes ist als die reine, wahre Liebe.

8
Die heilige Wahrheit und Gerechtigkeit versteht Typ 8 dann, wenn er sich aus seiner Rachsucht befreien kann und erst dann seine innere Essenz begreifen lernt.

1
Die heilige Vollkommenheit besteht in der Einsicht, dass die eigene Essenz bereits vollkommen ist und befreit daher von der fanatischen Jagd nach Perfektion in der Außenwelt.

7
Die heilige Arbeit entsteht dann, wenn Typ 7 sein rastloses Planen aufgibt und versteht, dass er seine wahre Essenz nur in der Gegenwart finden kann, nicht in einer geplanten Zukunft.

2
Die heilige Freiheit ist die Idee, die den schmeichelnden Geist von Typ 2 aus seiner Abhängigkeit von der Gunst anderer erlöst.

6
Der heilige Glaube ist die Erfahrung von Typ 6, dass er seine feige Suche nach Sicherheit aufgeben kann, um zu verstehen, dass er in der Tiefe seines Seins unverwundbar ist.

3
Die heilige Hoffnung zur Erfahrung der eigenen Essenz rettet Typ 3 aus dem Wahn, alles hinge nur von seiner Effizienz und Leistungsstärke ab.

5
Die heilige Wahrheit ist die Erfahrung der eigenen Essenz, indem Typ 5 den Beobachterposten verlässt, um dort zur eigenen Essenz hin zu gelangen.

4
Die heilige Originalität ist die Einsicht des Typs 4 in den vollendeten Ursprung des eigenen Seins; sie bereitet der neidischen Suche nach Authentizität ein Ende.

Der Heilige *
Der Krieger *
Der Herrscher *
Das magische Kind *
Die göttliche Mutter *
Der Held *
Der Magier *
Der mystische Philosoph *
Der Künstler *

* Archetypen (innen)

** Symbole (außen)

VR
Verlagshaus
RATHMER

55

Quantenheilung in 9 Schritten nach den 9 Prinzipien des Enneagramms *

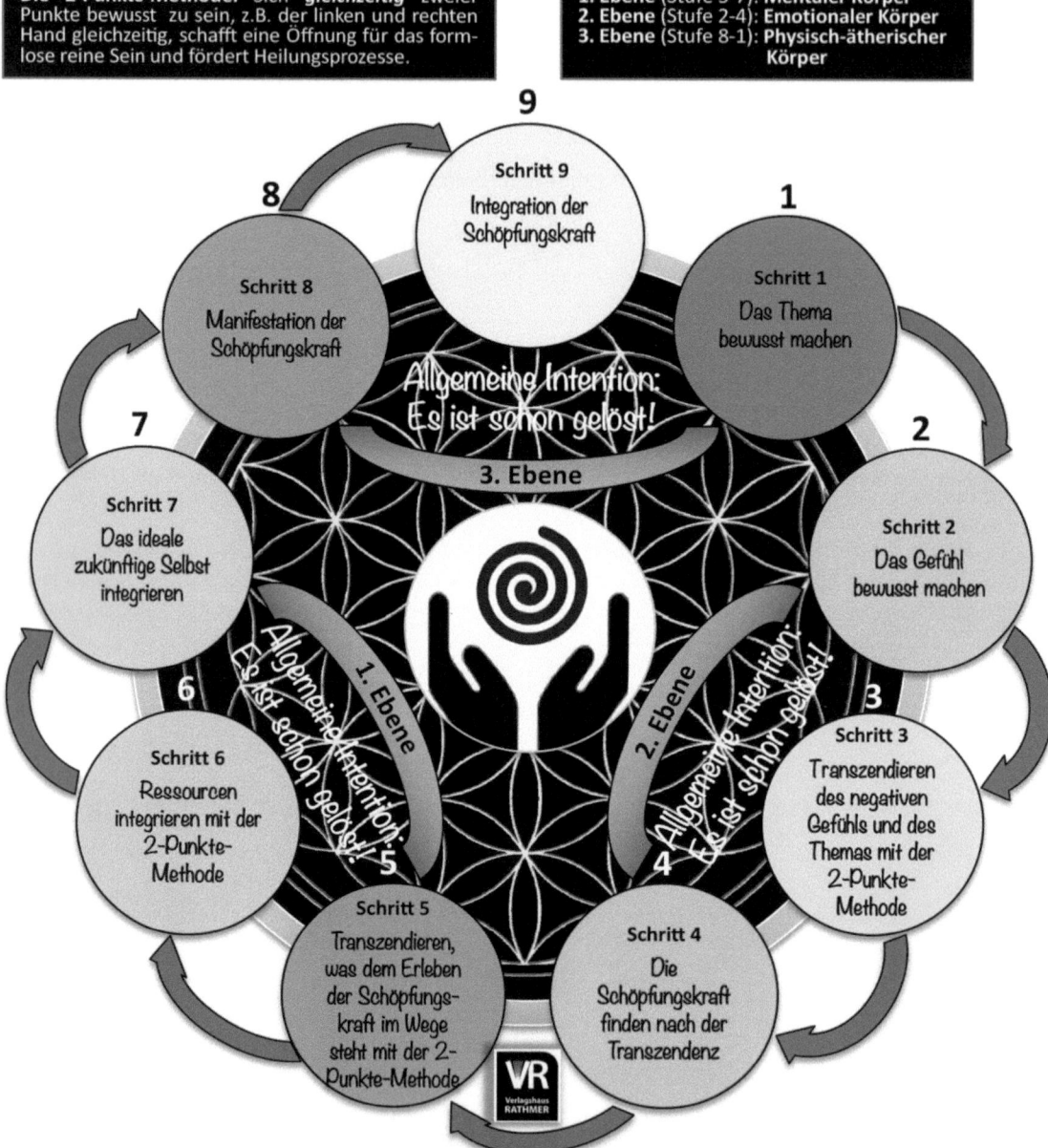

* Auf der 1. Ebene (Stufe 5-7) des *mentalen Körpers* befinden sich blockierende Gedanken und Gedankenformen; auf der 2. Ebene (Stufe 2-4) des *emotionalen Körpers* befinden sich negative Emotionen, Wünsche, Bedürfnisse und Begierden; auf der 3. Ebene (Stufe 8-1) des *physisch-ätherischen Körpers* befinden sich körperliche Blockaden und Blockaden der physischen Energie.

Die 27 Tritypen * und ihre Qualitäten

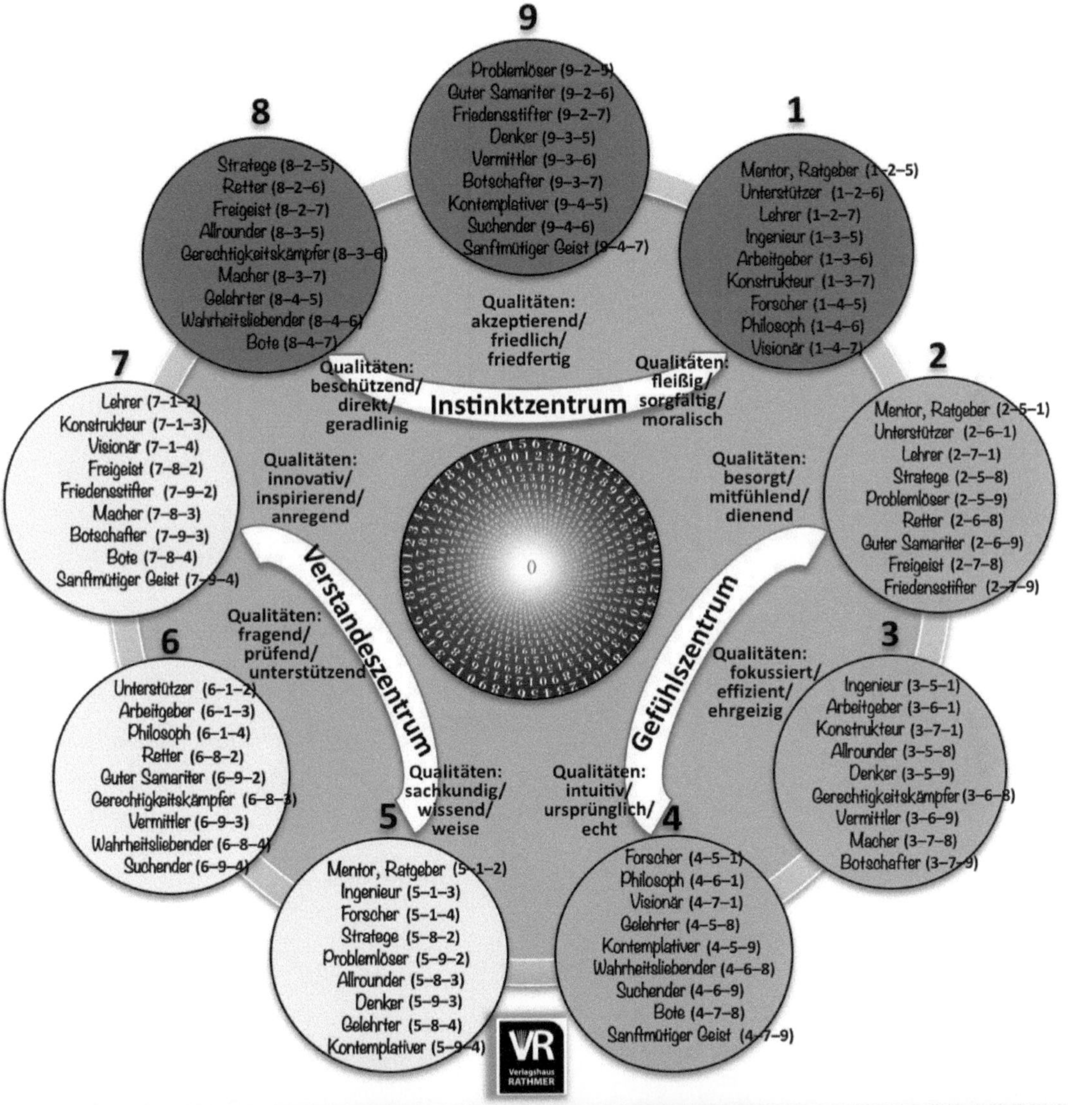

9
Problemlöser (9-2-5)
Guter Samariter (9-2-6)
Friedensstifter (9-2-7)
Denker (9-3-5)
Vermittler (9-3-6)
Botschafter (9-3-7)
Kontemplativer (9-4-5)
Suchender (9-4-6)
Sanftmütiger Geist (9-4-7)

8
Stratege (8-2-5)
Retter (8-2-6)
Freigeist (8-2-7)
Allrounder (8-3-5)
Gerechtigkeitskämpfer (8-3-6)
Macher (8-3-7)
Gelehrter (8-4-5)
Wahrheitsliebender (8-4-6)
Bote (8-4-7)

1
Mentor, Ratgeber (1-2-5)
Unterstützer (1-2-6)
Lehrer (1-2-7)
Ingenieur (1-3-5)
Arbeitgeber (1-3-6)
Konstrukteur (1-3-7)
Forscher (1-4-5)
Philosoph (1-4-6)
Visionär (1-4-7)

7
Lehrer (7-1-2)
Konstrukteur (7-1-3)
Visionär (7-1-4)
Freigeist (7-8-2)
Friedensstifter (7-9-2)
Macher (7-8-3)
Botschafter (7-9-3)
Bote (7-8-4)
Sanftmütiger Geist (7-9-4)

2
Mentor, Ratgeber (2-5-1)
Unterstützer (2-6-1)
Lehrer (2-7-1)
Stratege (2-5-8)
Problemlöser (2-5-9)
Retter (2-6-8)
Guter Samariter (2-6-9)
Freigeist (2-7-8)
Friedensstifter (2-7-9)

6
Unterstützer (6-1-2)
Arbeitgeber (6-1-3)
Philosoph (6-1-4)
Retter (6-8-2)
Guter Samariter (6-9-2)
Gerechtigkeitskämpfer (6-8-3)
Vermittler (6-9-3)
Wahrheitsliebender (6-8-4)
Suchender (6-9-4)

3
Ingenieur (3-5-1)
Arbeitgeber (3-6-1)
Konstrukteur (3-7-1)
Allrounder (3-5-8)
Denker (3-5-9)
Gerechtigkeitskämpfer (3-6-8)
Vermittler (3-6-9)
Macher (3-7-8)
Botschafter (3-7-9)

5
Mentor, Ratgeber (5-1-2)
Ingenieur (5-1-3)
Forscher (5-1-4)
Stratege (5-8-2)
Problemlöser (5-9-2)
Allrounder (5-8-3)
Denker (5-9-3)
Gelehrter (5-8-4)
Kontemplativer (5-9-4)

4
Forscher (4-5-1)
Philosoph (4-6-1)
Visionär (4-7-1)
Gelehrter (4-5-8)
Kontemplativer (4-5-9)
Wahrheitsliebender (4-6-8)
Suchender (4-6-9)
Bote (4-7-8)
Sanftmütiger Geist (4-7-9)

Qualitäten:
akzeptierend/
friedlich/
friedfertig

Qualitäten:
fleißig/
sorgfältig/
moralisch

Qualitäten:
beschützend/
direkt/
geradlinig

Qualitäten:
besorgt/
mitfühlend/
dienend

Qualitäten:
innovativ/
inspirierend/
anregend

Qualitäten:
fokussiert/
effizient/
ehrgeizig

Qualitäten:
fragend/
prüfend/
unterstützend

Qualitäten:
intuitiv/
ursprünglich/
echt

Qualitäten:
sachkundig/
wissend/
weise

Instinktzentrum

Verstandeszentrum

Gefühlszentrum

VR
Verlagshaus
RATHMER

* **Tritypes (Tritypen):** Die **Theorie von den Tritypen** stammt von den amerikanischen Enneagramm-Forschern *Katherine Chernick Fauvre und David Fauvre.* Die **Tritypenlehre** besagt, dass jeder Mensch *neben seinem eigentlichen Enneagrammtyp* **noch zwei weitere dominante** Enneagrammpunkte **aus den jeweils anderen Zentren** *(Kopf/Herz/Bauch)* des Enneagramms *besitzt bzw. lebt.* So hat z.B. ein *Typ 1,* dessen Punkt ja aus dem *Bauchzentrum* stammt, *zwei weitere Schwerpunkte* im Rahmen seiner individuellen Persönlichkeit jeweils im *Gefühlszentrum* sowie im *Kopfzentrum.* Danach gibt es also genau wie in der Untertypenlehre **27 verschiedene Möglichkeiten/Variationen.**

Die 9 Todsünden * (Hauptlaster oder Hauptabhängigkeiten) des Menschen

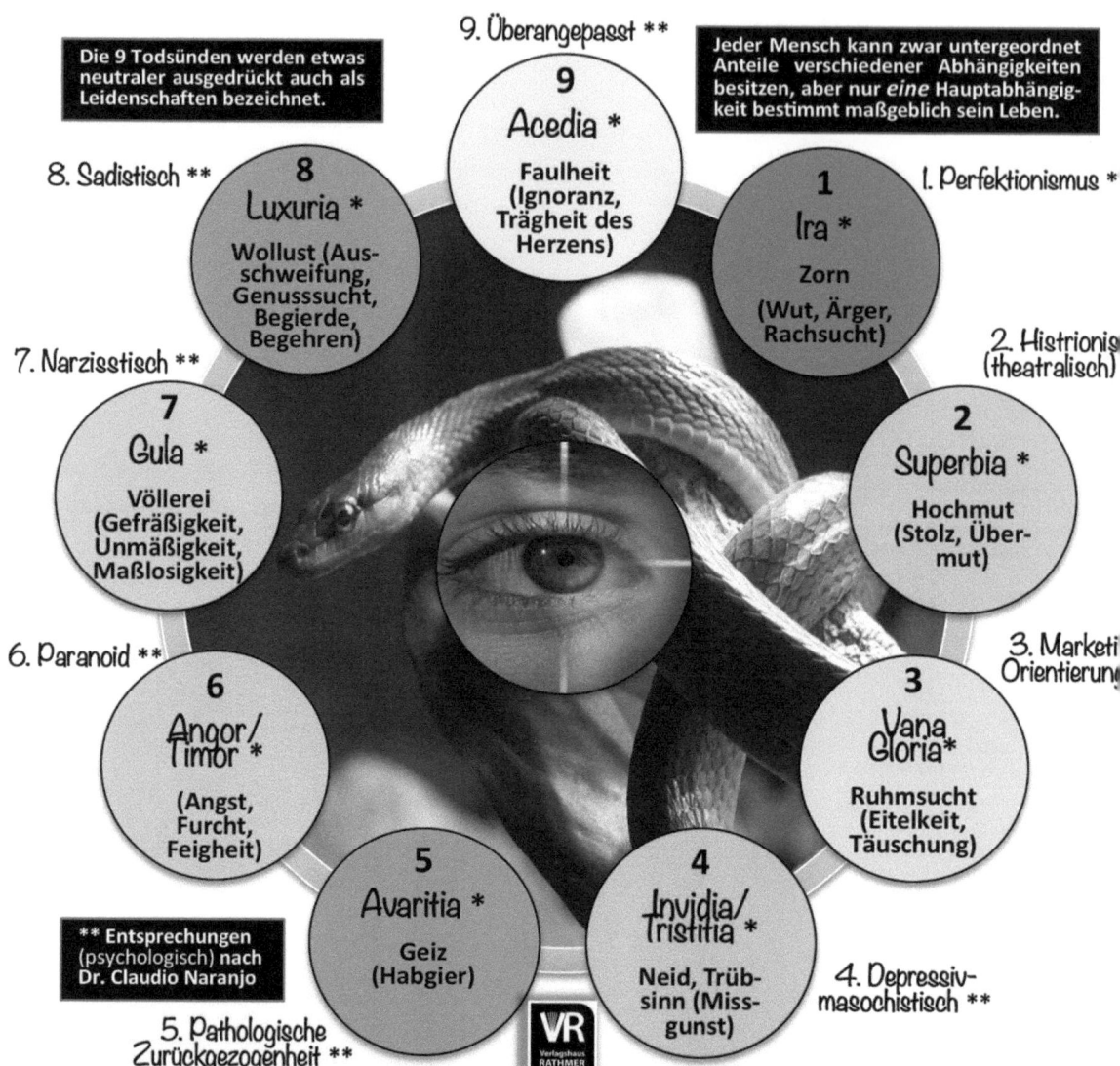

Die 9 Todsünden werden etwas neutraler ausgedrückt auch als **Leidenschaften** bezeichnet.

9. Überangepasst **

9
Acedia *
Faulheit (Ignoranz, Trägheit des Herzens)

Jeder Mensch kann zwar untergeordnet Anteile verschiedener Abhängigkeiten besitzen, aber nur *eine* Hauptabhängigkeit bestimmt maßgeblich sein Leben.

8. Sadistisch **

8
Luxuria *
Wollust (Aus-schweifung, Genusssucht, Begierde, Begehren)

1. Perfektionismus *

1
Ira *
Zorn (Wut, Ärger, Rachsucht)

2. Histrionis (theatralisch)

7. Narzisstisch **

7
Gula *
Völlerei (Gefräßigkeit, Unmäßigkeit, Maßlosigkeit)

2
Superbia *
Hochmut (Stolz, Über-mut)

3. Marketi Orientierun

6. Paranoid **

6
Angor/ Timor *
(Angst, Furcht, Feigheit)

3
Vana Gloria*
Ruhmsucht (Eitelkeit, Täuschung)

** Entsprechungen (psychologisch) **nach Dr. Claudio Naranjo**

5
Avaritia *
Geiz (Habgier)

4
Invidia/ Tristitia *
Neid, Trüb-sinn (Miss-gunst)

4. Depressiv-masochistisch **

5. Pathologische Zurückgezogenheit **

VR Verlagshaus RATHMER

* *Der Sündenkatalog der klassischen Theologie* umfasste ursprünglich nur **7 Todsünden**, die sog. SALIGIA, ein im Mittelalter entstandenes Akronym aus den Anfangsbuchstaben der lateinischen Bezeichnungen für die 7 Hauptlaster des Menschen: **Superbia, Avaritia, Luxuria, Ira, Gula Invidia, Acedia,** denen auch entsprechende Dämonen zugeordnet wurden. Später wurden durch den Wüstenvater **Euagrios Pontikos** noch die **Vana Gloria** sowie die **Tristitia** hinzugefügt, letztere entsprach aber wie die **Invidia** dem Enneagrammpunkt 4, so-dass man auf acht negative Eigenschaften des Menschen kam. Interessanterweise wurde die **Angst** als 9. Hauptlaster in diesem Zusammenhang nicht erkannt. Diese insgesamt also **9 Todsünden** treiben im Ver-borgenen (Unterbewusstsein) ihr unseliges „dämonisches" Spiel und sind dem Menschen nicht bewusst (sog. **„blinder Fleck"**).

Die 9 Logismoi nach Evagrius Ponticus *, um die existenzielle Leere des Menschen zu füllen

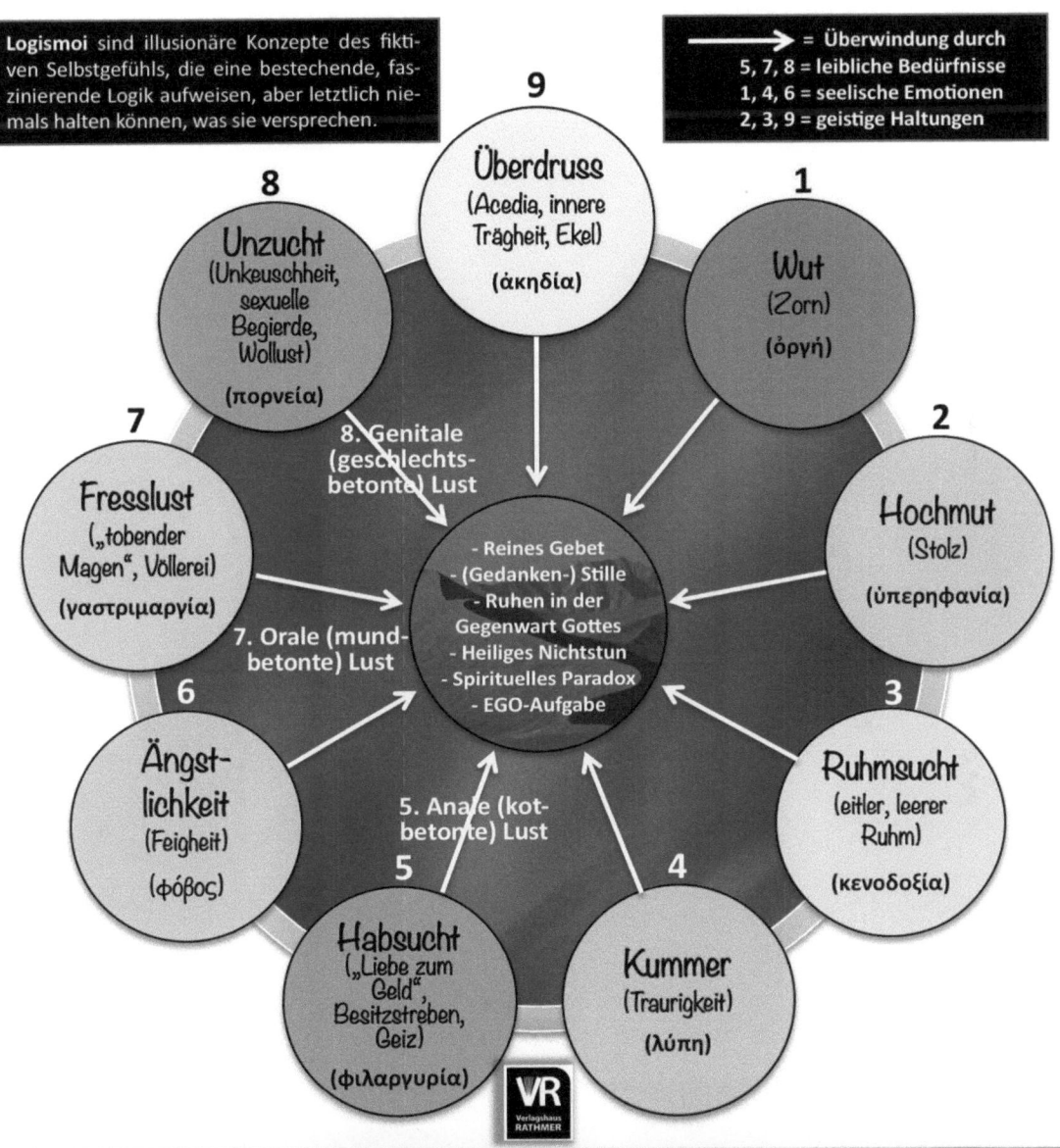

Logismoi sind illusionäre Konzepte des fiktiven Selbstgefühls, die eine bestechende, faszinierende Logik aufweisen, aber letztlich niemals halten können, was sie versprechen.

➞ = Überwindung durch
5, 7, 8 = leibliche Bedürfnisse
1, 4, 6 = seelische Emotionen
2, 3, 9 = geistige Haltungen

9
Überdruss
(Acedia, innere Trägheit, Ekel)
(ἀκηδία)

8
Unzucht
(Unkeuschheit, sexuelle Begierde, Wollust)
(πορνεία)

1
Wut
(Zorn)
(ὀργή)

7
Fresslust
(„tobender Magen", Völlerei)
(γαστριμαργία)

2
Hochmut
(Stolz)
(ὑπερηφανία)

6
Ängstlichkeit
(Feigheit)
(φόβος)

3
Ruhmsucht
(eitler, leerer Ruhm)
(κενοδοξία)

5
Habsucht
(„Liebe zum Geld", Besitzstreben, Geiz)
(φιλαργυρία)

4
Kummer
(Traurigkeit)
(λύπη)

8. Genitale (geschlechtsbetonte) Lust
7. Orale (mundbetonte) Lust
5. Anale (kotbetonte) Lust

- Reines Gebet
- (Gedanken-) Stille
- Ruhen in der Gegenwart Gottes
- Heiliges Nichtstun
- Spirituelles Paradox
- EGO-Aufgabe

VR
Verlagshaus
RATHMER

* **Evagrius Ponticus** griechisch Euagrios Pontikos, (345 in Ibora – 399 in Ägypten) war ein christlicher Mönch („Wüstenvater"), Asket und Schriftsteller. Er lebte unter den Wüstenvätern der zweiten Generation in der nitrischen Wüste. In seinen Schriften finden sich deutliche Hinweise auf das Enneagramm der Leidenschaften (Blockaden, Stolpersteine, Einflüsterungen, Versuchungen, Dämonen, die unseren Weg zu Gott blockieren, auch Logismoi, *gr. λογίσμοι,* zu deutsch: Logismos = Gedanke von besonderer Qualität und Machtintensität, mentales Konstrukt, negativer, zerstörerischer Gedanke).

Vermeidungsstrategien der 9 Enneatypen, ihre Antriebe * und ihre Hauptleidenschaften (Innenkreis)

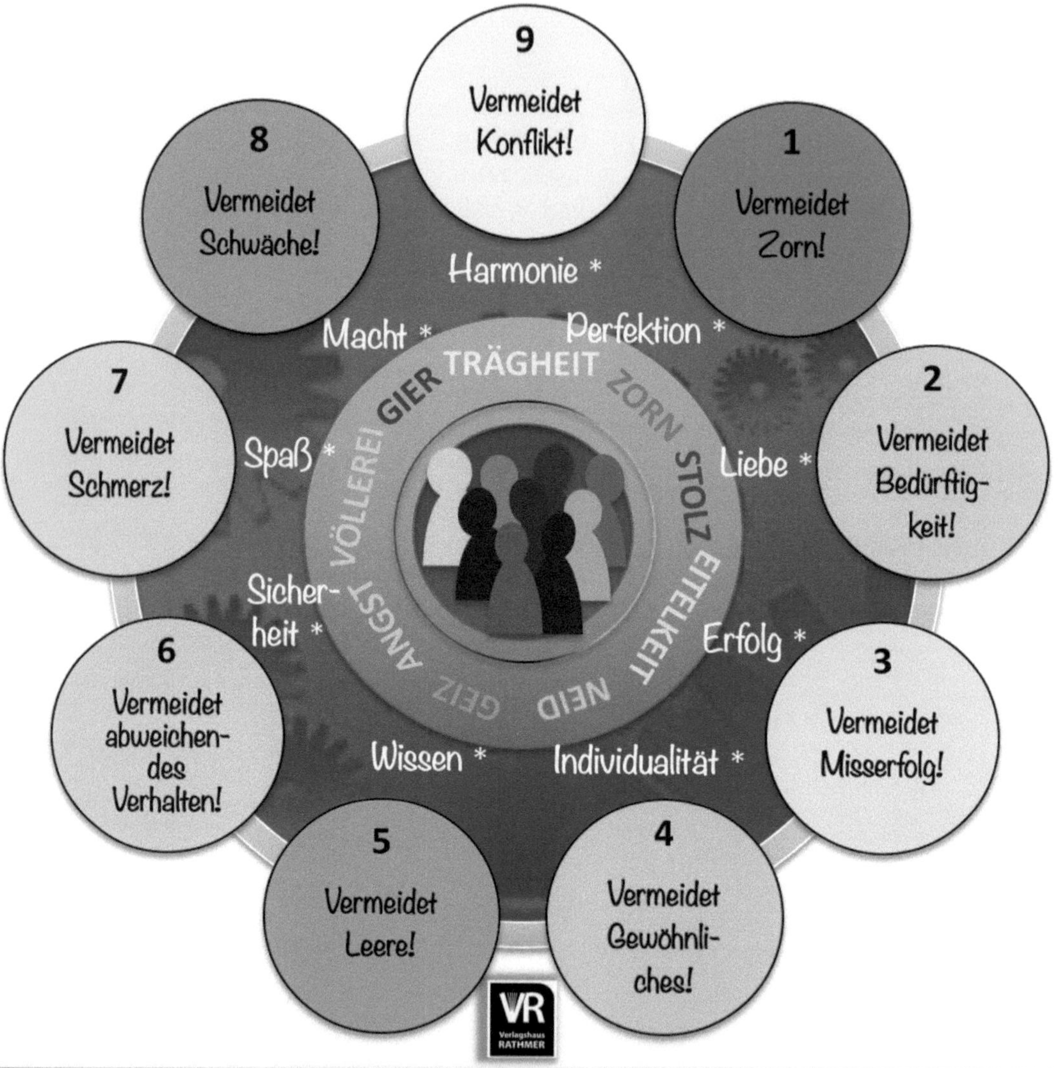

9 Vermeidet Konflikt!

8 Vermeidet Schwäche!

1 Vermeidet Zorn!

7 Vermeidet Schmerz!

2 Vermeidet Bedürftig-keit!

6 Vermeidet abweichen-des Verhalten!

3 Vermeidet Misserfolg!

5 Vermeidet Leere!

4 Vermeidet Gewöhnli-ches!

Harmonie *

Macht *

Perfektion *

Spaß *

Liebe *

Sicher-heit *

Erfolg *

Wissen *

Individualität *

TRÄGHEIT ZORN STOLZ EITELKEIT NEID GEIZ ANGST VÖLLEREI GIER

* Diese Antriebe stellen *die wahren Beweggründe eines Menschen* dar, nach denen er sich automa-tisch verhält, was ihm selbst aber nicht bewusst ist. Der jeweilige Enneatyp versucht dadurch einen Mangel, der tief in seinem Inneren versteckt ist, zu befriedigen, was kurzfristig auch oft gelingt. In der Wirklichkeit hält die Wirkung dieser Lebensstrategie auf Dauer aber nicht an und nur **Selbsterkennt-nis über den eigenen Enneatyp** und dessen wahrem Antrieb und die Gabe des passendsten homöo-pathischen **Enneagramm-Heilmittels** kann zu einer **Befreiung durch Bewusstheit** führen.

Focusing-Methode * und die 3 Triaden

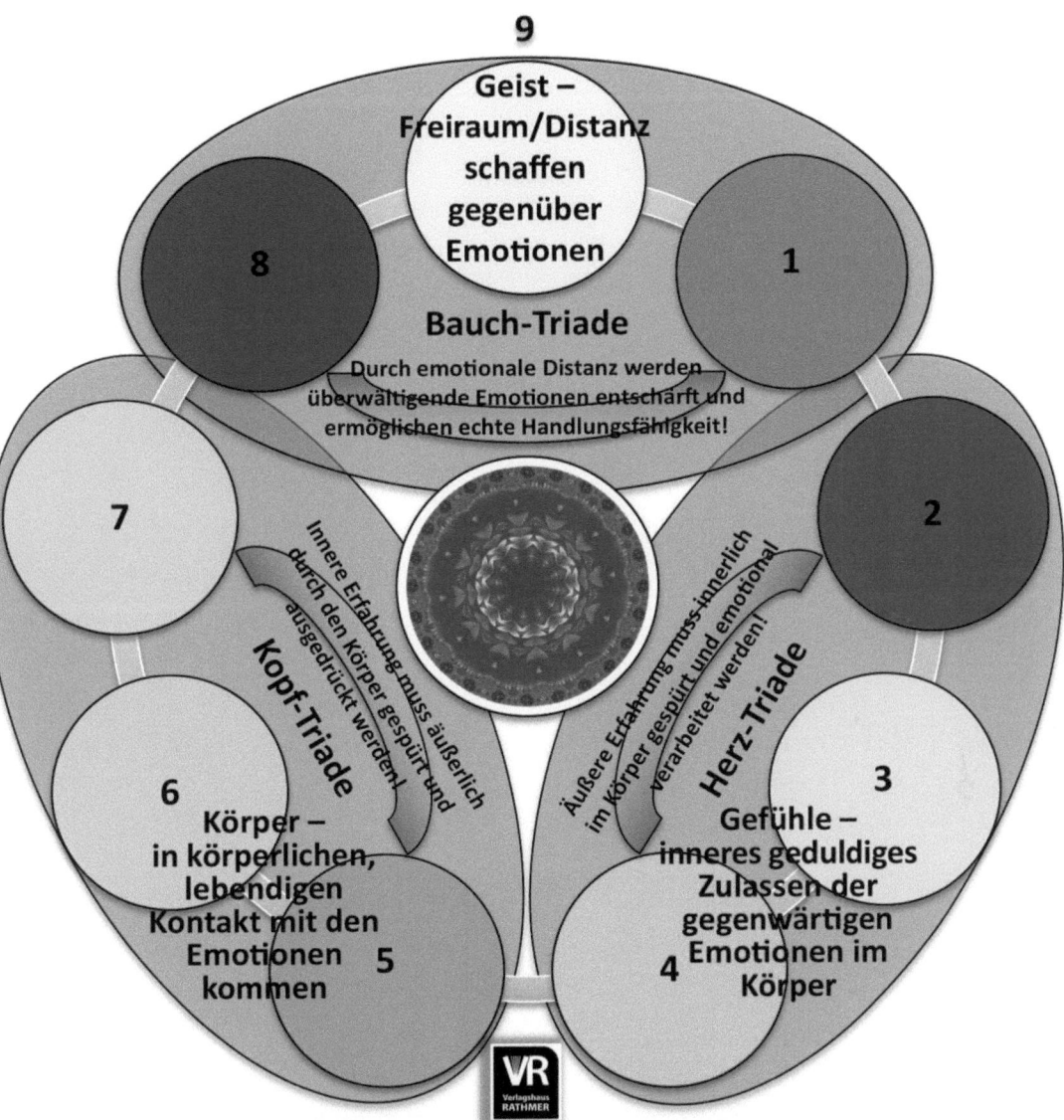

9

Geist –
Freiraum/Distanz
schaffen
gegenüber
Emotionen

8

1

Bauch-Triade

Durch emotionale Distanz werden
überwältigende Emotionen entschärft und
ermöglichen echte Handlungsfähigkeit!

7

2

Innere Erfahrung muss äußerlich
durch den Körper gespürt und
ausgedrückt werden!

Kopf-Triade

Äußere Erfahrung muss innerlich
im Körper gespürt und emotional
verarbeitet werden!

Herz-Triade

6

Körper –
in körperlichen,
lebendigen
Kontakt mit den
Emotionen
kommen

5

3

Gefühle –
inneres geduldiges
Zulassen der
gegenwärtigen
Emotionen im
Körper

4

VR
Verlagshaus
RATHMER

* von dem Psychologen und Philosophen **Eugene Gendlin** entwickelte **Therapieform zur Wahrneh-mung der Gesamtperson = Geist, Körper, Gefühle** zwecks Erlangung von **Gesundheit** sowie **mensch-licher Reife** und **emotionalem Gleichgewicht** *(innere spirituelle Berufung nach der Focusing-Methode triadenbezogen!)*

Enneatypen & ihre Stärken als Therapeuten

9

Unterstützt Patienten bedingungslos und empathisch; kann sich gut hineinversetzen und andere Standpunkte verstehen; gute Vermittler und Lehrer; ...

8

Energisch, aktiv, tatkräftig; sieht keine Grenzen der Therapie und zahlreiche Behandlungsmöglichkeiten; zeigt und vertraut eigener Stärke; ...

1

Ethisch in Bezug auf Behandlungsweise, Werte, Maßstäbe; sachlich-unterstützend; problem- und zielorientiert; ...

9. ...sehr akzeptierend; nicht schnell geschockt; flexibel, sensibel

7

Viel Energie und Humor; kreativ-positive Behandlungsweise; interessiert; ehrlich; klare Grenzen setzend; ...

8. ...kann gut mit Jugendlichen arbeiten; unterstützend; Mitgefühl für Schwache

1. ...sehr effektive und genaue Hilfestellung; gute Ratgeber

2

Kann eigene Probleme zurückstellen und sich voll auf den Patienten fokussieren; gibt alles, um zu helfen; geduldig und mitfühlend bei emotionalen Themen; ...

7. ... verantwortlich für eigene Handlungen und Fehler; ergebnisorientierte kurze Therapie

2. ...bedürfnisorientiert; empathisch:; Initiative ergreifend

6

6. ...hinterfragt die Absichten autoritärer Bezugspersonen des Patienten

3. ...bestärkend; gute Problemlöser; findet gut Alternativen

3

Fähig, versteckte Probleme/"Baustellen" zu erkennen; intuitiv; urteilsfrei; sehr guter Zuhörer; fördert die Unabhängigkeit des Patienten; ...

5. ...beherrscht, leidenschaftslos; respektvoll; unabhängig; ehrlich

4. ...kreative, mitfühlende Behandlungsweise; unterstützt die Einzigartigkeit des Patienten

Viel Energie und Motivation zu helfen; ziel- und ergebnisorientiert; fähig zur positiven psychologischen Umdeutung (reframing); ...

5

„Allwissend"; intuitiv; genau beobachtend; fähig zum Zuhören; starke analytische und diagnostische Fähigkeiten; besorgt auf nüchterne Art; ...

4

Sehr empathisch; fühlt die Emotionen des Patienten und kann diese gut herausarbeiten, vor allem das Gefühl des „Nichtverstandenwerdens"; ...

VR
Verlagshaus
RATHMER

Enneatypen & ihre Schwächen als Therapeuten

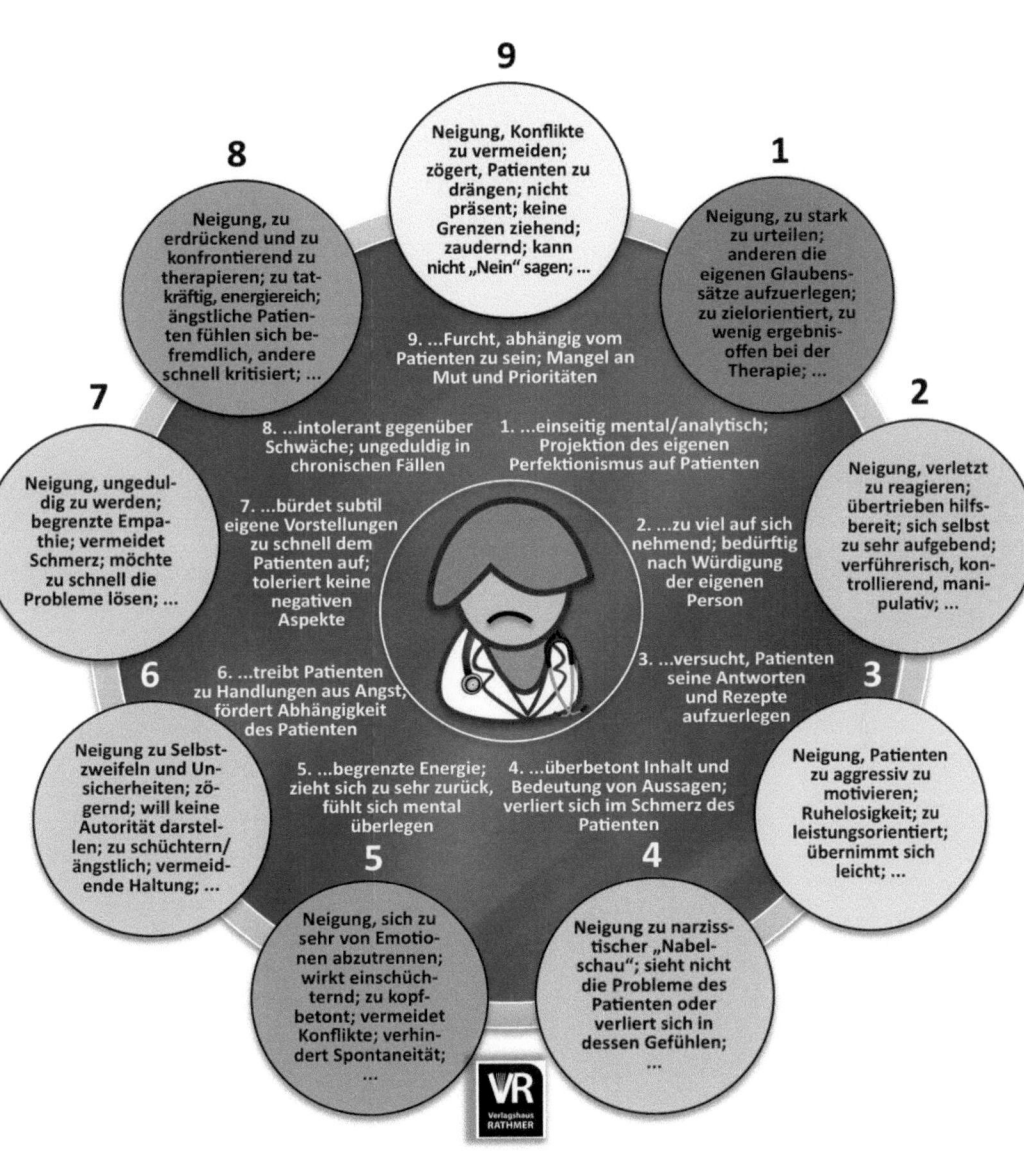

9

Neigung, Konflikte zu vermeiden; zögert, Patienten zu drängen; nicht präsent; keine Grenzen ziehend; zaudernd; kann nicht „Nein" sagen; ...

8

Neigung, zu erdrückend und zu konfrontierend zu therapieren; zu tatkräftig, energiereich; ängstliche Patienten fühlen sich befremdlich, andere schnell kritisiert; ...

1

Neigung, zu stark zu urteilen; anderen die eigenen Glaubenssätze aufzuerlegen; zu zielorientiert, zu wenig ergebnisoffen bei der Therapie; ...

9. ...Furcht, abhängig vom Patienten zu sein; Mangel an Mut und Prioritäten

8. ...intolerant gegenüber Schwäche; ungeduldig in chronischen Fällen

1. ...einseitig mental/analytisch; Projektion des eigenen Perfektionismus auf Patienten

7

Neigung, ungeduldig zu werden; begrenzte Empathie; vermeidet Schmerz; möchte zu schnell die Probleme lösen; ...

7. ...bürdet subtil eigene Vorstellungen zu schnell dem Patienten auf; toleriert keine negative Aspekte

2. ...zu viel auf sich nehmend; bedürftig nach Würdigung der eigenen Person

2

Neigung, verletzt zu reagieren; übertrieben hilfsbereit; sich selbst zu sehr aufgebend; verführerisch, kontrollierend, manipulativ; ...

6

6. ...treibt Patienten zu Handlungen aus Angst; fördert Abhängigkeit des Patienten

3. ...versucht, Patienten seine Antworten und Rezepte aufzuerlegen

3

Neigung zu Selbstzweifeln und Unsicherheiten; zögernd; will keine Autorität darstellen; zu schüchtern/ängstlich; vermeidende Haltung; ...

5. ...begrenzte Energie; zieht sich zu sehr zurück; fühlt sich mental überlegen

4. ...überbetont Inhalt und Bedeutung von Aussagen; verliert sich im Schmerz des Patienten

Neigung, Patienten zu aggressiv zu motivieren; Ruhelosigkeit; zu leistungsorientiert; übernimmt sich leicht; ...

5

Neigung, sich zu sehr von Emotionen abzutrennen; wirkt einschüchternd; zu kopfbetont; vermeidet Konflikte; verhindert Spontaneität; ...

4

Neigung zu narzisstischer „Nabelschau"; sieht nicht die Probleme des Patienten oder verliert sich in dessen Gefühlen; ...

63

Tipps für ein Patientengespräch
(Anamneseverhalten des Therapeuten)

9

Selbstvergessen-heit + Vermei-dungsstrategien ge-rade bei wichtigen emotionalen Themen erkennen; Patienten aus der Trägheit ho-len und zum Han-deln + zur Bewe-gung motivieren;...

8. ...als Therapeut nicht zu empfindlich sein; weichen Kern unter der rauhen Schale des Patienten erkennen, der wirklich Hilfe benötigt.

8

Keine „künstliche" Dominanz als The-rapeut aufbauen, aber auch nicht dominieren lassen vom Patienten; authentisch + geerdet bleiben; respektvoller Umgang; ...

1. ...Wert des psychologischen Prozesses in den Vordergrund stellen; nicht zielgerichtet befragen; dem Patienten dabei helfen, Gefühle zu deuten + auszudrücken, Geduld + Mitgefühl für sich selbst zu entwickeln.

1

Nicht zu sehr auf den inneren Kriti-ker fokussieren; nicht zu große Empathie zeigen; erkennen, dass sich der Patient wahr-scheinlich unge-recht behandelt fühlt; ...

9. ...gemeinsames Brainstorming zur Aufdeckung der wahren Thematik hinter dem Vordergründigen; behaarliches Hinterfragen der tieferen Probleme.

7

Nicht in die „Optimismus-Falle" des Patienten tappen; nicht positiv mitgehen, sondern realistisches + „ne-gatives" Feeback geben; im Ge-spräch Realitäts-überprüfungen anbieten; ...

7. ...ihn aus dem einsei-tig Positiven heraus-holen; gleichwerti-ge Beziehung schaffen, kein Über-Unter-ordnungsver-hältnis.

2

Möglichst neutral verhalten + nicht der Schmeichel-technik der Pa-tienten unterlie-gen; verstärkt Ge-fühle erfragen, auch wenn es ihm emotional schein-bar gut geht; ...

2. ...Patienten bewusst machen, dass er dazu neigt, sich in anderen Menschen zu ver-lieren; eigene Bedürftigkeit des Patienten heraus-arbeiten

6. ...ihn ernst nehmen in seiner Krankheit; Senden kongruenter Botschaften auf ver-baler + nonverbaler Ebene; nicht zu viel widersprechen; Sicherheit geben + vermitteln.

6

Nicht durch Autorität über-zeugen; nicht auf intellektuelles Ge-geneinander in Form von Diskus-sionen einlassen; sichere + stabile Umgebung für den Patienten schaf-fen; ...

4. ...neutral + geduldig wahr-nehmend als emotional un-beteiligter Therapeut agieren; stabiles emotionales Verhält-nis zum Patienten aufbauen.

3

Nach außen getragenes Erfolgs-bild des Patienten nicht akzeptieren; er benötigt keine Bewunderung oder Bestätigung, sondern emotionale Sicher-heit; will „der besten Patient" sein; ...

5. ...ihn von der intellektuellen Ebene wegführen hin zu seinen Emotionen; ihm ein therapeu-tisches Konzept vermitteln, an dem er sich mental orientieren kann.

5

Emotionale Karg-heit des Patienten nicht kompensie-ren durch übermä-ßiges Reden, son-dern ihn sprechen lassen; Betonung der Unabhängig-keit des Patienten; ...

4

Fühlt sich oft nicht gesehen und ver-standen, weil er eben auch schwer zu vestehen ist; nicht zu viel Empa-thie zeigen gegen-über dem Leid + der emotionalen Tiefe des Patien-en; ...

3. ...zusammen mit dem Patienten die Maske des falschen Selbstbildes ab-tragen; emotionale Sicher-heit geben, damit er seine emotionale Verletzlichkeit aufdeckt und bearbeitet.

VR
Verlagshaus
RATHMER

Die nicht realen Vorstellungen * und Grundängste

* Ein subjektives Empfinden eines Patienten, egal ob es der Realität entspricht oder nicht oder auch einen falschen Eindruck von etwas zu haben, eine falsche Überzeugung. Nicht reale Vorstellungen sind also verzerrte Sichtweisen von der Realität, der eigenen Lebensumstände. Es geht also um die subjektive Sichtweise des Menschen, unabhängig davon, wie die Lage objektiv ist. Die nicht realen Haupt-Vorstellungen *(entnommen aus meinem Buch „Rathmer`s Repertorium")* sind:

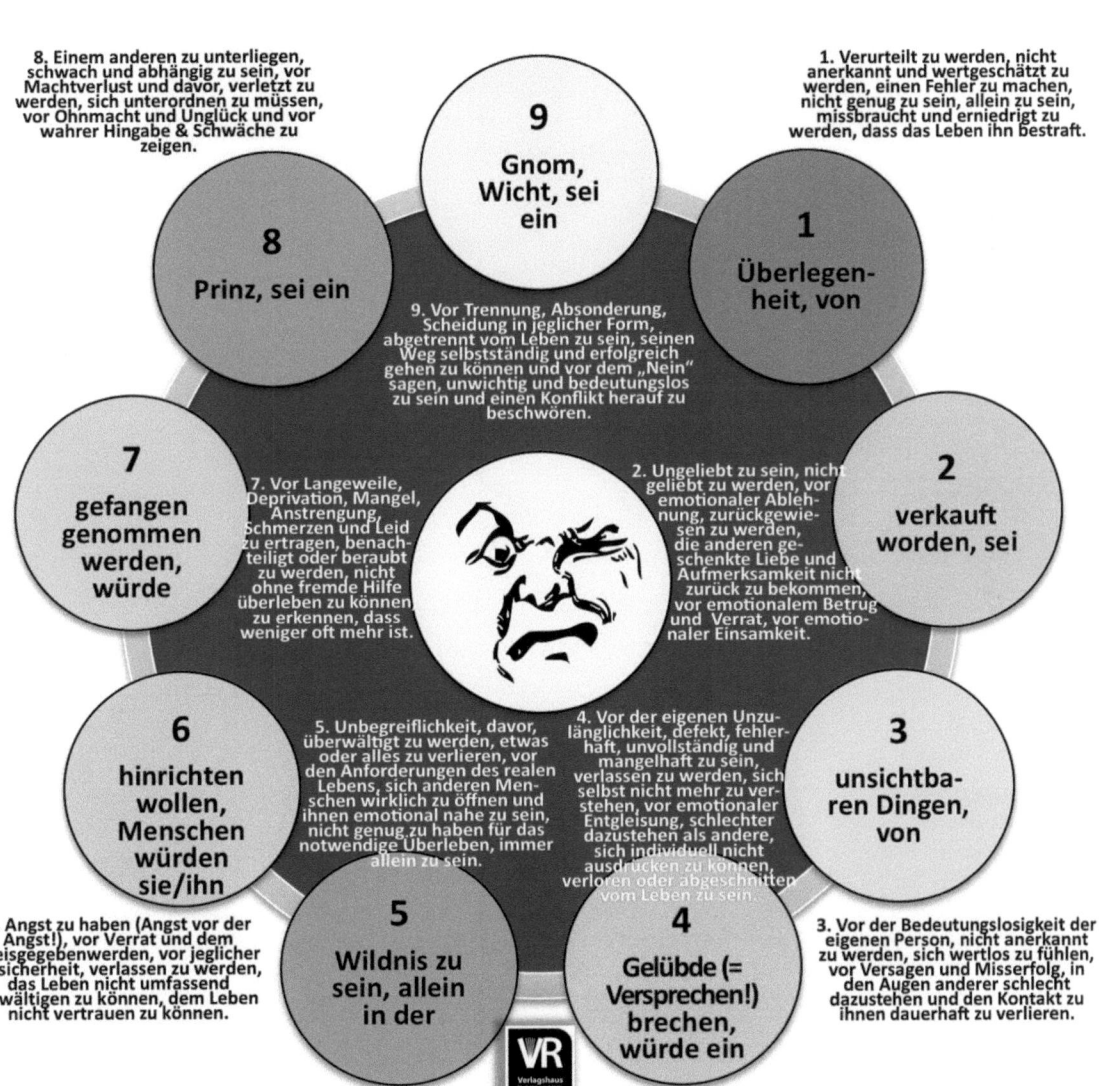

8. Einem anderen zu unterliegen, schwach und abhängig zu sein, vor Machtverlust und davor, verletzt zu werden, sich unterordnen zu müssen, vor Ohnmacht und Unglück und vor wahrer Hingabe & Schwäche zu zeigen.

1. Verurteilt zu werden, nicht anerkannt und wertgeschätzt zu werden, einen Fehler zu machen, nicht genug zu sein, allein zu sein, missbraucht und erniedrigt zu werden, dass das Leben ihn bestraft.

9
Gnom, Wicht, sei ein

8
Prinz, sei ein

1
Überlegen-heit, von

9. Vor Trennung, Absonderung, Scheidung in jeglicher Form, abgetrennt vom Leben zu sein, seinen Weg selbstständig und erfolgreich gehen zu können und vor dem „Nein" sagen, unwichtig und bedeutungslos zu sein und einen Konflikt herauf zu beschwören.

7
gefangen genommen werden, würde

7. Vor Langeweile, Deprivation, Mangel, Anstrengung, Schmerzen und Leid zu ertragen, benachteiligt oder beraubt zu werden, nicht ohne fremde Hilfe überleben zu können zu erkennen, dass weniger oft mehr ist.

2. Ungeliebt zu sein, nicht geliebt zu werden, vor emotionaler Ablehnung, zurückgewiesen zu werden, die anderen geschenkte Liebe und Aufmerksamkeit nicht zurück zu bekommen, vor emotionalem Betrug und Verrat, vor emotionaler Einsamkeit.

2
verkauft worden, sei

6
hinrichten wollen, Menschen würden sie/ihn

5. Unbegreiflichkeit, davor, überwältigt zu werden, etwas oder alles zu verlieren, vor den Anforderungen des realen Lebens, sich anderen Menschen wirklich zu öffnen und ihnen emotional nahe zu sein, nicht genug zu haben für das notwendige Überleben, immer allein zu sein.

4. Vor der eigenen Unzulänglichkeit, defekt, fehlerhaft, unvollständig und mangelhaft zu sein, verlassen zu werden, sich selbst nicht mehr zu verstehen, vor emotionaler Entgleisung, schlechter dazustehen als andere, sich individuell nicht ausdrücken zu können, verloren oder abgeschnitten vom Leben zu sein.

3
unsichtba-ren Dingen, von

6. Angst zu haben (Angst vor der Angst!), vor Verrat und dem Preisgegebenwerden, vor jeglicher Unsicherheit, verlassen zu werden, das Leben nicht umfassend bewältigen zu können, dem Leben nicht vertrauen zu können.

5
Wildnis zu sein, allein in der

4
Gelübde (= Versprechen!) brechen, würde ein

3. Vor der Bedeutungslosigkeit der eigenen Person, nicht anerkannt zu werden, sich wertlos zu fühlen, vor Versagen und Misserfolg, in den Augen anderer schlecht dazustehen und den Kontakt zu ihnen dauerhaft zu verlieren.

65

Neurotransmitter* Dopamin, Serotonin und Noradrenalin

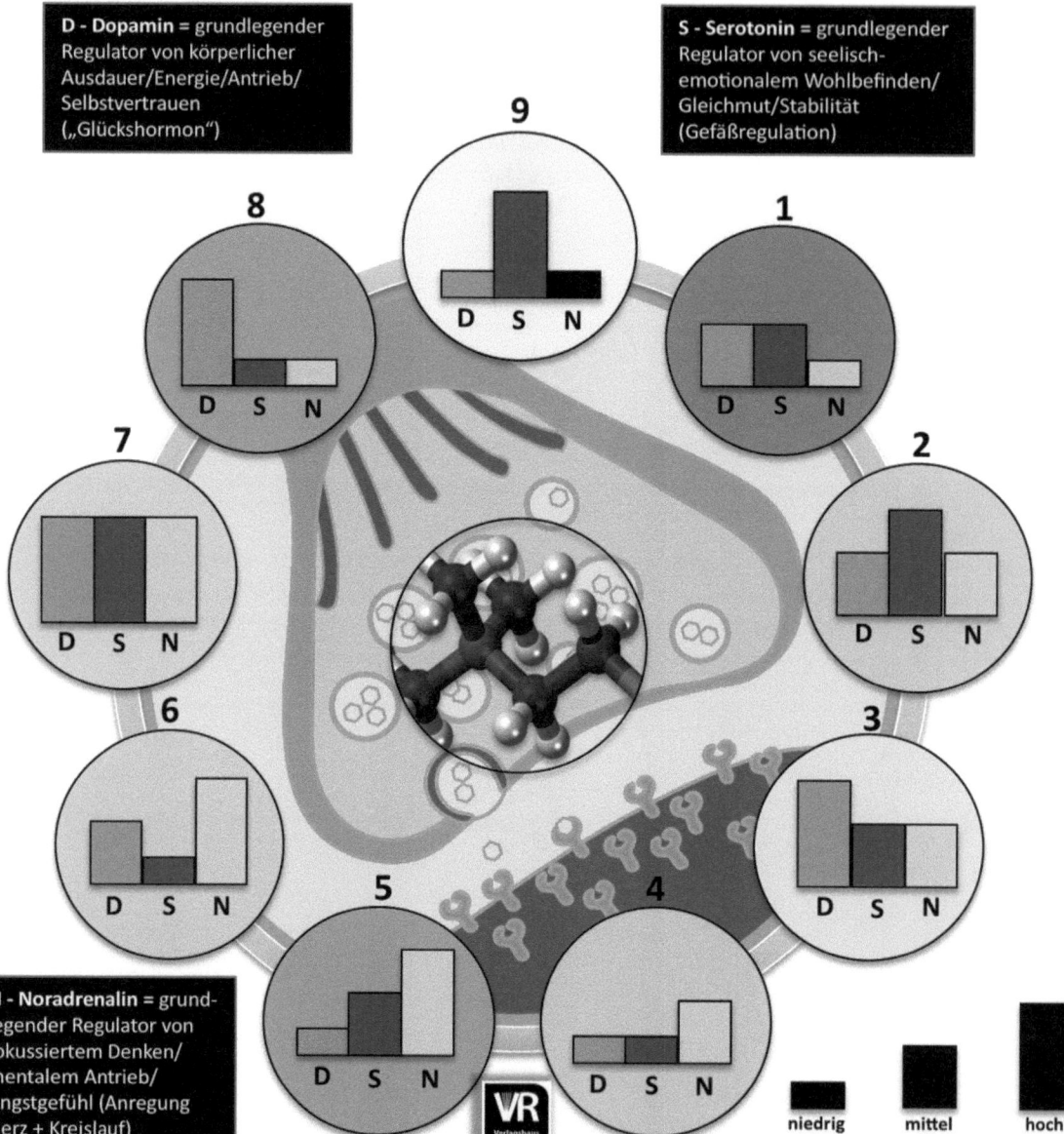

D - Dopamin = grundlegender Regulator von körperlicher Ausdauer/Energie/Antrieb/ Selbstvertrauen („Glückshormon")

S - Serotonin = grundlegender Regulator von seelisch- emotionalem Wohlbefinden/ Gleichmut/Stabilität (Gefäßregulation)

N - Noradrenalin = grund- legender Regulator von fokussiertem Denken/ mentalem Antrieb/ Angstgefühl (Anregung Herz + Kreislauf)

niedrig   mittel   hoch

* Neurotransmitter (von altgriechisch νεῦρον *neuron* ‚Sehne', ‚Nerv' und lateinisch *transmittere* ‚hinüber schicken', ‚übertragen') sind biochemische Botenstoffe, die an chemischen Synapsen die Erregung von einer Nervenzelle auf andere Zellen übertragen (= *synaptische Transmission*). Anhand der Neurotransmitter **Serotonin, Noradrenalin und Dopamin** sollen hier die Zusammenhänge zwischen dem Verhalten einzelner **Enneatypen** und der **Ausschüttung von chemischen Botenstoffen** im menschlichen Körper dargestellt werden.

Falsche Glaubenssätze & hilfreiche Affirmationen *

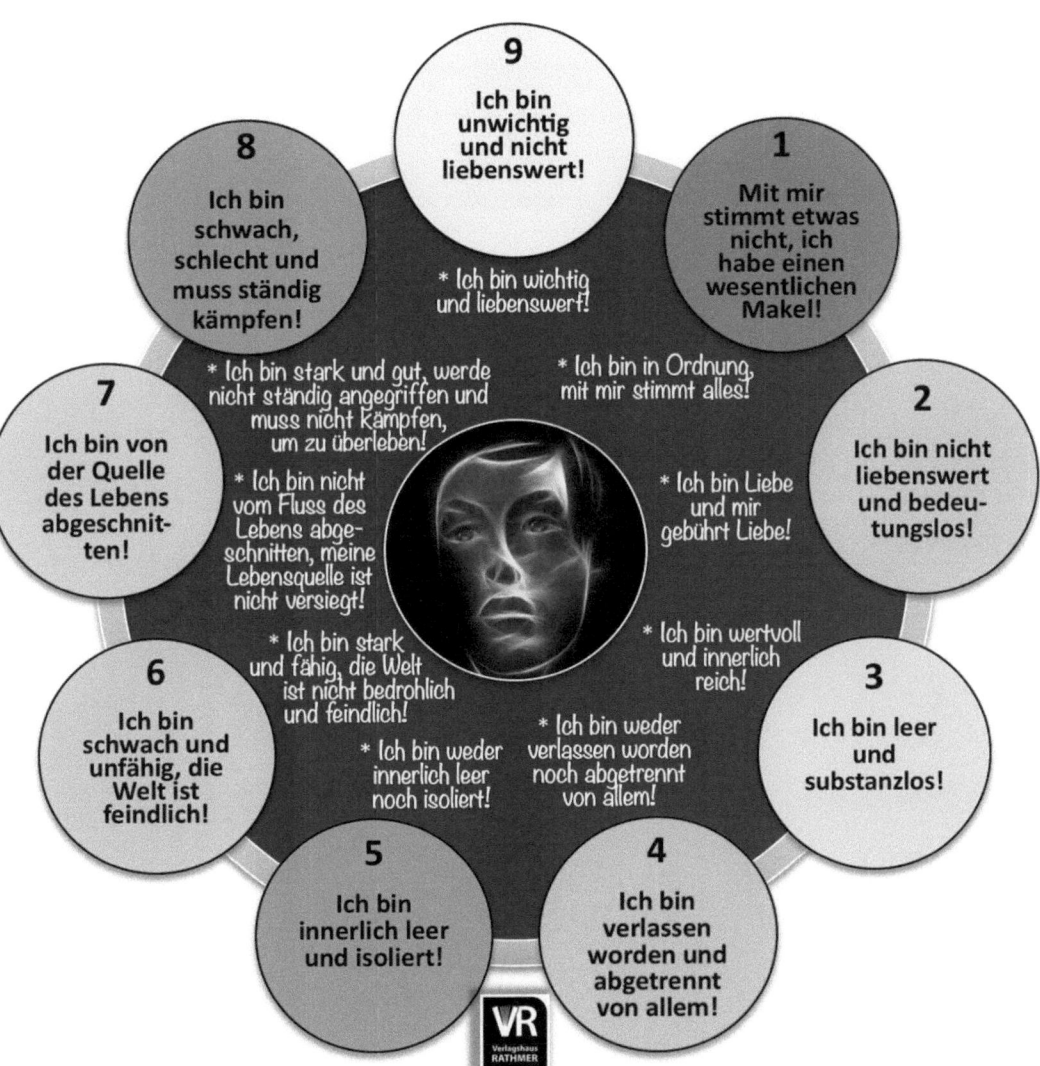

9
Ich bin unwichtig und nicht liebenswert!

8
Ich bin schwach, schlecht und muss ständig kämpfen!

1
Mit mir stimmt etwas nicht, ich habe einen wesentlichen Makel!

7
Ich bin von der Quelle des Lebens abgeschnitten!

2
Ich bin nicht liebenswert und bedeutungslos!

6
Ich bin schwach und unfähig, die Welt ist feindlich!

3
Ich bin leer und substanzlos!

5
Ich bin innerlich leer und isoliert!

4
Ich bin verlassen worden und abgetrennt von allem!

* Ich bin wichtig und liebenswert!

* Ich bin stark und gut, werde nicht ständig angegriffen und muss nicht kämpfen, um zu überleben!

* Ich bin in Ordnung, mit mir stimmt alles!

* Ich bin nicht vom Fluss des Lebens abgeschnitten, meine Lebensquelle ist nicht versiegt!

* Ich bin Liebe und mir gebührt Liebe!

* Ich bin stark und fähig, die Welt ist nicht bedrohlich und feindlich!

* Ich bin wertvoll und innerlich reich!

* Ich bin weder innerlich leer noch isoliert!

* Ich bin weder verlassen worden noch abgetrennt von allem!

67

Die Enneatypen und ihre Eigenschaften

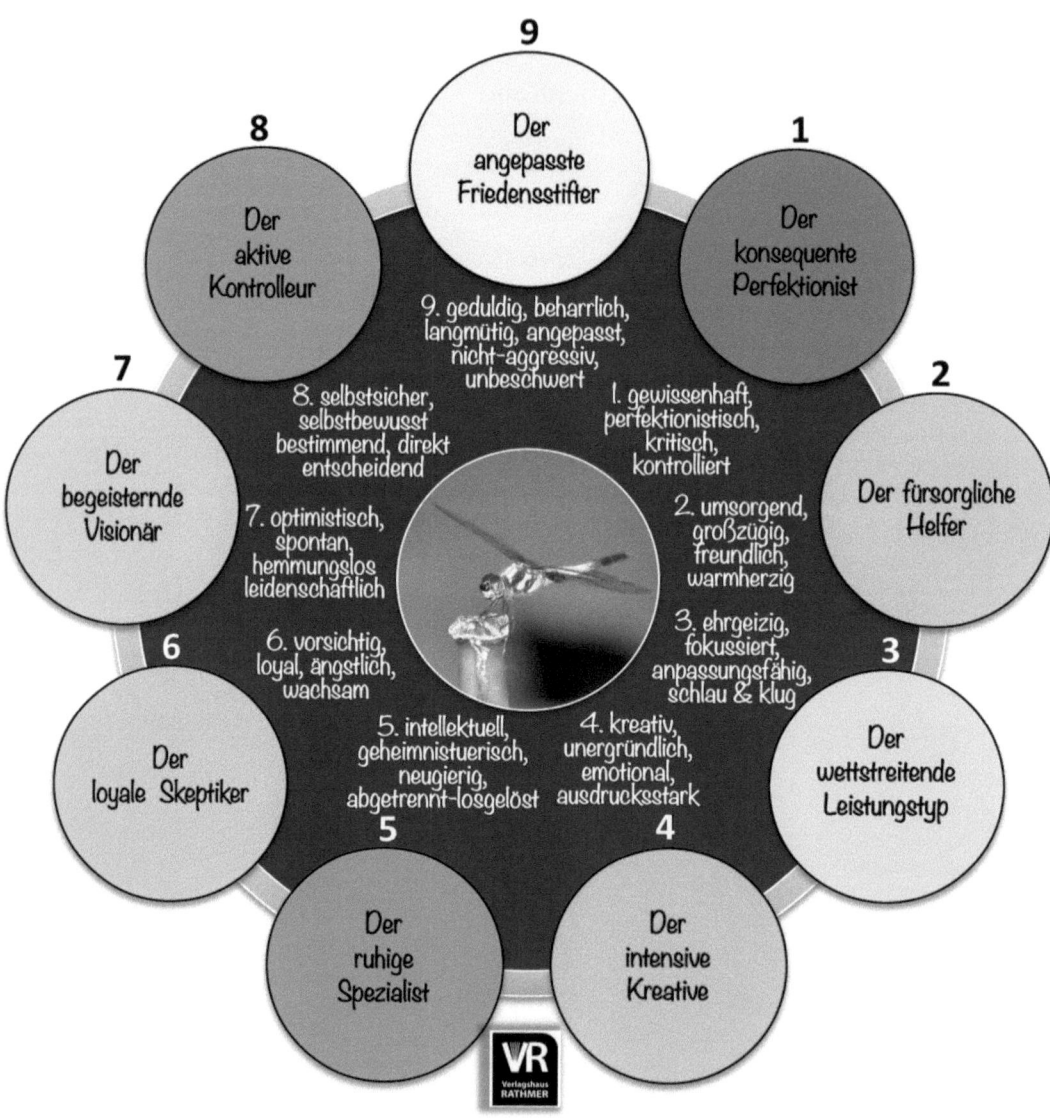

9 Der angepasste Friedensstifter

8 Der aktive Kontrolleur

1 Der konsequente Perfektionist

7 Der begeisternde Visionär

2 Der fürsorgliche Helfer

6 Der loyale Skeptiker

3 Der wettstreitende Leistungstyp

5 Der ruhige Spezialist

4 Der intensive Kreative

9. geduldig, beharrlich, langmütig, angepasst, nicht-aggressiv, unbeschwert

8. selbstsicher, selbstbewusst bestimmend, direkt entscheidend

1. gewissenhaft, perfektionistisch, kritisch, kontrolliert

7. optimistisch, spontan, hemmungslos leidenschaftlich

2. umsorgend, großzügig, freundlich, warmherzig

6. vorsichtig, loyal, ängstlich, wachsam

3. ehrgeizig, fokussiert, anpassungsfähig, schlau & klug

5. intellektuell, geheimnistuerisch, neugierig, abgetrennt-losgelöst

4. kreativ, unergründlich, emotional, ausdrucksstark

Flügelbezeichnungen der instinktiven Subtypen *

Selbster-haltender Subtyp
oben

Sozialer Subtyp
Mitte

Sexueller Subtyp
unten

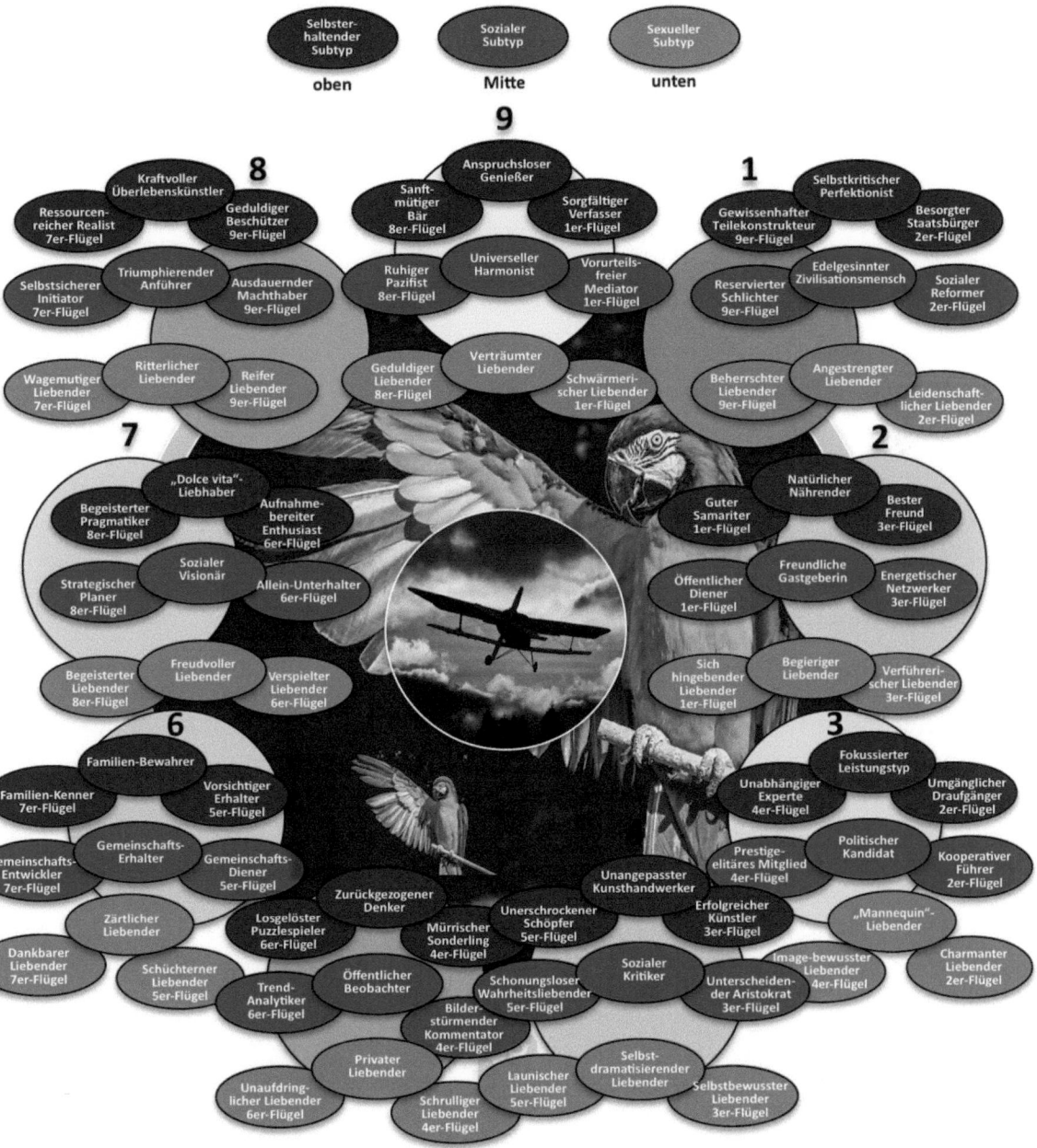

9

Anspruchsloser Genießer

Sanft-mütiger Bär
8er-Flügel

Sorgfältiger Verfasser
1er-Flügel

Ruhiger Pazifist
8er-Flügel

Universeller Harmonist

Vorurteils-freier Mediator
1er-Flügel

Geduldiger Liebender
8er-Flügel

Verträumter Liebender

Schwärmeri-scher Liebender
1er-Flügel

8

Kraftvoller Überlebenskünstler

Ressourcen-reicher Realist
7er-Flügel

Geduldiger Beschützer
9er-Flügel

Selbstsicherer Initiator
7er-Flügel

Triumphierender Anführer

Ausdauernder Machthaber
9er-Flügel

Wagemutiger Liebender
7er-Flügel

Ritterlicher Liebender

Reifer Liebender
9er-Flügel

1

Selbstkritischer Perfektionist

Gewissenhafter Teilekonstrukteur
9er-Flügel

Besorgter Staatsbürger
2er-Flügel

Reservierter Schlichter
9er-Flügel

Edelgesinnter Zivilisationsmensch

Sozialer Reformer
2er-Flügel

Beherrschter Liebender
9er-Flügel

Angestrengter Liebender

Leidenschaft-licher Liebender
2er-Flügel

7

„Dolce vita"-Liebhaber

Begeisterter Pragmatiker
8er-Flügel

Aufnahme-bereiter Enthusiast
6er-Flügel

Strategischer Planer
8er-Flügel

Sozialer Visionär

Allein-Unterhalter
6er-Flügel

Begeisterter Liebender
8er-Flügel

Freudvoller Liebender

Verspielter Liebender
6er-Flügel

2

Natürlicher Nährender

Guter Samariter
1er-Flügel

Bester Freund
3er-Flügel

Öffentlicher Diener
1er-Flügel

Freundliche Gastgeberin

Energetischer Netzwerker
3er-Flügel

Sich hingebender Liebender
1er-Flügel

Begieriger Liebender

Verführeri-scher Liebender
3er-Flügel

6

Familien-Bewahrer

Familien-Kenner
7er-Flügel

Vorsichtiger Erhalter
5er-Flügel

Gemeinschafts-Entwickler
7er-Flügel

Gemeinschafts-Erhalter

Gemeinschafts-Diener
5er-Flügel

Zärtlicher Liebender

Zurückgezogener Denker

Losgelöster Puzzlespieler
6er-Flügel

Dankbarer Liebender
7er-Flügel

Schüchterner Liebender
5er-Flügel

Trend-Analytiker
6er-Flügel

Öffentlicher Beobachter

Unaufdring-licher Liebender
6er-Flügel

Privater Liebender

Schrulliger Liebender
4er-Flügel

Bilder-stürmender Kommentator
4er-Flügel

4

Mürrischer Sonderling
4er-Flügel

Unerschrockener Schöpfer
5er-Flügel

Schonungsloser Wahrheitsliebender
5er-Flügel

Launischer Liebender
5er-Flügel

5

Unangepasster Kunsthandwerker

Sozialer Kritiker

Selbst-dramatisierender Liebender

3

Fokussierter Leistungstyp

Unabhängiger Experte
4er-Flügel

Umgänglicher Draufgänger
2er-Flügel

Prestige-elitäres Mitglied
4er-Flügel

Politischer Kandidat

Kooperativer Führer
2er-Flügel

Erfolgreicher Künstler
3er-Flügel

„Mannequin"-Liebender

Unterscheiden-der Aristokrat
3er-Flügel

Image-bewusster Liebender
4er-Flügel

Charmanter Liebender
2er-Flügel

Selbstbewusster Liebender
3er-Flügel

* Durch die Kombination von Flügelverhalten und Untertypen ergeben sich insgesamt 81 Variationen.

Spezielle Ängste * und die wahren Befürchtungen

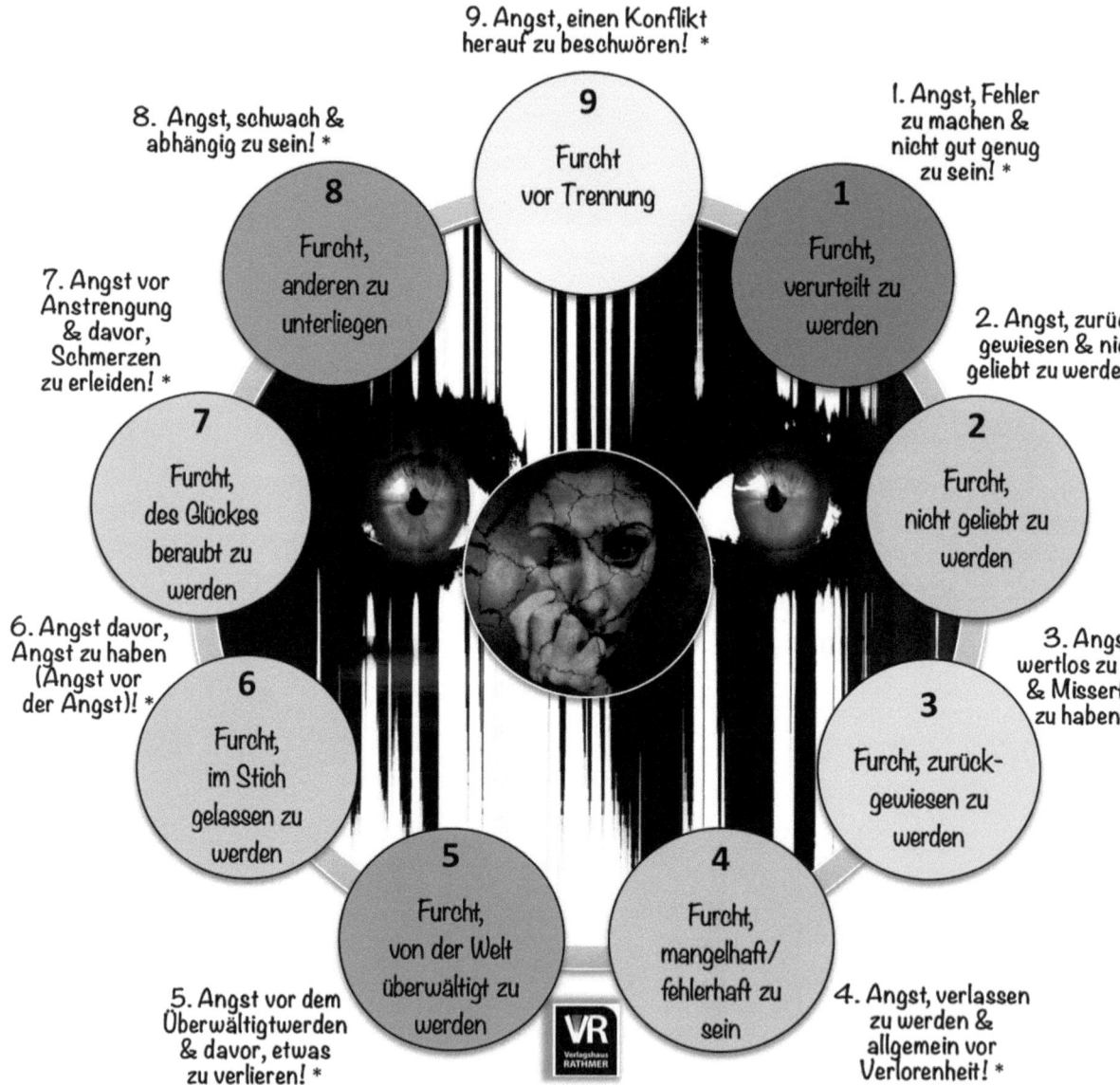

9. Angst, einen Konflikt
herauf zu beschwören! *

9
Furcht
vor Trennung

8. Angst, schwach &
abhängig zu sein! *

8
Furcht,
anderen zu
unterliegen

1. Angst, Fehler
zu machen &
nicht gut genug
zu sein! *

1
Furcht,
verurteilt zu
werden

7. Angst vor
Anstrengung
& davor,
Schmerzen
zu erleiden! *

7
Furcht,
des Glückes
beraubt zu
werden

2. Angst, zurü
gewiesen & ni
geliebt zu werde

2
Furcht,
nicht geliebt zu
werden

6. Angst davor,
Angst zu haben
(Angst vor
der Angst)! *

6
Furcht,
im Stich
gelassen zu
werden

3. Angs
wertlos zu
& Misser
zu haben

3
Furcht, zurück-
gewiesen zu
werden

5
Furcht,
von der Welt
überwältigt zu
werden

4
Furcht,
mangelhaft/
fehlerhaft zu
sein

5. Angst vor dem
Überwältigtwerden
& davor, etwas
zu verlieren! *

4. Angst, verlassen
zu werden &
allgemein vor
Verlorenheit! *

Die 27 Tritypen* des Enneagramms

* Die Lehre von den Tritypen *(entwickelt von Oscar Ichazo und den Enneagrammforschern Katherine und David Fauvre)* besagt, dass jeder Mensch neben seinem eigentlichen Enneagrammtyp noch zwei weitere dominante Enneagrammpunkte aus den jeweils anderen Zentren *(Bauch, Kopf, Herz)* des Enneagramms besitzt bzw. lebt. Danach gibt es also 27 verschiedene Möglichkeiten, die Tritypen genannt werden. Je nach Kombination haben diese bestimmte Bezeichnungen erhalten, die wir aus den nachfolgenden Übersichten entnehmen und studieren können:

27 Tritypen (Tritypes)	Archetypen (engl.)	Archetypen (dt.)	Enneatypen
1-2-5 2-5-1 5-1-2	The Mentor	Der Mentor, der Ratgeber	1, 2, 5
1-2-6 2-6-1 6-1-2	The Supporter	Der Unterstützer	1, 2, 6
1-2-7 2-7-1 7-1-2	The Teacher	Der Lehrer	1, 2, 7
1-3-5 3-5-1 5-1-3	The Technical Expert	Der technische Experte	1, 3, 5

27 Tritypen (Tritypes)	Archetypen (engl.)	Archetypen (dt.)	Enneatypen
1-3-6 3-6-1 6-1-3	The Taskmaster	Der Arbeitgeber	1, 3, 6
1-3-7 3-7-1 7-1-3	The Systems Builder	Der Anlagenbauer	1, 3, 7
1-4-5 4-5-1 5-1-4	The Researcher	Der Forscher	1, 4, 5
1-4-6 4-1-6 6-1-4	The Philosopher	Der Philosoph	1, 4, 6
1-4-7 4-1-7 7-1-4	The Visionary	Der Visionär	1, 4, 7
2-5-8 5-8-2 8-2-5	The Strategist	Der Stratege	2, 5, 8
2-5-9 5-9-2 9-2-5	The Problem Solver	Der Problemlöser	2, 5, 9
2-6-8 6-8-2 8-2-6	The Rescuer	Der Retter	2, 6, 8

72

27 Tritypen (Tritypes)	Archetypen (engl.)	Archetypen (dt.)	Enneatypen
2-6-9 6-9-2 9-2-6	The Good Samaritan	Der gute (barmherzige) Samariter	2, 6, 9
2-7-8 7-8-2 8-2-7	The Free Spirit	Der Freigeist	2, 7, 8
2-7-9 7-9-2 9-2-7	The Peacemaker	Der Friedensstifter	2, 7, 9
3-5-8 5-8-3 8-3-5	The Solution Master	Der Lösungsmeister	3, 5, 8
3-5-9 5-9-3 9-3-5	The Thinker	Der Denker	3, 5, 9
3-6-8 6-8-3 8-3-6	The Justice Fighter	Der Gerechtigkeits-kämpfer	3, 6, 8
3-6-9 6-3-9 9-3-6	The Mediator	Der Vermittler	3, 6, 9
3-7-8 7-3-8 8-3-7	The Mover & Shaker	Der Macher	3, 7, 8

27 Tritypen (Tritypes)	Archetypen (engl.)	Archetypen (dt.)	Enneatypen
3-7-9 7-3-9 9-3-7	The Ambassador	Der Botschafter	3, 7, 9
4-5-8 5-4-8 8-4-5	The Scholar	Der Gelehrte	4, 5, 8
4-5-9 5-4-9 9-4-5	The Contemplative	Der Kontemplative, der Beschauliche, der Andächtige	4, 5, 9
4-6-8 6-4-8 8-4-6	The Truth Teller	Der Wahrheits-liebende	4, 6, 8
4-6-9 6-4-9 9-4-6	The Seeker	Der Suchende	4, 6, 9
4-7-8 7-4-8 8-4-7	The Messenger	Der Bote	4, 7, 8
4-7-9 7-4-9 9-4-7	The Gentle Spirit	Der sanftmütige Geist	4, 7, 9

KOPF, HERZ - oder BAUCHMENSCH

Intrinsische Motivation!

(Normaltyp - Verstärkungstyp - Kontratyp)

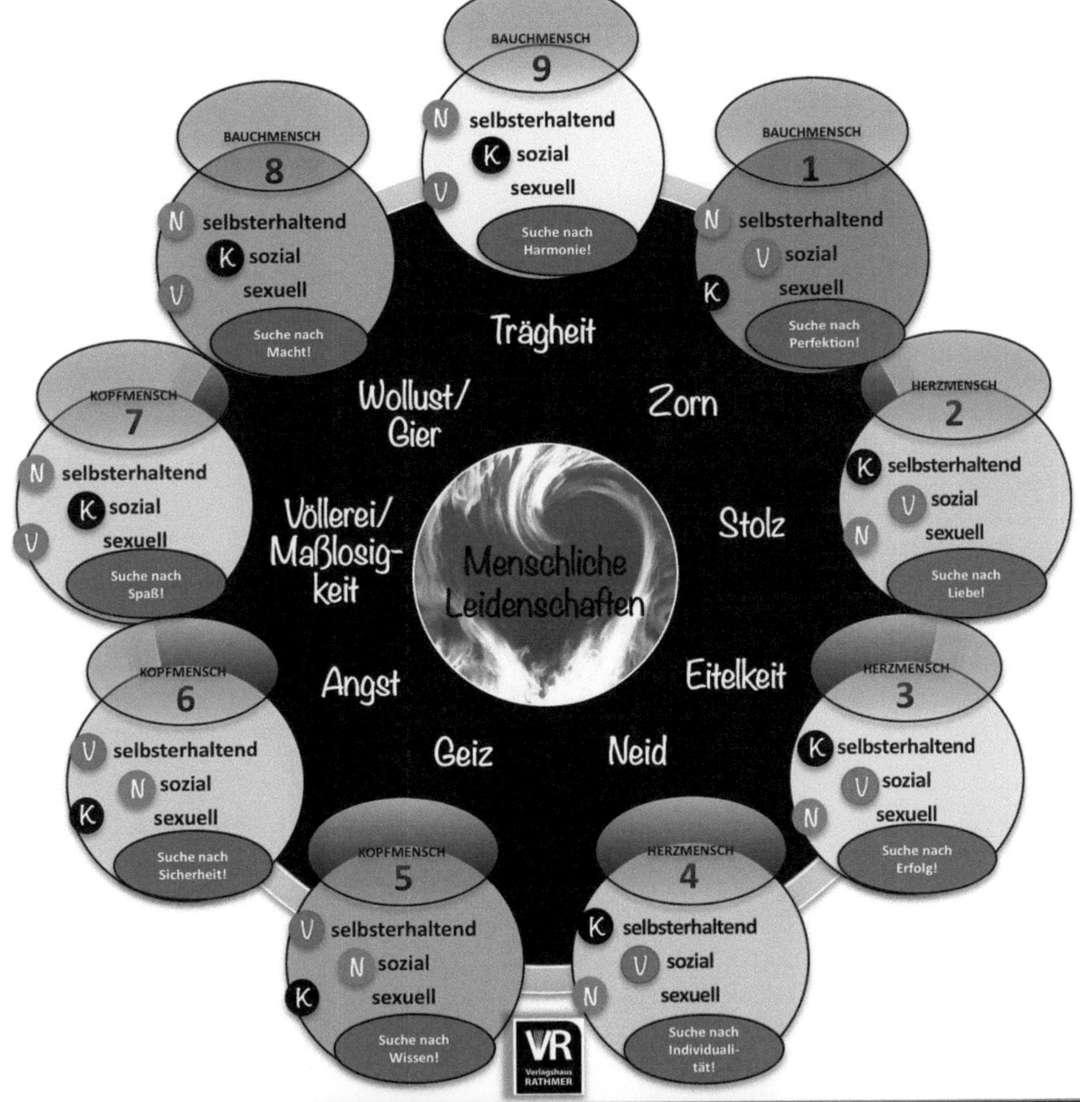

BAUCHMENSCH 9
N selbsterhaltend
K sozial
V sexuell
Suche nach Harmonie!

BAUCHMENSCH 8
N selbsterhaltend
K sozial
V sexuell
Suche nach Macht!

BAUCHMENSCH 1
N selbsterhaltend
V sozial
K sexuell
Suche nach Perfektion!

KOPFMENSCH 7
N selbsterhaltend
K sozial
V sexuell
Suche nach Spaß!

HERZMENSCH 2
K selbsterhaltend
V sozial
N sexuell
Suche nach Liebe!

KOPFMENSCH 6
V selbsterhaltend
N sozial
K sexuell
Suche nach Sicherheit!

HERZMENSCH 3
K selbsterhaltend
V sozial
N sexuell
Suche nach Erfolg!

KOPFMENSCH 5
V selbsterhaltend
N sozial
K sexuell
Suche nach Wissen!

HERZMENSCH 4
K selbsterhaltend
V sozial
N sexuell
Suche nach Individualität!

Trägheit
Zorn
Wollust/Gier
Stolz
Völlerei/Maßlosigkeit
Menschliche Leidenschaften
Eitelkeit
Angst
Geiz
Neid

VR
Verlagshaus RATHMER

* Bei den jeweiligen drei instinktiven Subtypen (auch Untertypen) jeder Enneagrammfixierung unterscheiden wir einen sog. **Normaltyp**, der seine **typspezifische Leidenschaft** auf „normale" Weise auslebt, einen sog. **Verstärkungstyp**, der seine entsprechende Leidenschaft auf „verstärkte" Weise lebt und einen sog. **Kontratyp** (Gegentyp), der seine jeweilige Leidenschaft negiert, also möglichst gar nicht lebt und vermeidet. Den **Normaltyp** und den **Verstärkungstyp** erkennt man für gewöhnlich am ehesten, der **Kontratyp** hingegen ist oft nicht so leicht zu erkennen, da seine **Leidenschaft** nach außen nicht gelebt wird.

75

Die drei grundlegenden Lebenskräfte *
des Enneagramms

ausgleichend =
auf Ausgleich
bedacht

Enneatypen 1 - 2 - 6

aktiv = nach
außen gehend

Enneatypen 3 - 7 - 8

passiv = nach
innen gehend

Enneatypen 4 - 5 - 9

9 Orientiert an Harmonie!
PASSIV (= zurückhaltend, abwartend, zurückziehend, beschränkt, ruhig, still)

Orientiert an Macht!
8 AKTIV (= sich durchsetzend, ausdehnend, unbeschränkt, bestimmend, frei)

1 Orientiert an Perfektion!
AUSGLEICHEND (= in Balance bringend, harmonisierend, aussöhnend, schlichtend, verträglich)

Orientiert an Lebensfreude!
7 AKTIV (= sich durchsetzend, ausdehnend, unbeschränkt, bestimmend, frei)

2 Orientiert an Liebe!
AUSGLEICHEND (= in Balance bringend, harmonisierend, aussöhnend, schlichtend, verträglich)

Orientiert an Sicherheit!
6 AUSGLEICHEND (= in Balance bringend, harmonisierend, aussöhnend, schlichtend, verträglich)

3 Orientiert an Erfolg!
AKTIV (= sich durchsetzend, ausdehnend, unbeschränkt, bestimmend, frei)

Orientiert an Wissen!
5 PASSIV (= zurückhaltend, abwartend, zurückziehend, beschränkt, ruhig, still)

4 PASSIV (= zurückhaltend, abwartend, zurückziehend, beschränkt, ruhig, still)
Orientiert an Individualität!

VR
Verlagshaus
RATHMER

* Die **drei grundlegenden Lebenskräfte** des **Enneagramms** sind: AKTIV = nach außen gehend (3-7-8) –
PASSIV = nach innen gehend (4-5-9) – AUSGLEICHEND = auf Ausgleich bedacht (1-2-6)

76

84

Die charakteristischen Rollenmuster der 9 Enneatypen und die Symmetrie des Enneagramms

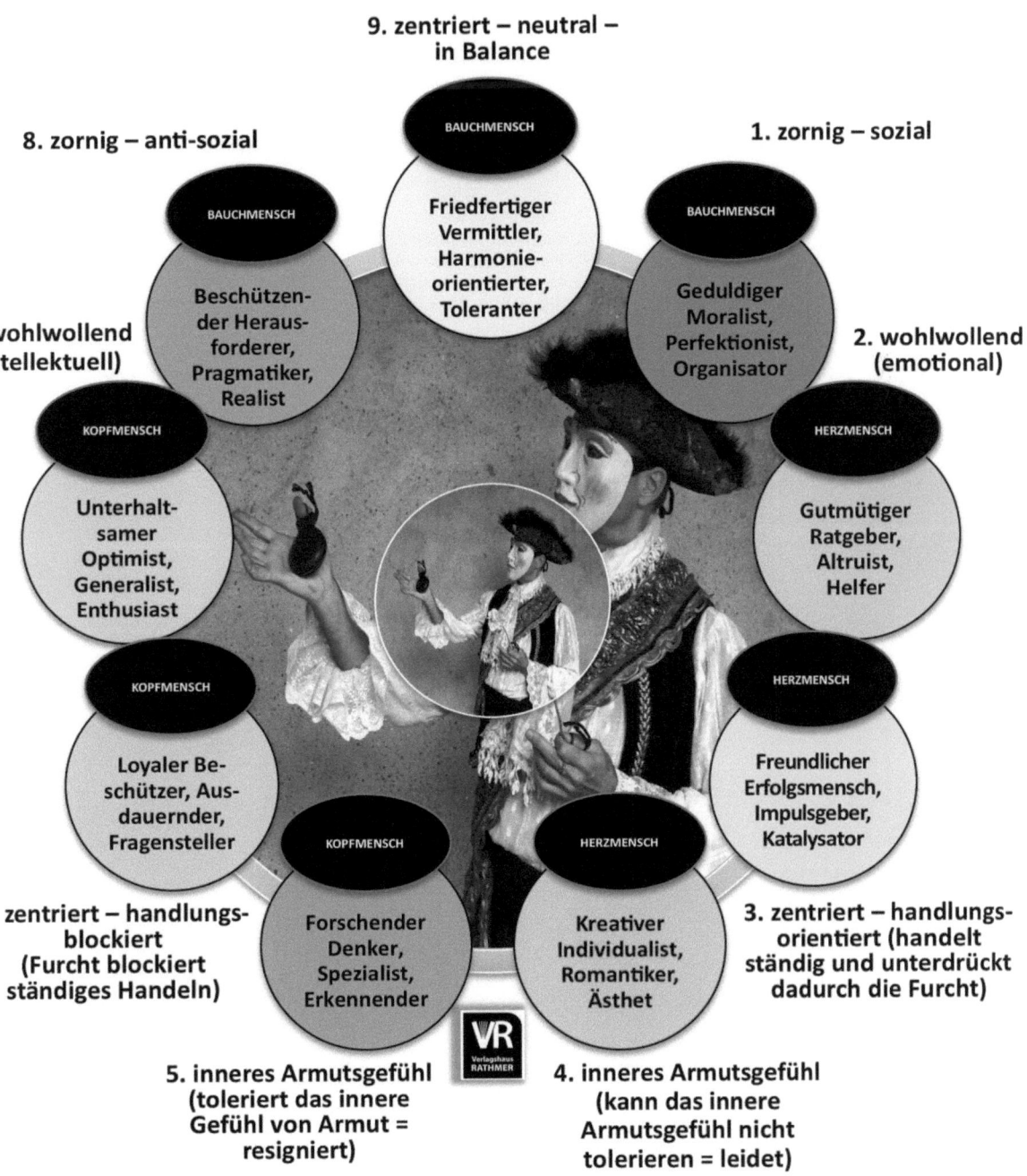

9. zentriert – neutral – in Balance

8. zornig – anti-sozial

1. zornig – sozial

BAUCHMENSCH

Friedfertiger Vermittler, Harmonie-orientierter, Toleranter

BAUCHMENSCH

Beschützen-der Heraus-forderer, Pragmatiker, Realist

BAUCHMENSCH

Geduldiger Moralist, Perfektionist, Organisator

wohlwollend ntellektuell)

2. wohlwollend (emotional)

KOPFMENSCH

Unterhalt-samer Optimist, Generalist, Enthusiast

HERZMENSCH

Gutmütiger Ratgeber, Altruist, Helfer

KOPFMENSCH

Loyaler Be-schützer, Aus-dauernder, Fragensteller

HERZMENSCH

Freundlicher Erfolgsmensch, Impulsgeber, Katalysator

. zentriert – handlungs-blockiert (Furcht blockiert ständiges Handeln)

KOPFMENSCH

Forschender Denker, Spezialist, Erkennender

HERZMENSCH

Kreativer Individualist, Romantiker, Ästhet

3. zentriert – handlungs-orientiert (handelt ständig und unterdrückt dadurch die Furcht)

5. inneres Armutsgefühl (toleriert das innere Gefühl von Armut = resigniert)

4. inneres Armutsgefühl (kann das innere Armutsgefühl nicht tolerieren = leidet)

VR
Verlagshaus
RATHMER

Stressreaktionen der 9 Enneatypen

BAUCHMENSCH 9 — ruhig oder/und sehr gesprächig, größeres Schlafbedürfnis, wird langsam, vergesslich, gereizt, stur, verweigert Dinge, fruchtloses Handeln

BAUCHMENSCH 8 — exzessiver in allen Lebensbereichen, unruhiger Schlaf, Arbeitswut, sehr aggressiv, kontrollierend, ständiges Shoppen, zurückziehend

BAUCHMENSCH 1 — schnell gereizt, aufbrausend, Sicherung kann durchbrennen, angespannte Muskulatur, kurzatmig, beleidigend, zornig

KOPFMENSCH 7 — manisch bis depressiv, sehr gesprächig, mitteilsam oder total ruhig, sehr ängstlich, zornig und beschuldigend

HERZMENSCH 2 — schlaflos, ängstlich, unsicher, voller Selbstzweifel, entmutigt, mitunter versteckt oder offen wütend

KOPFMENSCH 6 — sich noch mehr Sorgen machend, sehr ängstlich, selbst bei kleinen Dingen, erschöpft, Selbstzweifel, zornig bis aggressiv

HERZMENSCH 3 — arbeitseifrig, getrieben, kurz angebunden, mitunter feindlich, verbal aggressiv, ängstlich, isoliert, lethargisch

KOPFMENSCH 5 — sich sehr zurückziehend, erschöpft, grübelnd, noch mehr im Kopf, emotional noch isolierter, zornig, depressiv

HERZMENSCH 4 — launisch, ruhig, selbstbezogen - und beschuldigend, depressiv, extrem gereizt, emotional klagend bis zornig

VR
Verlagshaus
RATHMER

Krankheitsverhalten & Polaritäten

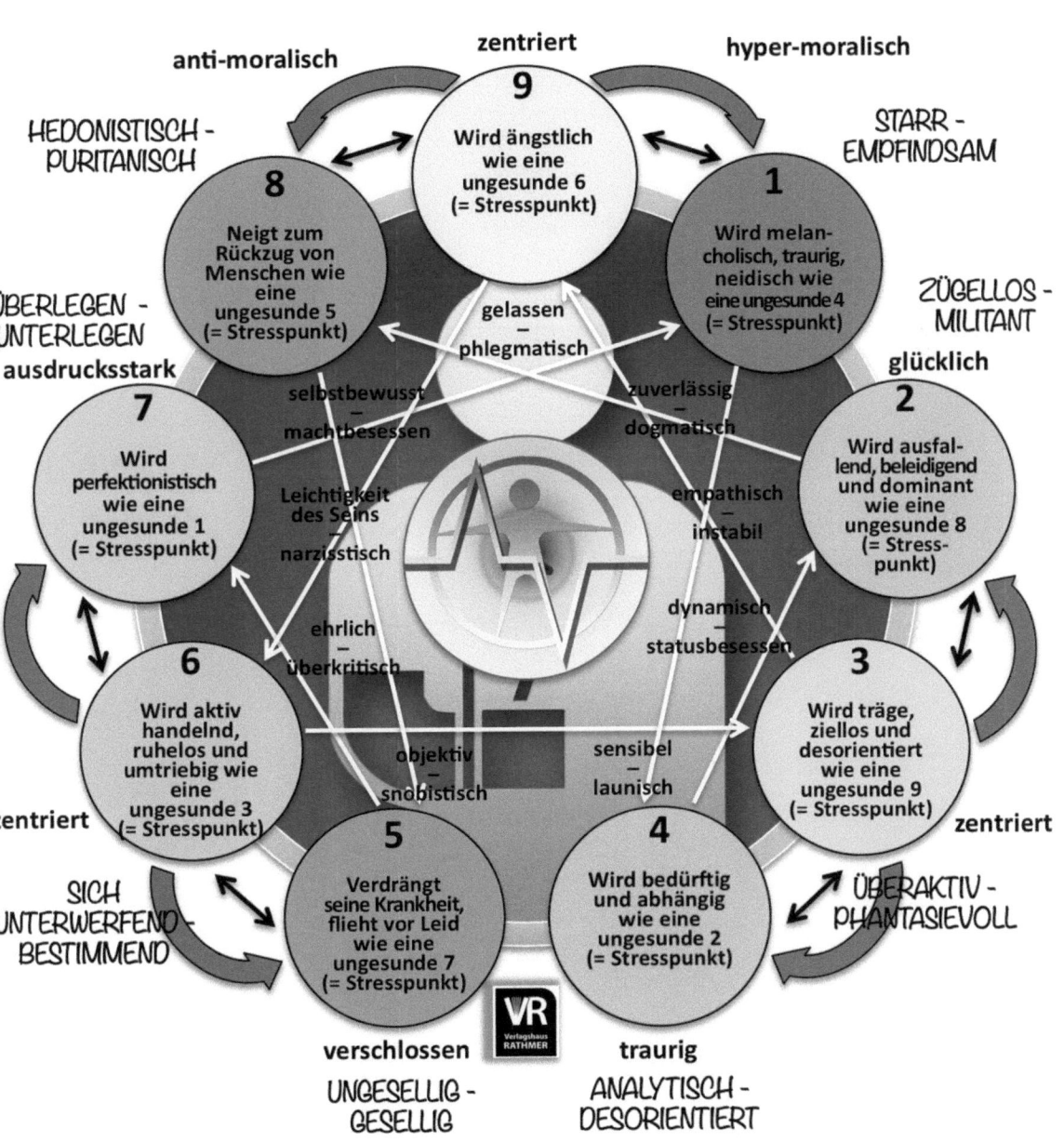

GLÄUBIG - ZWEIFELND

zentriert

anti-moralisch

hyper-moralisch

HEDONISTISCH - PURITANISCH

STARR - EMPFINDSAM

9 Wird ängstlich wie eine ungesunde 6 (= Stresspunkt)

8 Neigt zum Rückzug von Menschen wie eine ungesunde 5 (= Stresspunkt)

1 Wird melan-cholisch, traurig, neidisch wie eine ungesunde 4 (= Stresspunkt)

ÜBERLEGEN - UNTERLEGEN

ausdrucksstark

ZÜGELLOS - MILITANT

glücklich

gelassen – phlegmatisch

selbstbewusst – machtbesessen

zuverlässig – dogmatisch

7 Wird perfektionistisch wie eine ungesunde 1 (= Stresspunkt)

empathisch – instabil

2 Wird ausfal-lend, beleidigend und dominant wie eine ungesunde 8 (= Stress-punkt)

Leichtigkeit des Seins – narzisstisch

ehrlich – überkritisch

dynamisch – statusbesessen

6 Wird aktiv handelnd, ruhelos und umtriebig wie eine ungesunde 3 (= Stresspunkt)

objektiv – snobistisch

sensibel – launisch

3 Wird träge, ziellos und desorientiert wie eine ungesunde 9 (= Stresspunkt)

zentriert

zentriert

5 Verdrängt seine Krankheit, flieht vor Leid wie eine ungesunde 7 (= Stresspunkt)

4 Wird bedürftig und abhängig wie eine ungesunde 2 (= Stresspunkt)

ÜBERAKTIV - PHANTASIEVOLL

SICH UNTERWERFEND - BESTIMMEND

verschlossen

traurig

UNGESELLIG - GESELLIG

ANALYTISCH - DESORIENTIERT

Erlösende Aufforderungen an die Enneatypen

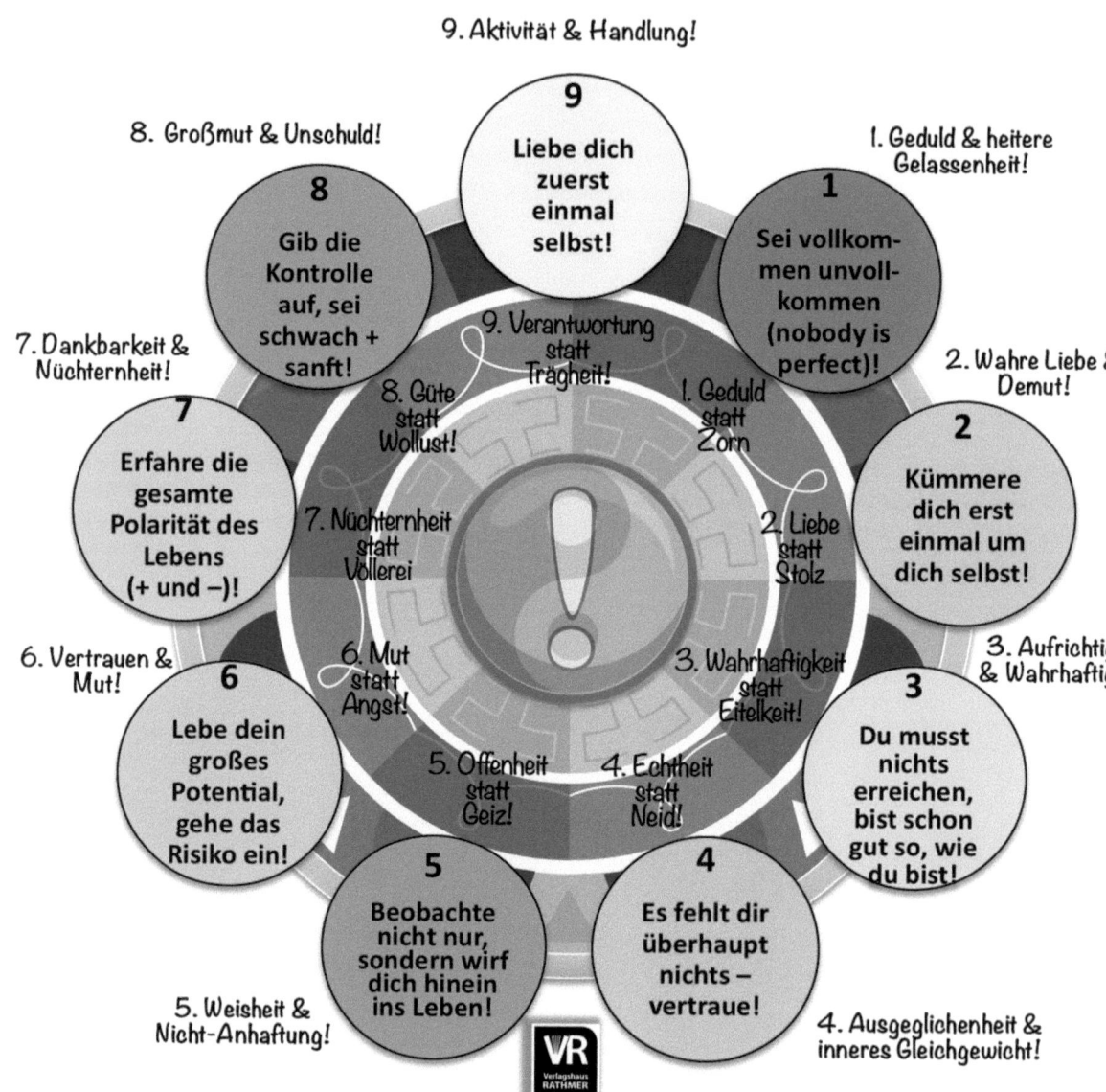

9. Aktivität & Handlung!

8. Großmut & Unschuld!

1. Geduld & heitere Gelassenheit!

7. Dankbarkeit & Nüchternheit!

2. Wahre Liebe & Demut!

6. Vertrauen & Mut!

3. Aufrichtig & Wahrhaftig

5. Weisheit & Nicht-Anhaftung!

4. Ausgeglichenheit & inneres Gleichgewicht!

9 Liebe dich zuerst einmal selbst!

8 Gib die Kontrolle auf, sei schwach + sanft!

1 Sei vollkommen unvollkommen (nobody is perfect)!

7 Erfahre die gesamte Polarität des Lebens (+ und –)!

2 Kümmere dich erst einmal um dich selbst!

6 Lebe dein großes Potential, gehe das Risiko ein!

3 Du musst nichts erreichen, bist schon gut so, wie du bist!

5 Beobachte nicht nur, sondern wirf dich hinein ins Leben!

4 Es fehlt dir überhaupt nichts – vertraue!

9. Verantwortung statt Trägheit!
8. Güte statt Wollust!
1. Geduld statt Zorn
7. Nüchternheit statt Völlerei
2. Liebe statt Stolz
6. Mut statt Angst!
3. Wahrhaftigkeit statt Eitelkeit!
5. Offenheit statt Geiz!
4. Echtheit statt Neid!

Die Suche nach der wahren Liebe – 9 Abwege

Die 9 Enneatypen suchen auf unterschiedliche Weise nach der wahren Liebe, dem wahren Geliebtsein. Sie suchen aber 1. im Außen danach, wo wahre Liebe natürlich nicht zu finden ist und 2. verwechseln sie aufgrund der in ihnen herrschenden spezifischen Typenergie Liebe mit einer Ersatzhandlung, die zwar oft wie Liebe erscheint, aber in Wahrheit nur den verzweifelten Versuch des Egos (= fiktiven Selbstbildes) darstellt, Liebe zu erhalten.

9
Harmonie & Selbstvergessenheit statt Liebe

8
Macht & Kontrolle statt Liebe

1
Perfektion & Richtigkeit statt Liebe

7
Spaß & Freude statt Liebe

2
Bedingte Liebe & Geben statt Liebe

6
Sicherheit & Loyalität statt Liebe

3
Erfolg & Leistung statt Liebe

5
Wissen & Beobachtung statt Liebe

4
Individualität & Kreativität statt Liebe

9. Halt durch Glätten, so als wäre alles gut, leben auf mechanische Weise.

8. Halt durch Zorn, Kampf, Kontrolle, Gerechtigkeit und Rache.

1. Halt durch Selbst- und Fremdverbesserung.

7. Halt durch Planung, alles wieder gut zu machen (Rückkehr ins verlorene Paradies).

2. Halt durch Manipulation und Verführung der Umgebung.

6. Halt durch Angst, Misstrauen sowie defensives und paranoides Verhalten.

3. Halt durch Selbst- und Fremdtäuschung, es allein zu können.

5. Halt durch Nichtfühlen, Rückzug, Isolation und Vermeidung.

4. Halt durch Leugnung der Trennung vom Sein/von der Liebe sowie Selbst- und Fremdkontrolle.

VR Verlagshaus RATHMER

81

Die tendenzielle psychische Einstellung der Enneatypen zu ihren Eltern

Verbundenheit = Gefühle der Zusammengehörigkeit, Zugehörigkeit, Dankbarkeit
Ambivalenz = Gefühle der Zwiespältigkeit, Missverständlichkeit, Widersprüchlichkeit
Abgetrenntheit = Gefühle des Getrenntseins, der Isolation, der Abkapselung

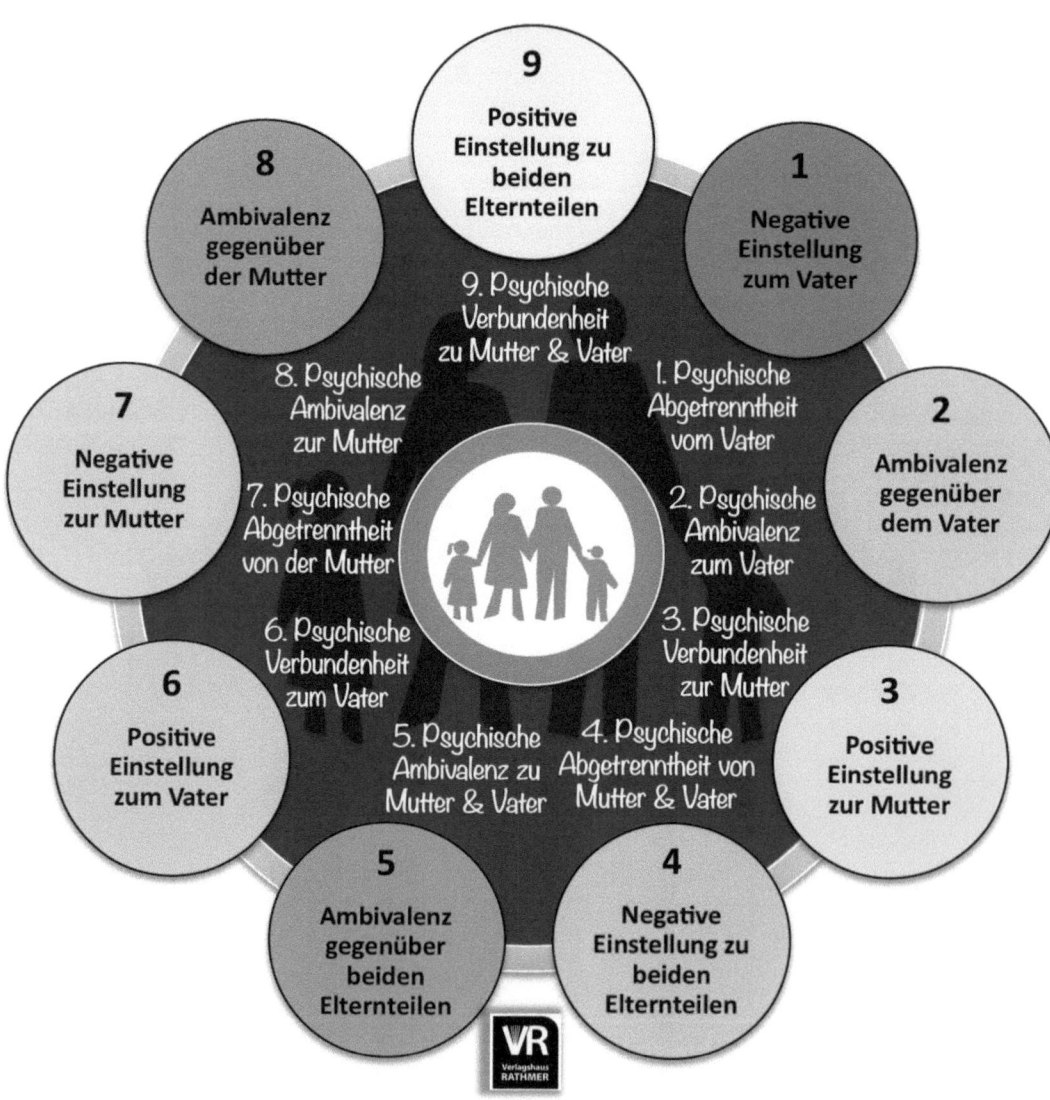

Die drei instinktiven Untertypen (Subtypen) im Überblick

Der selbsterhaltende Untertyp: Der noch unterhalb des eigentlichen Enneatyps verborgene Instinkt bzw. die entsprechenden existenziellen Ängste drehen sich hier hauptsächlich um Belange des Lebensunterhaltes und der Ernährung. Der Selbsterhaltungstyp macht sich viele Sorgen und hat zahlreiche Unsicherheiten über seinen Körper, sein Einkommen, seine häusliche Umgebung; Nahrung und Gesundheit stehen für diesen Untertyp an vorderster Stelle. Diese Art von Menschen sind evolutionär offenbar besonders dazu bestimmt, die primäre Selbsterhaltung der Menschheit sicher zu gewährleisten.

Der soziale Untertyp: Der noch unterhalb des eigentlichen Enneatyps verborgene Instinkt bzw. die entsprechenden existenziellen Ängste drehen sich hier hauptsächlich um die soziale Stellung, das Prestige, das Zugehörigkeitsgefühl zu einer Gruppe oder Gemeinschaft und den Wunsch, Freunde zu haben. Ein Gefühl von sozialer Unsicherheit, die Angst, ausgeschlossen zu werden und das Bedürfnis nach Status sind für Angehörige dieses Untertyps dominierend. Diese Art von Menschen haben in der Tat im Rahmen der Evolution die besondere und für die Menschheit existenzielle Aufgabe, die Gemeinschaft von Menschen untereinander sicher zu gewährleisten.

Der sexuelle (aggressive) Untertyp: Der noch unterhalb des eigentlichen Enneatyps verborgene Instinkt bzw. die entsprechenden existenziellen Ängste drehen sich hier hauptsächlich darum, ob wir von einem bestimmten Jemand geliebt werden oder nicht oder ob wir für andere sexuell attraktiv sind. Die Sorge um Intimität, Lust und Sexualität überwiegt für Menschen dieses Untertyps. Diese Art von Menschen sind in der Tat häufig besonders attraktiv, die Evolution scheint hier sicherstellen zu wollen, dass die Beziehung zu einem Partner und die damit verbundene existenziell für die Menschheit ebenfalls notwendige Fortpflanzung sicher gewährleistet ist.

83

Die drei Untertypen (Subtypen) im Detail

Der selbsterhaltende Untertyp: Es handelt sich hier um Menschen, die vor allem primär damit beschäftigt sind, ihre Grundbedürfnisse sicherzustellen, auch in unserer Wohlstandsgesellschaft neigen sie dazu. Sie beschäftigen sich sehr mit Themen wie Geld, Essen, Wohnen, Gesundheit, körperliche Sicherheit und Komfort. Sicher sein und eine gewisse körperliche Bequemlichkeit sind ihre bevorzugten Aufmerksamkeitsschwerpunkte. Schnell erkennt dieser Untertyp anstehende Probleme, z.B. wenn im Zimmer das Licht zu dunkel ist oder die Stühle nicht bequem genug sind oder aber sie bemerken sofort, wenn die Raumtemperatur nicht angemessen ist. Vieles dreht sich beim selbsterhaltenden Untertyp um Nahrung und Getränke, entweder übertreiben sie es damit oder aber genau das Gegenteil, sie haben strenge Diätvorstellungen. Im gesunden (sehr bewussten) oder auch im normalen Bewusstseinszustand, also wenn sie nicht chronisch oder akut erkrankt sein sollten, sind diese Menschen am meisten praktisch veranlagt von allen drei Untertypen, z.B. in der Form, dass sie grundlegenden Notwendigkeiten des Lebens - Rechnungen bezahlen, sich um Wohnraum und Arbeitsplatz kümmern, nützliche Aufgaben erledigen etc. gut gerecht werden. Geht dieser selbsterhaltende Untertyp aber in Richtung Unbewusstheit, Krankheit, dann neigt er dazu, nicht mehr ausreichend für sich sorgen zu können. Ungesunde selbsterhaltende Untertypen essen und trinken dann mitunter zu wenig oder aber zu viel, schlafen zu wenig, vernachlässigen also nur irgendeinem Gebiet der Grundbedürfnisse genau diese und in Fragen der eigenen Gesundheit reagieren sie dann häufig zwanghaft. Schließlich bekommen sie dann Schwierigkeiten, mit ihrem Geld angemessen umzugehen und agieren unfreiwillig auf höchst destruktive Art und Weise.

Der soziale Untertyp: Dieser Untertyp ist stark fokussiert auf das Zusammenspiel mit anderen Menschen, häufig hat er das Thema „Selbstwertgefühl" und dieses bezieht er durch seine Teilnahme an kollektiven Tätigkeiten, z.B. im Bereich Arbeit, Familie, Hobby, gesellschaftliche Veranstaltungen etc. Es geht hier aber nicht zwingend nur um gesellschaftliche Treffen oder ähnliches, sondern eher allgemein darum, zu einem bestimmten gemeinsamen Zweck mit anderen Menschen in Kontakt zu treten und sich nach Möglichkeit mit ihnen auszutauschen. Im Kampf um das menschliche Überleben im Rahmen der Evolution war dieser soziale Instinkt, der diesem sozialen Verhalten zugrunde liegt, sehr wichtig. Menschen sind auf sich allein gestellt ziemlich schwache, verletzliche Geschöpfe und wurden schnell Opfer der feindlichen Umwelt. Indem sie lernten, zusammen zu leben und zu arbeiten, haben unsere Vorfahren nicht nur die Voraussetzung dafür gesetzt, das nackte Überleben sicherzustellen, sondern auch gemeinsam etwas Größeres aufzubauen, Erfolg zu haben, den Lebensstandard deutlich zu verbessern über die Grundbedürfnisse hinaus, indem sie soziale, hierarchische Strukturen aufbauten. Daher kann man das Verlangen nach Aufmerksamkeit, Bestätigung, Verehrung, Erfolg, Ruhm, Würdigung, Respekt, Führung und auch das Besitzstreben als Manifestationen des sozialen Instinkts ansehen. Soziale Untertypen interessieren sich für alles, was um sie herum abläuft und wollen einen gewichtigen Beitrag für die Entwicklung der Menschheit leisten, bewusst oder auch unbewusst. Ihnen ist das Gemeinwohl wichtiger als Einzelinteressen, so wie tendenziell eher dem selbsterhaltenden Untertyp. Aber obwohl dieser Untertyp sich sehr für andere Menschen interessiert, vermeiden er nach Möglichkeit intime Nähe zu anderen Menschen, vor allem wenn er sich in einem Ungleichgewicht befindet. Dann zieht er sich eigentümlicherweise eher von seinen Mitmenschen zurück, kann mitunter sogar antisoziale Tendenzen zeigen, verabscheut seine Mitmenschen und nimmt sie sehr schnell Übel, was andere ihm mitteilen. Sie können sich dann also besonders daneben benehmen, wenn sie in Richtung Krankheit und Unbewusstheit gehen.

Die drei Untertypen (Subtypen) im Detail

Der sexuelle (aggressive) Untertyp: Viele, die sich mit dem Enneagramm beschäftigen, identifizieren sich vorschnell mit diesem Untertyp, wahrscheinlich wegen der Idee, dass sich dahinter sexuell besonders attraktive Menschen verbergen. Natürlich liegt die Attraktivität eines Menschen im Auge des Betrachters und es gibt zahlreiche Menschen, die wir als „sexy" bezeichnen würden in allen drei Untertypen-Kategorien. Vielleicht denkt man aber auch, dass dieser Untertyp eher glanzvoll, zauberhaft oder schillernd daherkommt, wer möchte sich nicht damit identifizieren? Im gesunden Zustand neigt der sexuelle Untertyp sehr stark dazu, intensive Erfahrungen in seinem Leben zu machen, nicht nur sexueller Art, sondern allgemein. Diese Intensität kann z.B. dadurch erreicht werden, dass man sehr intensiv mit einem anderen Menschen ins Gespräch kommt in einer langen Unterhaltung oder aber gern interessante Filme schaut, die einen intensiv berühren. Dieser Untertyp wird immer gern abgegrenzt vom sozialen Untertyp, indem man meint, dass Letzterer sich eher in größeren Gruppen wohlfühlt und darin aufgeht, während der sexuelle Untertyp angeblich eher in Zweier-Gesprächen auf seine Kosten käme. Doch es geht weniger um die Anzahl der Gesprächsteilnehmer dabei, sondern eher und vielmehr um die Intensität der Unterhaltung, des Kontaktes, denn alle Menschen mögen mehr oder weniger, wenn sie ins Gespräch kommen mit einem Gegenüber. Der sexuelle Untertyp hat dabei aber immer den besonderen Wunsch nach Intimität, mehr als alle anderen Untertypen. Sie sind sozusagen „Vertrautheits-Junkies" und versuchen im menschlichen Miteinander immer wieder, die Tiefen des Gegenübers vollständig auszuloten. Dabei vergessen sie manchmal ihre eigenen Prioritäten, geben sich dem anderen mehr hin als die anderen Untertypen, wobei der soziale Untertyp sich immer noch eine gewisse wage Grenze bewahrt, der selbsterhaltende Untertyp diese deutlich ausbaut, der sexuelle Untertyp kennt diese Grenze oft nicht oder nur unzureichend, was mitunter auf die Mitmenschen aufdringlich wirken mag. In seiner unbewussten, zur Krankheit tendierenden, stark neurotisch geprägten Form verliert der sexuelle Untertyp dann gänzlich seine eigene Fokussierung, wird mitunter sexuell promiskuitiv oder zumindest hat er ein immer deutlicheres Verlangen, seine Sexualität hemmungslos auszuagieren, auch auf Kosten und zum Nachteil seiner Mitmenschen. Oder aber er reagiert genau gegenteilig und entwickelt starke Ängste und Dysfunktionen gegenüber Sexualität, Intimität und allgemeiner Vertrautheit anderen Menschen gegenüber. In beiden Fällen bleibt dieser sexuelle Untertyp auf seine Weise aber stets intensiv, ob er nun exzessiv handelt oder vermeidend. Hinter diesem starken Bedürfnis dieses Untertyps nach Nähe und Intimität gegenüber anderen und auch seiner Umwelt steht das starke Bedürfnis nach Lebendigkeit, die dieser Typ besonders in seinen Lebensumständen sucht.

Genauso wie wir im 9er-System des Enneagramms die Energiezentren Bauchzentrum (Typen 8, 9, 1), Herzzentrum (Typen 2, 3, 4) und Kopfzentrum (Typen 5, 6, 7) vorfinden, gibt es auch innerhalb eines Enneagrammtyps jeweils drei energetisch sehr unterschiedliche Facetten von Energien, die wir Untertypen nennen und bei denen man genau diese energetischen Unterschiede des Vorherrschens eines dieser drei energetischen Zentren auch innerhalb eines Enneatyps erkennen kann: Beim *selbsterhaltenden Untertyp* herrscht eine physikalische, körperorientierte, ein wenig mechanische Energie vor, beim *sozialen Untertyp* vornehmlich eine intellektuelle, an mentalen Vorgängen orientierte Energie und beim *sexuell (-aggressiven) Untertyp* primär eine emotionale, anregende Form der Energie. Ähnlich also dem *Netz der Indra*, welches der indischen Mythologie entstammt und nachdem das Leben als riesiges Netzwerk beschrieben wird, dass das ganze Universum umfasst und wo jeder Kristall in diesem Netzwerk auf seiner Oberfläche jeden anderen Kristall widerspiegelt, finden wir diese Entsprechungen auch innerhalb des Enneagramms auf allen Ebenen.

85

Die selbsterhaltenden * Untertypen (Subtypen)

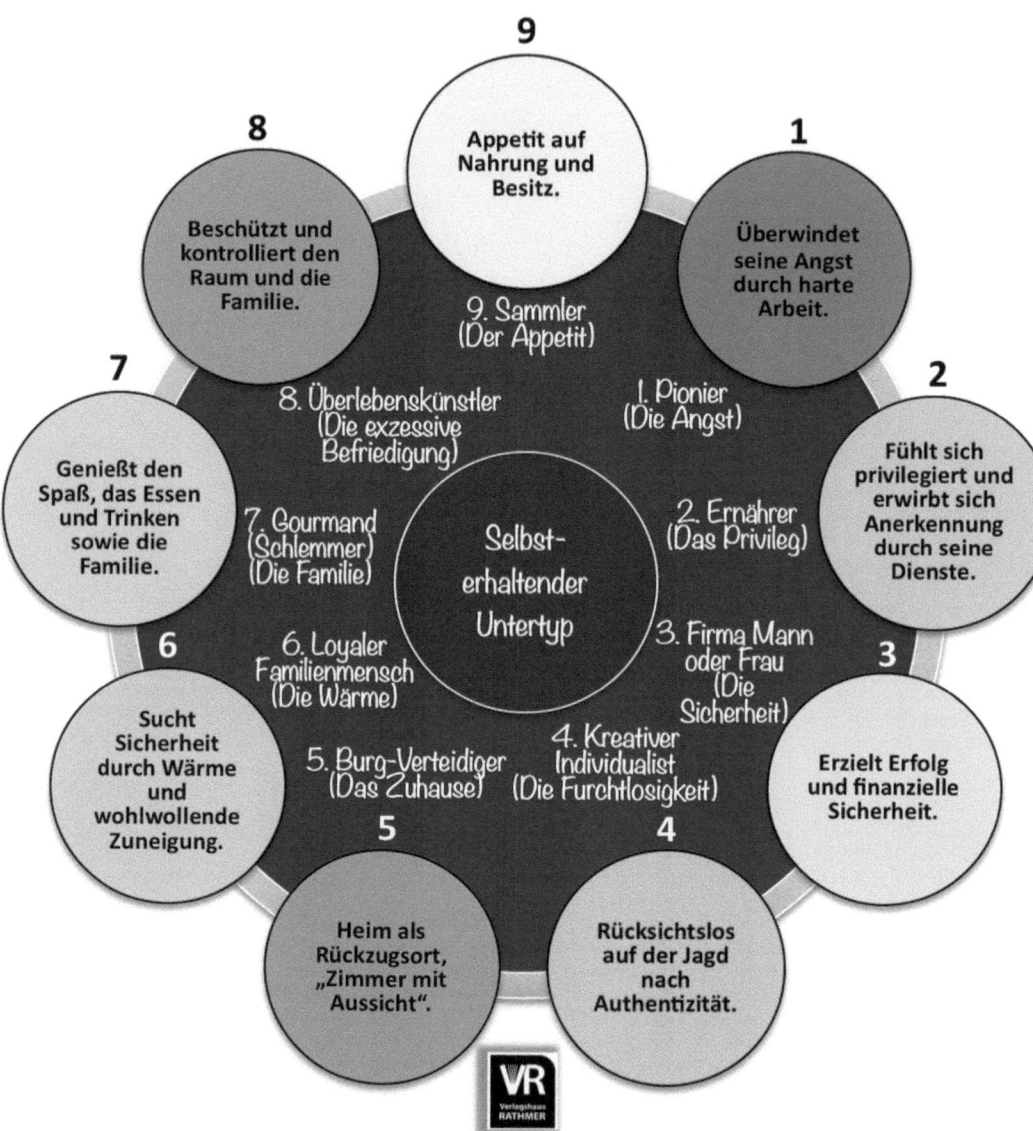

9
Appetit auf Nahrung und Besitz.

8
Beschützt und kontrolliert den Raum und die Familie.

1
Überwindet seine Angst durch harte Arbeit.

7
Genießt den Spaß, das Essen und Trinken sowie die Familie.

2
Fühlt sich privilegiert und erwirbt sich Anerkennung durch seine Dienste.

6
Sucht Sicherheit durch Wärme und wohlwollende Zuneigung.

3
Erzielt Erfolg und finanzielle Sicherheit.

5
Heim als Rückzugsort, „Zimmer mit Aussicht".

4
Rücksichtslos auf der Jagd nach Authentizität.

9. Sammler (Der Appetit)

8. Überlebenskünstler (Die exzessive Befriedigung)

1. Pionier (Die Angst)

7. Gourmand (Schlemmer) (Die Familie)

2. Ernährer (Das Privileg)

Selbsterhaltender Untertyp

3. Firma Mann oder Frau (Die Sicherheit)

6. Loyaler Familienmensch (Die Wärme)

4. Kreativer Individualist (Die Furchtlosigkeit)

5. Burg-Verteidiger (Das Zuhause)

VR Verlagshaus RATHMER

* Wenn der Selbsterhaltungsinstinkt eines Menschen am stärksten ausgeprägt ist, bemüht sich dieser Mensch vor allem durch intensive Beschäftigung mit dem Überleben und mit materieller Sicherheit, Glück und Erfüllung zu finden.

Die selbsterhaltenden Untertypen 1 – 4 im Detail

Typ 1 – Der Pionier (die Angst): Dieser Untertyp der Eins kann entweder einen sehr ängstlichen Eindruck hinterlassen oder auch sehr selbstkontrolliert wirken. Seine Befürchtungen hinsichtlich seines Überlebens und seiner Sicherheit münden in dem Bestreben, materiellen Wohlstand zu erreichen als eine Möglichkeit, ein guter Mensch zu sein und stets das Richtige zu tun. Es erscheint ihm wichtig, seine eigene Natur zu unterdrücken, der eigenen Natürlichkeit eine eigene innere Ordnung aufzubürden. Heim und Familie, die Zubereitung der Nahrung etc. haben Vorrang vor anderen Bedürfnissen. Die große Aufopferungsbereitschaft dieses Untertyps kann allerdings physische Verspannungen und psychische Verstimmungen fördern bzw. aufrechterhalten.

Typ 2 – Der Ernährer (das Privileg): Dieser Untertyp der Zwei zeichnet sich aus durch die Schaffung von warmen, persönlichen Beziehungen zu unterschiedlichen Menschen. Wegen dieser großartigen Fähigkeit und der großen Menge an Aufmerksamkeit, die er seinen Mitmenschen widmet, um sie zu unterstützen und zu nähren, kann allerdings ein Gefühl daraus erwachsen, sich benachteiligt zu fühlen, weil die eigenen Ansprüche dabei nicht ausreichend erkannt werden durch ihre Umwelt. Erkennt dieser Untertyp dann schließlich seine eigene Bedürftigkeit, ist er plötzlich enttäuscht und fühlt sich betrogen von seinen Mitmenschen. Er sieht sich nicht genug gesehen und denkt dann innerlich nur noch an sich selbst. Das Ganze führt zu einer stolzen Haltung anderen gegenüber, sie helfen und unterstützen dann weiterhin andere, aber mit einer Art falscher Bescheidenheit und einer gekünstelten Großzügigkeit und dem inneren Gefühl, dass man sie nicht genug würdigt und schätzt; übersteigertes Konsumverhalten ist häufig die Folge dieses Ungleichgewichtes. Im weiteren Verlauf der Entwicklung in Richtung Unbewusstheit neigt dieser Untertyp (unbewusst) zu der Strategie, seine Mitmenschen emotional verhungern zu lassen.

Typ 3 – Die Firma Mann oder Frau (die Sicherheit): Dieser Untertyp der Drei versucht mit allen Mitteln, materiellen Erfolg zu erreichen, weil dieser ihm das Gefühl von Sicherheit gibt. Dafür entwickelt er die Fähigkeit, sehr hart zu arbeiten, sich sehr gut darzustellen, um dadurch nach außen das passende Image zu verkörpern. Mit seinem beachtlichen Antrieb und seiner erheblichen Energie kann dieser Untertyp erfolgreich seine Ziele vollenden, vor allem die finanzielle Sicherheit, ein schönes Haus etc. Die Gefahr liegt aber darin, dass er dabei den Kontakt zu sich selbst verliert bei dem ständigen Bemühen, erfolgreich Sicherheiten zu schaffen, oft ist dieser Untertyp vollkommen identifiziert mit seinem Beruf.

Typ 4 – Der kreative Individualist (die Furchtlosigkeit): Dieser Untertyp der Vier zeichnet sich durch seine Bereitschaft aus, mutig neue Dinge oder Situationen anzugehen, seine Sachen zu packen, um neu zu beginnen und auch einmal Risiken einzugehen, wenn sein selbsterhaltender Instinkt in ihm Überhand nimmt oder wenn sein Leben ihm nicht mehr authentisch erscheint. Manchmal wirkt er dann auf andere mitunter rücksichtslos, indem er ihre gut gemeinten Ratschläge zur Vorsicht in den Wind schlägt. Aber sein Leben funktioniert in aller Regel sehr gut, wenn er entsprechend seines Untertyps einen unkonventionellen, kreativen oder künstlerischen Lebensstil einschlägt. Es besteht hier untergründig eine starke Spannung zwischen dem Versuch, materielle Sicherheiten zu schaffen und dem Gefühl, losgelöst von aller Materie existieren zu können.

VR
Verlagshaus
RATHMER

87

Die selbsterhaltenden Untertypen 5 – 9 im Detail

Typ 5 – Der Burg-Verteidiger (das Zuhause): „My home is my Castle" ist der Wahlspruch dieses Untertyps der Fünf, denn er sucht einen Rückzugsort von der Welt, um sich dort sicher zu fühlen. Ständig plagen ihn Bedenken, ob er auch genügend vorgesorgt hat und besitzt, was dann häufig zu materiellen Anhäufungen, umfassender Vorratshaltung und allgemein zu einem Verhalten führt, was man gut mit Hamstern beschreiben könnte. Zugleich besteht dabei die oft für andere kaum nachvollziehbare Haltung extremer Sparsamkeit, wobei die Grenze zum Geiz häufig überschritten wird. Auf der anderen Seite kann dieser Untertyp sein Leben auch genau gegenteilig ausrichten, indem er sich ständig von einem Ort zum anderen bewegt und damit unbewusst einen „Mangel an Zuhause" erzeugt. Allerdings nimmt er dann häufig sein Zuhause mit in Form eines Rucksacks oder auch eines Campingbusses.

Typ 6 – Der loyale Familienmensch (die Wärme): Die Strategie, seine Angst zu überwinden, meistert dieser Untertyp der Sechs dadurch, dass er Beziehungen und Vereinbarungen mit anderen Menschen knüpft, indem er sich auf einer persönlichen Ebene sehr warmherzig und wohlwollend verhält. Sie möchten auf keinen Fall von ihren Mitmenschen links liegen gelassen werden und tun alles, um das zu verhindern. Häufig findet man einen Mangel an Wärme oder eine traumatische Bedrohung ihrer Sicherheit im frühen Kindesalter, was dann zu einer tiefen Angst geführt hat, ein auch noch so kleines Risiko aufzunehmen und stattdessen besser ihr Leben innerhalb gut bekannter, überschaubarer und definierter Grenzen zu leben, oft nur innerhalb der Familie und engster Freunde.

Typ 7 – Der Gourmand (Schlemmer) (die Familie): Dieser Untertyp der Sieben liebt einen üppigen Lebensstil im Kreise seiner Familie und seinen Freunden. Betont wird hier das Teilen von guten Ideen und Gesprächen, das Zubereiten ausgiebiger Mahlzeiten und die Planung von Projekten, die Spaß bereiten bzw. garantieren. Probleme entstehen durch dabei schnell auftretende Probleme des Übermaßes, also durch den Exzess von Sprechen, Essen oder sonstiger Stimulation.

Typ 8 – Der Überlebenskünstler (die exzessive Befriedigung): Die Aggression sowie der Hang zum Exzess münden bei diesem Untertyp der Acht in die Themen „physisches Überleben" und „materielle Sicherheit". Mehr noch als die selbsterhaltende Sieben neigt dieser Untertyp zum Übermaß. In einer aus seiner Sicht feindlichen Welt kann man nur obsiegen oder verlieren im Überlebenskampf. Freunde und Familie werden intensiv beschützt, aber dadurch auch kontrolliert. Es besteht ein innerer Drang zur territorialen Ausweitung und Erlangung von materiellem Besitz und Vorräten wie bei keinem anderen Untertyp des Enneagramms. In ihrem Besitzstreben verpassen sie dabei leider das Leben.

Typ 9 – Der Sammler (der Appetit): Dieser Untertyp der Neun zeichnet sich aus durch das Kreieren praktischer Strukturen und die täglichen Rhythmen, die das gewöhnliche Leben unterstützen.

Die sozialen * Untertypen (Subtypen)

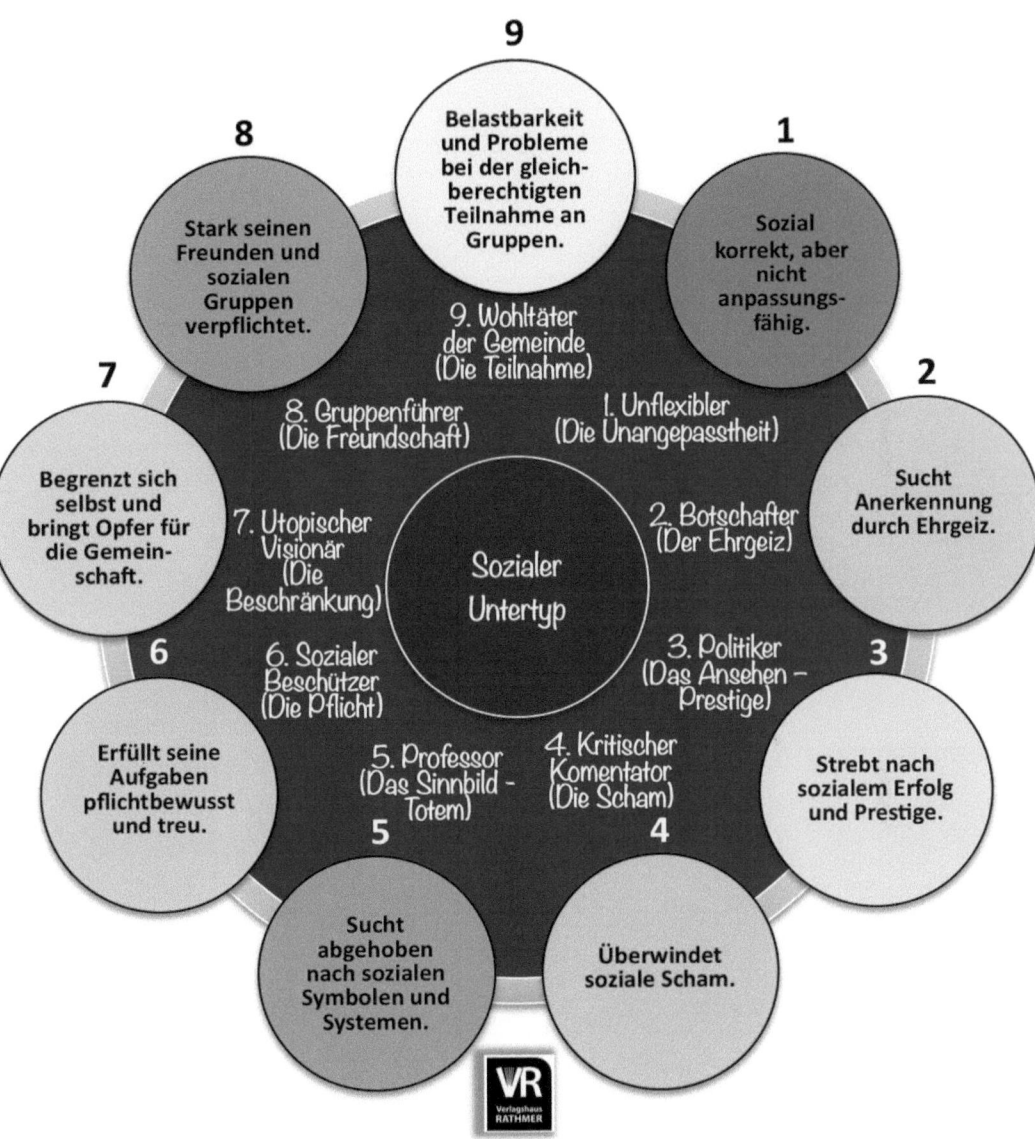

9
Belastbarkeit und Probleme bei der gleichberechtigten Teilnahme an Gruppen.

8
Stark seinen Freunden und sozialen Gruppen verpflichtet.

1
Sozial korrekt, aber nicht anpassungsfähig.

7
Begrenzt sich selbst und bringt Opfer für die Gemeinschaft.

2
Sucht Anerkennung durch Ehrgeiz.

6
Erfüllt seine Aufgaben pflichtbewusst und treu.

3
Strebt nach sozialem Erfolg und Prestige.

5
Sucht abgehoben nach sozialen Symbolen und Systemen.

4
Überwindet soziale Scham.

9. Wohltäter der Gemeinde (Die Teilnahme)
8. Gruppenführer (Die Freundschaft)
1. Unflexibler (Die Unangepasstheit)
7. Utopischer Visionär (Die Beschränkung)
2. Botschafter (Der Ehrgeiz)
Sozialer Untertyp
6. Sozialer Beschützer (Die Pflicht)
3. Politiker (Das Ansehen – Prestige)
5. Professor (Das Sinnbild - Totem)
4. Kritischer Komentator (Die Scham)

VR Verlagshaus RATHMER

* Wenn der soziale Instinkt vorherrscht, ist der Mensch darauf ausgerichtet, ein Zugehörigkeitsgefühl, einen Platz und einen Status in der Gemeinschaft zu erlangen.

Die sozialen Untertypen 1 – 5 im Detail

Typ 1 – Der Unflexible (die Unangepasstheit): Dieser Untertyp der Eins geht es dann gut, wenn er eine sichere soziale Rolle innehat und ein klares Regelwerk. Für gewöhnlich ist er ziemlich freundlich und gesellig. Aber ihre Betonung, die Dinge immer richtig machen zu wollen kann es schwierig machen, neuen Situationen angemessen zu begegnen. Sie reagieren dann häufig ärgerlich und entwickeln einen starken Hang, andere zu kritisieren, die sich aus ihrer Sicht „inkorrekt" verhalten und können sich der Situation nicht anpassen.

Typ 2 – Der Botschafter (der Ehrgeiz): Dieser Untertyp der Zwei speist sein Selbstwertgefühl durch soziale Anerkennung und erkennbare Leistungen. Die Fähigkeit der Zwei, die Bedürfnisse anderer zu erkennen und sich darauf einzustimmen, erweist sich hier als nützlich, eine wichtige, ja unabkömmliche Funktion im menschlichen Miteinander einzunehmen im Rahmen der Berufswelt. Auf diese Weise mit den richtigen Leuten hilfreiche Bündnisse zu schließen ist für diesen Untertyp wichtiger als nur im Mittelpunkt zu stehen.

Typ 3 – Der Politiker (das Ansehen – Prestige): Dieser Untertyp der Drei hat ein immenses Bedürfnis nach Erfolg und gewinnt es in Form von sozialer Anerkennung, die „richtigen" Leute zu kennen und dem Erreichen von Macht in sozialen Institutionen, ob nun in der Regierung, in der Wirtschaft oder in sonstigen Gemeinschaften. Entweder sind sie wirkliche Anführer oder es geht ihnen einfach nur um die Zunahme des eigenen Erfolgs durch werbendes Verkäuferverhalten (Propaganda) oder andere Formen von Image-Pflege.

Typ 4 – Der kritische Kommentator (die Scham): Dieser Untertyp der Vier empfindet ein tiefes Gefühl von Mangel und Unzulänglichkeit, welches sich immer wieder zeigt in zwischenmenschlichen Situationen, wobei das schnell das Gefühl von Neid gegenüber dem Status anderer Menschen oder deren Zugehörigkeit zu bestimmten Gruppen entsteht. Er strebt selbst nach einer akzeptierten sozialen Funktion in der Gesellschaft, am besten als emotionales Bindeglied einer sozialen Vereinigung. Es besteht hier das Bedürfnis, die Spannung zwischen der Suche nach individueller Authentizität und den Erwartungen der Gesellschaft aufzulösen.

Typ 5 – Der Professor (das Sinnbild – Totem): Dieser Untertyp der Fünf hat einen ausgeprägten Hunger nach Wissen und Erkenntnis, ferner nach möchte er häufig die Geheimnisse dieser Welt, die gesellschaftlichen Sinnbilder sowie die Sprache der Gesellschaft oder einzelner Gruppen erforschen. Und gleichzeitig besteht bei diesem Untertyp eine Überbetonung von Analyse und Interpretation, die ihn häufig in der Rolle des reinen Beobachters und intellektuellen Lehrers verharren lässt, der ein wenig abgehoben und weltfern wirkt.

VR
Verlagshaus
RATHMER

Die sozialen Untertypen 6 – 9 im Detail

Typ 6 – Der soziale Beschützer (die Pflicht): Bei diesem Untertyp der Sechs besteht ein übergeordnetes starkes Bedürfnis nach Klarheit in Bezug auf ihre Funktion innerhalb einer Gruppe oder der Gesellschaft. Um ihre Angst zu überwinden und Ablehnung oder Zurückweisung zu vermeiden ist es überlebensnotwendig für sie, die Vorschriften und Regeln zu kennen und klare Vereinbarungen zu treffen mit Freunden und Kollegen. Und doch gibt es gerade bei diesem Untertyp der Sechs eine starke Ambivalenz in Bezug auf ihr Gefühl der Zugehörigkeit zu einer sozialen Gruppe oder der gesamten Gesellschaft. So erfüllen sie so gut sie können ihre Verpflichtungen im Alltag und die Anforderungen, die ihr Leben an sie stellt, die oft beides für sie bedeuten: Eine Berufung und eine Last. Nach außen zeigen sie wenn möglich keine Schwäche und lassen sich auch ungern wirklich helfen, weil sie durch die Hilfe anderer in eine unsichere Situation gelangen können.

Typ 7 – Der utopische Visionär (die Beschränkung/Einschränkung): Dieser Untertyp der Sieben lebt in einem gewissen Dilemma: Einerseits braucht sie dringend ihre Freunde und ihre Zugehörigkeit zu einer sozialen Gruppe und muss sich dafür in gewisser Hinsicht einschränken in ihrer Liebe zum Genuss durch sozialen Idealismus. Das verlangt mitunter einige Opfer im Rahmen der Verlockungen des Lebens, was die soziale Sieben oft darin einschränkt, sich im Rahmen ihrer persönlichen Gefühle und Bedürfnisse auszudehnen. Sie muss sich also notgedrungen in ihrem Hang zur Genusssucht zugunsten der Gruppe einschränken, hat dabei aber immer gute Ideen und Pläne bezüglich der eigenen persönlichen Entwicklung in der Zukunft.

Typ 8 – Der Gruppenführer (die Freundschaft): Bei diesem Untertyp der Acht geht es primär um die Überwindung der Ohnmacht, der Machtlosigkeit und der Ungerechtigkeit, indem man sich mit einer Gruppe verbindet, für gewöhnlich in einer Führungsposition. Zorn, Aggression und Gefühle der persönlichen Ohnmacht werden dabei kanalisiert, indem man sich für die Befriedigung der Bedürfnisse der Gruppe einsetzt und dafür die allgemeine Tagesordnung bemüht.

Typ 9 – Der Wohltäter der Gemeinde (die Teilnahme): Dieser Untertyp der Neun zeichnet sich aus durch seine Zugehörigkeit zu verschiedenen sozialen Gruppen. Im besten Fall sind sie Anführer der Gruppe und leisten einen selbstlosen Beitrag zum Wohle der Gemeinschaft, aber die Gefahr besteht darin, dass sie „einschlafen" in einer bequemen sozialen Position oder durch wahllose Aktivitäten.

Die sexuellen (-aggressiven) * Untertypen (Subtypen)

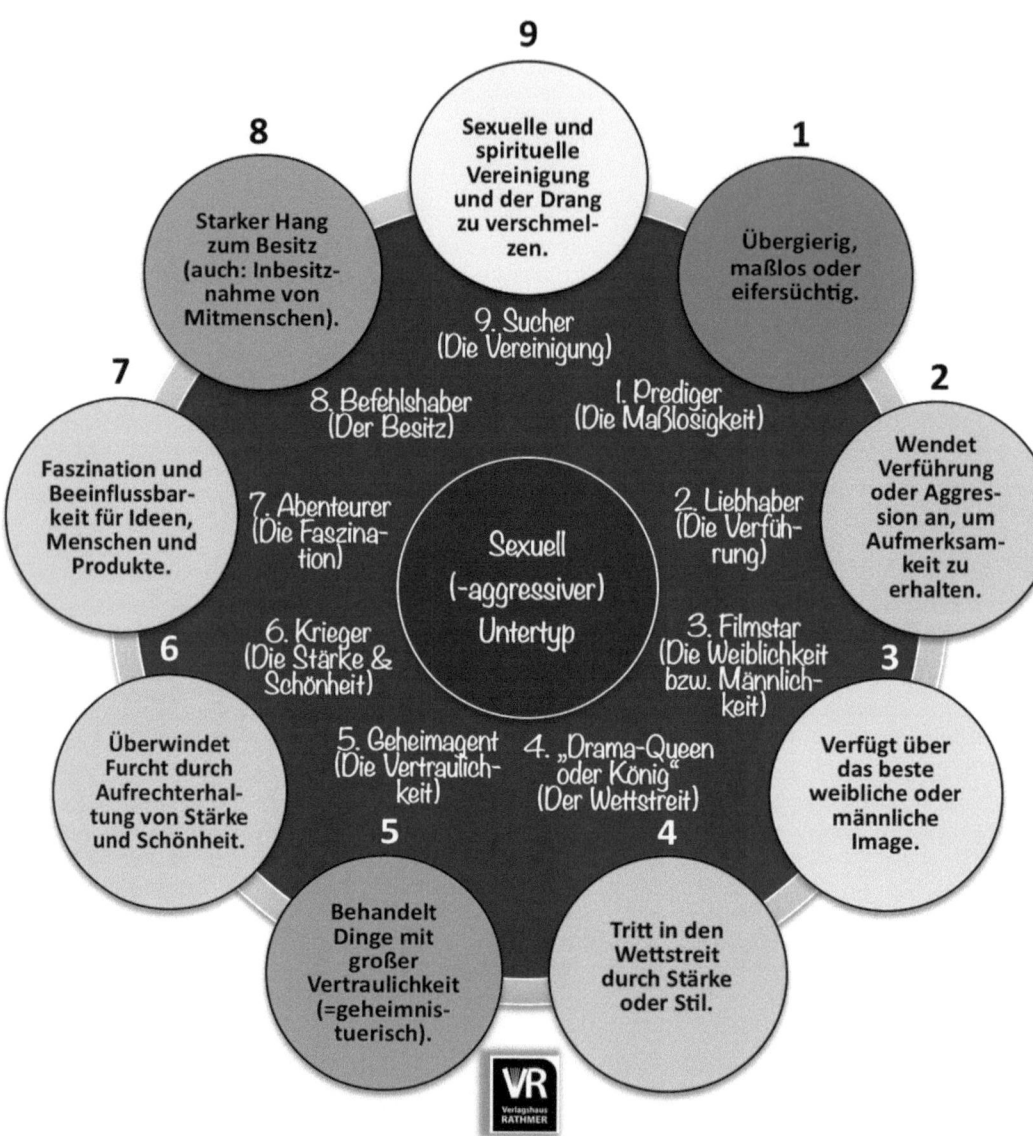

9 — Sexuelle und spirituelle Vereinigung und der Drang zu verschmelzen.

8 — Starker Hang zum Besitz (auch: Inbesitznahme von Mitmenschen).

1 — Übergierig, maßlos oder eifersüchtig.

7 — Faszination und Beeinflussbarkeit für Ideen, Menschen und Produkte.

2 — Wendet Verführung oder Aggression an, um Aufmerksamkeit zu erhalten.

6 — Überwindet Furcht durch Aufrechterhaltung von Stärke und Schönheit.

3 — Verfügt über das beste weibliche oder männliche Image.

5 — Behandelt Dinge mit großer Vertraulichkeit (=geheimnistuerisch).

4 — Tritt in den Wettstreit durch Stärke oder Stil.

9. Sucher (Die Vereinigung)
8. Befehlshaber (Der Besitz)
1. Prediger (Die Maßlosigkeit)
7. Abenteurer (Die Faszination)
2. Liebhaber (Die Verführung)
6. Krieger (Die Stärke & Schönheit)
3. Filmstar (Die Weiblichkeit bzw. Männlichkeit)
5. Geheimagent (Die Vertraulichkeit)
4. „Drama-Queen oder König" (Der Wettstreit)

Sexuell (-aggressiver) Untertyp

* Wenn der sexuell-aggressive Instinkt eines Menschen am meisten betont ist, scheint eine intime Beziehung oder sehr enge, intensive Beziehungen zum engeren Kreis der Mitmenschen die größte Befriedigung im Leben zu versprechen.

Die sexuellen (-aggressiven) Untertypen 1 – 5 im Detail

Typ 1 – Der Prediger (die Maßlosigkeit): Dieser Untertyp der Eins verfügt über ein ausgeprägtes Instinkt-Zentrum, welches allerdings unter dem Regiment strenger Selbstkontrolle mit klaren Regeln und Vorschriften für korrektes Verhalten steht. Von Zeit zu Zeit führt das zu Ausbrüchen von Maßlosigkeit in allen möglichen Lebensbereichen. Überlebensnotwendig für diesen Untertyp der Eins ist der Aufmerksamkeitsschwerpunkt auf den Partner mit Vorwürfen, um Selbstbeschuldigungen zu vermeiden. Eifersucht gegenüber dem Partner ist ein übliches Verhaltensmuster und erstreckt sich ebenfalls auf Menschen, die scheinbar mehr Raum für ihren Selbstausdruck besitzen.

Typ 2 – Der Liebhaber (die Verführung): Dieser Untertyp der Zwei besitzt ein großes Maß an zwischenmenschlichem Einfühlungsvermögen und Empathie, um intensive enge Beziehungen einzugehen, indem er ihnen besondere Anerkennung und Aufmerksamkeit zollt, auch wenn diese nur von kurzer Dauer sein sollten. Sie benutzen dabei häufig eine ausgeprägte Körpersprache und auf der Gefühlsebene empfindet man häufig eine verführerische Note, die aber nicht notwendigerweise auch sexuellen Charakter haben muss.

Typ 3 – Der Filmstar (Weiblichkeit bzw. Männlichkeit): Dieser Untertyp der Drei hat die besondere Fähigkeit, ein erfolgreiches Image nach außen aufzubauen und zu verkörpern, was in einer starken geschlechtlichen Identität bzw. Individualität seinen Ursprung hat. Persönliche Stärke oder Charisma beruhen darauf, besonders attraktiv zu sein als Frau oder Mann. Aber darunter in der Tiefe gibt es häufig eine gewisse Verwirrung und Unsicherheit über die wirkliche, reale und authentische Sexualität. Es besteht eine starke Neigung dieses Untertyps, in der nach außen dargestellten Rolle des „begehrenswerten Stars" mit seiner perfekten geschlechtsspezifischen Ausstrahlung zu verharren, sowohl in der Öffentlichkeit als auch in persönlichen Beziehungen, dahinter steckt oft eine innere Leere.

Typ 4 – „Drama-Queen oder König" (der Wettstreit): Dieser Untertyp der Vier befindet sich in einem gewissen Wettstreit oder Wettkampf mit anderen Menschen, um sein inneres Mangelgefühl zu überwinden und seine persönlichen Aufgaben und Probleme zu bewältigen. Die Kraft und Stärke anderer wird als persönliche Herausforderung gewertet und führt zu heftigen emotionalen Reaktionen seitens dieses Untertyps, denn der eigene Selbstwert scheint sich entweder zu erhöhen oder zu erniedrigen im Vergleich zu anderen Menschen. Seine Reaktionen sind häufig emotional übertrieben bis hin zur Hysterie.

Typ 5 – Der Geheimagent (die Vertraulichkeit): Dieser Untertyp der Fünf verfügt von allen drei Untertypen der Fünf über die ausgeprägteste emotionale Empfindungsfähigkeit, welche allerdings tief verborgen und nach außen kaum erkennbar ihr Dasein fristet. Nur ausgewählte Menschen kommen in den Genuss, dass sich dieser Typ ihnen emotional öffnet und ihnen Vertrauen schenkt, dabei hat er aber immer etwas Geheimnisvolles (Spionähnliches) an sich und nur wenige Menschen bekommen einen Einblick in sein wahres Gefühlsleben. Persönliche Beziehungen werden sorgfältig ausgesucht, immer mit einem Hang zur Distanziertheit und Geheimniskrämerei, welcher die innere Spannung dieses Untertyps der Fünf zwischen dem Wunsch nach Nähe und Kontakt einerseits und dem Erhalt von Autonomie andererseits widerspiegelt.

VR
Verlagshaus
RATHMER

Die sexuellen (-aggressiven) Untertypen 6 – 9 im Detail

Typ 6 – Der Krieger (die Stärke & Schönheit): Dieser Untertyp der Sechs versucht seine im Innern verborgene Angst zu überwinden bzw. zu vermeiden, indem er seine Willenskraft dazu einsetzt, physische Stärke und Tapferkeit aufzubauen, manchmal auch durch den Aufbau einer intellektuellen Stärke in Form von leidenschaftlichen ideologischen Meinungen. Eine weitere Möglichkeit, die Angst und die inneren Selbstzweifel zu überwinden besteht bei diesem Untertyp darin, den Idealismus und die verwegene Art dieses Typs in der Erschaffung von Schönheit in seiner Umgebung zu manifestieren. All das hilft dabei, Stabilität und Kontrolle über seine Lebensumstände zu erlangen.

Typ 7 – Der Abenteurer (die Faszination, die Beeinflussbarkeit): Dieser Untertyp der Sieben zeichnet sich durch Beeinflussbarkeit in beide Richtungen aus: Einerseits kann er sehr schnell von anderen beeinflusst werden durch die Anziehungskraft, den Reiz neuer Ideen, Abenteuer oder Menschen, wobei er in einen Zustand von Faszination oder „Mitgenommenheit" verfällt. Das Feuer entzündet sich bei diesem Untertyp also sehr schnell, er ist oft äußerst schnell begeistert von neuen Dingen und Situationen ohne große gedankliche Reflexion. Auf der anderen Seite besitzen sie auch eine große Stärke, andere Menschen zu beeinflussen und nutzen dabei ihren ausgeprägten Charme, eine oft liebreizende Art der Kommunikation, um Menschen in ihren Bann zu schlagen, ihnen neue interessante Möglichkeiten für ihr Leben aufzuzeigen, aber auch im alltäglichen Bereich des Kaufens oder Verkaufens (sie sind gute Verkäufer und Händler!) und auch innerhalb von Beziehungen und Freundschaften.

Typ 8 – Der Befehlshaber (der Besitz): Dieser Untertyp der Acht nutzt seine „eindringliche" Stärke und sein Durchsetzungsvermögen, um seine Mitmenschen zu kontrollieren und letztlich auch zu besitzen. Manchmal sind sie wie besessen von diesem inneren Antrieb, dass sie unfähig werden, sich anderen angemessen anzupassen oder einmal loszulassen von diesem einseitigen Kontroll- und Besitzzwang. Auf der anderen Seite kann dieses besitzergreifende Verhalten im Laufe der Zeit auch dazu führen, dass sie in den Gegenpol gelangen und dabei in Ausnahmefällen jegliche Kontrolle über ihre Beziehungspartner aufgeben, sich dem Leben hingeben und sich mitunter sogar von ihrem Partner kontrollieren lassen.

Typ 9 – Der Sucher (die Vereinigung): Dieser Untertyp der Neun hat eine starke Sehnsucht, sich mit dem Partner, der Natur oder auch mit Gott zu vereinigen. Dieses Verhalten kann mitunter wahllos, willkürlich oder auch kopflos sein, aber auch die Tür zu transzendenten, spirituellen Zuständen öffnen. Im alltäglichen Leben zeigen sich häufig Probleme darin, dass dieser Untertyp der Neun die persönlichen Grenzen anderer nicht mehr erkennt und damit auch nicht mehr wahrt, auch die eigenen persönlichen Grenzen verschwimmen häufig sehr leicht; er verliert sich schnell in Belanglosigkeiten, die aber für ihn dann äußerst wichtig erscheinen. Auch verliert er sich häufig in der Partnerschaft, in der er hoffnungslos nach Verschmelzung sucht ohne zu wissen, dass diese „göttliche" Form des Einsseins in der polaren Welt nicht möglich ist und sucht dann vergeblich nach einer realen Identität in persönlichen Beziehungen. Dabei kann er die Einheit nur in sich selbst finden.

94

Die 27 Subtypen-Profile

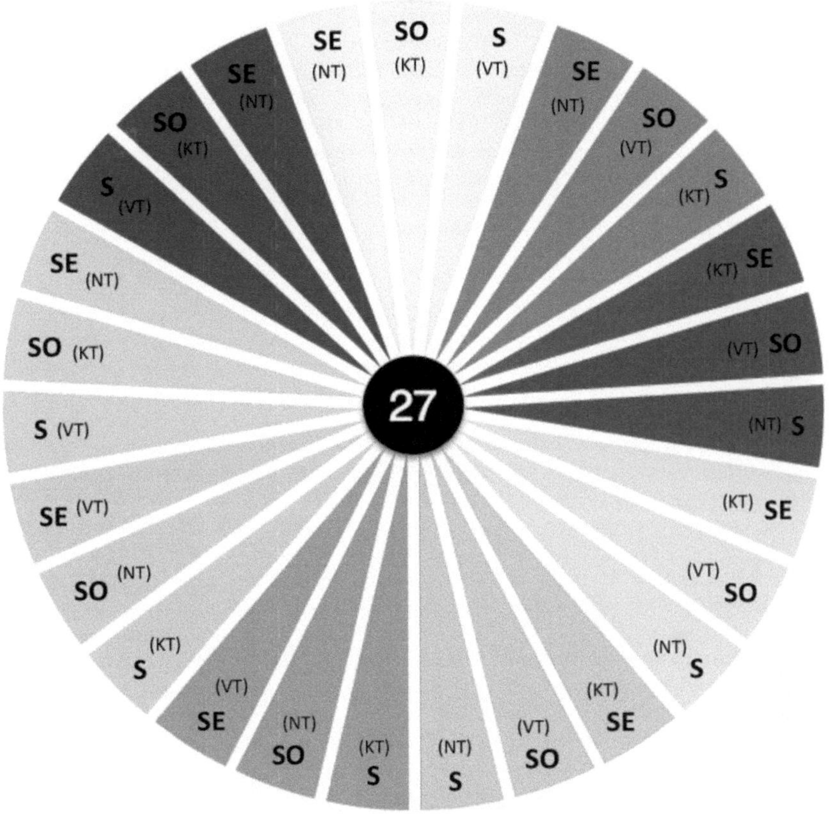

Selbsterhaltende Subtypen (SE):
- Typ 9 Der Bequeme (NT)
- Typ 1 Der Perfektionist (NT)
- Typ 2 Die Matriarchin (KT)
- Typ 3 Der Pragmatiker (KT)
- Typ 4 Der Kunsthandwerker (KT)
- Typ 5 Der Sammler (VT)
- Typ 6 Der Familienmensch (VT)
- Typ 7 Der Genussmensch (NT)
- Typ 8 Der Gewichtheber (NT)

Normaltyp = (NT)

Soziale Subtypen (SO):
- Typ 9 Der Mitarbeiter (KT)
- Typ 1 Der Gesetzgeber (VT)
- Typ 2 Der Diplomat (VT)
- Typ 3 Der Politiker (VT)
- Typ 4 Der Kritiker (VT)
- Typ 5 Der Professor (NT)
- Typ 6 Der Beschützer (NT)
- Typ 7 Der Visionär (KT)
- Typ 8 Der Führer (KT)

Verstärkungstyp = (VT)

Sexuelle Subtypen (S):
- Typ 9 Der Mystiker (VT)
- Typ 1 Der Eroberer (KT)
- Typ 2 Der Romantiker (NT)
- Typ 3 Der Superstar (NT)
- Typ 4 Der Dramatiker (NT)
- Typ 5 Der Zauberer (KT)
- Typ 6 Der Mutige (KT)
- Typ 7 Der Gauner (VT)
- Typ 8 Der Ritter (VT)

Kontratyp = (KT)

95

Ennea-typ	Selbsterhaltend	Sozial	Sexuell (aggressiv)
1	**Der Perfektionist:** Selbstdisziplinierter & unabhängiger Arbeiter, akurat, genau, gewissenhaft, vorsichtig, kann nur schwer Emotionen zeigen, entspannen oder Spaß haben.	**Der Gesetzgeber:** Der große Richter über Recht & Unrecht, stellt Regeln auf, streng aber fair, eisern, ernst und streng, unnachgiebig, unbeugsam auch unter sozialem Druck, Tendenz zur Besserwisserei.	**Der Eroberer (KT):** Feurig, leidenschaftlich, schnell erregbar, Prediger mit großer Überzeugungskraft, argumentativ, eifersüchtig, manchmal manipulativ, aber auch rechtschaffen und entschlossen, zielgerichtet, tapfer, kühn.
	Wärmste Ausstrahlung von allen Einser-Untertypen (= „warme" Eins).	Kälteste Ausstrahlung von allen Einser-Untertypen (= „kalte" Eins).	Heißeste, emotionalste Ausstrahlung von allen Einser-Untertypen (= „heiße" Eins).
	Zorn/Aggression wird hauptsächlich auf perfektionistische Weise gelebt.	Zorn/Aggression wird hauptsächlich auf rechthaberische Weise gelebt.	Zorn/Aggression wird auf bestimmende, impulsive, „raumfordernde" Weise gelebt.
	Kennzeichnend: Tendenz zu Sorgen und negativen Erwartungen, speziell in Fragen des materiellen Wohlergehens (erscheinen dann mitunter wie Typ 6), grübeln ständig darüber nach, wie sie Fehler vermeiden können, die das Überleben gefährden, engstirnig, pingelig, stets auf Qualität bedacht, können auf andere kleingeistig und töricht wirken.	Kennzeichnend: Beschäftigt sich hauptsächlich mit Normen, Regeln und Maßstäben und wie diese sein sollten bzw. wie man sie auf das Verhalten anderer Menschen anwendet, Tendenz zum Moralisieren, beharren oft unflexibel auf traditionellen Regeln, repräsentieren oft soziale oder gesellschaftliche Maßstäbe und verteidigen sich damit psychologisch, innerlich starr, unnahbar, versachlichen eigene Gefühle und trennen diese vom Körper, spüren sich nicht mehr, häufig über jede Kritik erhaben, regen sich über Menschen auf, die nicht in der Lage sind, sich anzupassen, wirken mitunter sehr abstrakt bis unmenschlich.	Kennzeichnend: Idealisiert den Partner, hat aber zugleich sehr hohe Erwartungen an diesen, Sehnsucht nach dem perfekten Partner, wenn dieser dem Ideal nicht perfekt entspricht, reagieren sie mit eifersüchtiger Kritik, einseitigem Urteil und können im schlimmsten Fall ihre Mitmenschen durch dauernde Kritik vertreiben, mitunter abhängige Tendenz zum Partner, manchmal wirken sie melancholisch (ungesunde Tendenz zur 4), wenn sie befürchten, verlassen zu werden, dann steigert das noch paradoxerweise ihre Kritiksucht.

Die Subtypen (Untertypen) - Profile von Typ 2

Ennea-typ	Selbsterhaltend	Sozial	Sexuell (aggressiv)
2	**Die Matriarchin (Matriarchat = Herrschaft des Weiblichen) (KT):** Liebevoll nährende Menschen, die sich besonders um Kinder, Kranke oder Hilflose kümmern, empfinden es mitunter als schwer, um direkte Hilfe zu bitten, aber insgeheim hoffen sie auf eine besondere Behandlung durch ihre Mitmenschen, könnten das aber niemals direkt zugeben.	**Der Diplomat:** Soziale Raffinesse & organisatorische Fähigkeiten/ Cleverness erlauben ihnen sich als soziale „Gutmenschen" oder als gut organisierte Botschafter des Wohlwollens darzustellen.	**Der Romantiker:** Attraktiv und verführerisch auf der Jagd nach neuen Eroberungen mit leidenschaftlichem Begehren, mitunter überangepasst an die Bedürfnisse des Partners und zugleich fordernd und stolz.
	Kennzeichnend: Ausgesprochenes Anspruchsdenken, vermitteln das Gefühl, überlegen zu sein, verlangen (oft unbewusst) eine bevorzugte Behandlung, die ihren Stolz noch stärkt, hohe Erwartungen gegenüber anderen, bevorzugt und verwöhnt zu werden, können auf ihre Umwelt mitunter schamlos wirken, wollen unbewusst all das wieder bekommen, was sie anderen gegeben haben, nehmen sich wichtig und stellen subtile Forderungen, wenn sie einem einmal geholfen haben, wegen der negativen Verbindung zur 8 sind sie zuweilen offen aggressiv, zornig und manchmal gar gewalttätig.	Kennzeichnend: Ehrgeiz, besonders in der Öffentlichkeit Aufmerksamkeit zu erhalten als jemand Besonderes, besondere Aufmerksamkeit wird entweder aus eigener Kraft gesucht (durch sozial nützliche Tätigkeiten oder andere Arten der Selbstdarstellung wie ein auffälliges äußeres Erscheinungsbild ein Publikum an sich ziehen) oder durch die Zugehörigkeit zu wichtigen oder mächtigen Leuten (z.B. durch das Heiraten eines einflussreichen Ehegatten, um dadurch ihre ehrgeizigen Energien auf den Ehrgeiz ihres Ehegatten zu übertragen), kompensieren dadurch ihr Bedürfnis, geliebt zu werden mit entgegengebrachter gesellschaftlicher oder sozialer Aufmerksamkeit, eine weitere Möglichkeit ist, die Kinder durch subtile manipulative Art und Weise zu Erfolgsmenschen und ehrgeizigen Leistungsträgern der Gesellschaft zu erziehen.	Kennzeichnend: Neigt dazu, im Wechsel entweder verführerisch oder aggressiv zu handeln, grundsätzlich immer auf der Suche nach einer romantischen, leidenschaftlichen Vereinigung, verwechselt dabei sexuelle Attraktivität mit dem wahren Gefühl von Geliebt - und Geschätztsein, sexuell empfänglich im Interesse des anderen, Gestik und Mimik sind einladend und verführerisch, oft Kombination von Charme und Sexualität, wenn sie in ihrem Handeln und ihren Bedürfnissen auf Widerstand stoßen, beginnen sie mit manipulativen Handlungen und Forderungen, stets versuchen sie trotz der Einwände des Gegenübers einen Weg zu diesem zu finden.

Die Subtypen (Untertypen) - Profile von Typ 3

Ennea-typ	Selbsterhaltend	Sozial	Sexuell (aggressiv)
3	**Der Pragmatiker (KT):** Ehrgeiziger Streber (Bester seiner Klasse), der in erster Linie nach materieller Sicherheit & Erfolg strebt, womöglich fällt es ihm schwer, sich von seiner Arbeit abzuwenden, oft geschäftlich/beruflich erfolgreich und am Nützlichen orientiert, sehr zielgerichtet.	**Der Politiker:** Begabte Schöpfer eines Images, die die Öffentlichkeit lieben und gern im Rampenlicht stehen, tun sich gern hervor als primus inter pares (= „Erster unter Gleichen", also als ein Mensch, der als Mitglied einer Gruppe grundsätzlich die selben Rechte besitzt wie jeder andere dieser Gruppe, aber trotzdem eine erhöhte Ehrenstellung genießt, fokussiert sich nicht nur auf das Äußere, sondern auch auf inhaltliche substanzielle Werte.	**Der Superstar:** Blenden ihr Publikum mit ihren Star-Qualitäten, aber bekommen mitunter Schwierigkeiten, wenn sie von der Bühne abgehen müssen, halten gegenüber sich und anderen künstlich ein (möglichst attraktives) Bild von sich aufrecht, um Nähe/Intimität zu erfahren, was naturgemäß auf Dauer nicht funktioniert.
	Kennzeichnend: Beschäftigt sich vornehmlich mit dem Erwerb materieller Sicherheit als eine Möglichkeit, die Grundangst des Überlebens zu beruhigen, einige kommen aus armen Verhältnissen und konzentrieren sich das ganze Leben auf die Anhäufung von Reichtum, machen alles richtig, damit sie genug verdienen, vor allem für die für sie wichtigen Dinge, trotz des Anhäufens von Reichtümern haben sie weiterhin zahlreiche Verlustängste sowie Angst vor dem Tod, die innere Unsicherheit wird sogar durch viele materielle Güter noch verstärkt, denn sie erkennen dann irgendwann, dass genügend Geld zu haben immer noch nicht genug ist, die Grundangst des Überlebens auf Dauer zu beruhigen.	Kennzeichnend: Oft extrem statusbewusst, verwechseln ihr inneres Selbst mit den weltlichen Verdiensten, Auszeichnungen, Anerkennungen und Statussymbolen, eigener Wert wird gemessen an ihrem Einkommen, ihrer Position, ihren Verdiensten und Ergebnissen, bemühen sich um Gruppenstandards, sorgen dafür, dass sie immer die richtigen Qualifikationen erwerben, um ein erfolgreiches Image gegenüber ihren Mitmenschen aufzubauen, am wichtigsten ist der gesellschaftliche oder soziale Rang, den sie in den Augen der anderen einnehmen, identifizieren sich oft mit Markenartikeln und einem möglichst hohen gesellschaftlichen Status.	Kennzeichnend: Bauen eine Maske auf, indem sie ein Image darzustellen versuchen, was eine attraktive Frau oder ein attraktiver Mann ist, in Partnerschaften spielen sie diese Rolle in der Hoffnung, Liebe und Bewunderung zu erhalten, hierbei wird ein künstliches Bild kreiert, welches auf dem gemeinhin gesellschaftlichen Standards der Begehrtheit und Attraktivität beruht oder aber auch auf den jeweiligen Erwartungen des Partners basiert, fühlen sich nicht nur einem einzigen Partner verpflichtet, sexuelle Eroberungen werden zum Lebensinhalt dieses Untertyps.

Die Subtypen (Untertypen) - Profile von Typ 4

Ennea-typ	Selbsterhaltend	Sozial	Sexuell (aggressiv)
4	**Der Kunsthandwerker (KT):** Unabhängige Schöpfer, die oft allein arbeiten, um ihre kreative Vision zu manifestieren, sehen die Notwendigkeit zu Überleben eher bildhaft abstrakt als wortwörtlich.	**Der Kritiker:** Diskriminierende Beurteiler von Kunst & Ideen, die sehr empfindlich gegenüber sozialen Maßstäben sind (Scham) und deshalb häufig in Konflikt geraten in Bezug auf die Äußerung ihrer Meinungen nach außen.	**Der Dramatiker:** Intensiv fühlende Menschen mit Hang zur Selbst-Dramatik und -Inszenierung, in höchstem Maße individualistisch mit ausgeprägtem Hang zum Wettstreit mit anderen, aber mit beträchtlichem künstlerischem Talent.
	Kennzeichnend: Lieben das Risiko und erinnern darin an die kontraphobische Sechs, manchmal spontanes, rücksichtsloses oder ungehemmtes Verhalten verursacht zwischenmenschliche Katastrophen mit der folge von emotionalem Verlust der Mitmenschen, für Aufmerksamkeit ist ihnen jedes Mittel Recht, dabei können sie sogar das Bedürfnis entwickeln, andere bestrafen zu müssen oder sich selbst emotional oder auch körperlich zu verletzen, nach dem Motto: „Wenn ich dann sterbe, wird es ihnen schon leidtun und sie werden mich dann endlich schätzen, aber dann ist es zu spät!"	Kennzeichnend: Tendiert zu Schamgefühlen, resultierend aus dem Vergleich mit der „normalen" Welt um sie herum, die Abweichung von ihrer Bezugsgruppe ist ihnen aufgrund ihrer selbstkritischen Art schmerzlich bewusst und sie schämen sich für diese Abweichung, reagieren sehr empfindlich auf Kritik jeglicher Art, inneres Mangelgefühl wird zwar romantisierend verklärt, aber fühlen sich doch schlecht in Bezug auf sich selbst und ihre innere Bedürftigkeit und Leere, können entweder die innerlich empfundene Scham mit nach außen gekehrtem Charme verdecken (3-er-Flügel) oder kehren sich mit ihren Schamgefühlen von der Welt ab (5-er-Flügel) und werden unsozial, verfallen schlimmstenfalls in tiefste Depression, wobei sie es dann im Zweifel die Einsamkeit vorziehen.	Kennzeichnend: Steht in hohem Maße im Konkurrenzkampf innerhalb enger Beziehungen, aber auch generell, neigen schnell zu Eifersucht und möchten die einzigen wichtigen Personen im Leben ihres Partners sein, oft eifersüchtig hinsichtlich vergangener Beziehungen ihres Partners, möchten, dass sie der einzige Mensch sind, den ihr Partner jemals wirklich geliebt hat, vor allem, wenn sie eine starke, ungesunde und abhängige Verbindung zum Enneagrammpunkt 2 innehaben. Neid und Eifersucht sind überhaupt die bestimmenden Größen in ihrem Leben, in Beziehungen fordern sie bedingungslose Anerkennung ihrer Einzigartigkeit.

Die Subtypen (Untertypen) - Profile von Typ 5

Ennea-typ	Selbsterhaltend	Sozial	Sexuell (aggressiv)
5	**Der Sammler (Archivist):** Schüchtern und von seiner Umwelt emotional getrennter Sammler von Ideen und allen möglichen Dingen (Zeugs, Kram), errichtet Grenzen, um Raum für sich selbst zu bewahren, eigenbrötlerisch, weltfremd, Neigung zum Rückzug, oft nur emotional zugänglich gegenüber kleinen Kindern.	**Der Professor:** Erforscher von Neuem und Merkwürdigem, Lehrer mit ungewöhnlichen/außergewöhnlichen Einsichten, genießt soziale Anerkennung, aber kann diese auch dazu benutzen, wahre Nähe/Intimität abzuwehren oder zu vermeiden.	**Der Zauberer (KT):** Mysteriöse & geheimnisvolle Individuen mit wenigen besonderen Kontakten und einzigartigen Fähigkeiten der Wahrnehmung, leben eher „klösterlich" für sich oder allein in „ihrer eigenen Tiefe".
	Kennzeichnend: In besonderem Maße Tendenz, sich zurückzuziehen, verlieren ihr Gefühl für ihre Privatsphäre sehr leicht, fühlen sich durch die Erwartungen ihrer Mitmenschen oft schnell überfordert oder gar überwältigt. Durch die selbstgewählte Isolation finden sie dann kurzfristig zurück in das verlorene innere Gleichgewichtsgefühl, bauen dadurch wieder eine gewisse Ausgewogenheit auf, bis sie dann in der nächsten Runde in der äußere Welt den sozialen Spannungen erneut unterliegen, der am meisten von seiner Umwelt entfremdete Untertyp der 5, versteckt sich oft hinter Büchern, lebt oft allein, sucht oft einen Raum für sich, um sich darin abschließen zu können, erwartet und fordert wenig von anderen, sammeln lieber Zeit und Raum für sich selbst, suchen sich Hobbys, die sie in zurückgezogener Einsamkeit ausüben können, finden dort in der Abkehr von der Welt Trost und Linderung ihrer seelischen Schmerzen.	**Kennzeichnend:** Verbindet sich oft mit Gruppen von Gleichgesinnten und teilt dort gemeinsame Interessen, tauscht Wissen mit anderen aus und fühlt sich dadurch zugehörig zu anderen Menschen, bevorzugt Spezialwissen, was ihn mit seiner Gruppe vom Rest der Menschheit unterscheidet und abgrenzt, baut damit elitäres Gefühl auf, manchmal lebt er in „besserer Gesellschaft" oder er kennt die „richtigen" Leute, gehört dann den „besten" Organisationen an, häufig an Universitäten oder auch in akademischen Berufen anzutreffen, bildungselitäre Fünfer kommunizieren dann in gehobener Fachsprache, die nur wenige Menschen verstehen können, obwohl an sich sehr freundlich, neigt er jedoch auch zumindest von Zeit zu Zeit besonders zu Arroganz und Snobismus, die Mitgliedschaft in einer elitären Gruppe, das Tragen von Titeln oder akademischen Graden, Zeugnissen oder sonstigen wissenschaftlichen oder gesellschaftlichen Anerkennungen können Hinweise auf diesen Untertyp sein.	**Kennzeichnend:** Neigt dazu, nur wenigen Menschen wirklich zu vertrauen, ist aber einmal ein Vertrauen geschaffen, dann vertrauen sie total und ihre dann aufgebauten, näheren Freundschaften basieren auf dem Austausch von Vertraulichkeiten jeglicher Art, Intimität bedeutet für sie dann, Geheimnisse mit den ihnen vertrauten Menschen auszutauschen, beim Aufbau neuer Beziehungen wirkt dieser Untertyp anfangs bewusst distanziert und mitunter rätselhaft, nach und nach wechselt dieses Verhalten über in unkontrollierte Offenheit dem anderen gegenüber, denn dieser Untertyp sucht letztlich nach emotionaler Verschmelzung mit anderen Menschen, auch wenn es aufgrund seiner fünfertypischen anfänglich distanzierten Art und Weise im Umgang mit anderen erst einmal nicht so wirken mag, die Umwelt reagiert oft erstaunt und zum Teil auch abweisend gegenüber der sexuellen Fünf, da sie mit einem derartigen intimen Verhalten so nicht gerechnet hat.

VR Verlagshaus RATHMER

108

100

Die Subtypen (Untertypen) - Profile von Typ 6

Ennea-typ	Selbsterhaltend	Sozial	Sexuell (aggressiv)
6	**Der Familienmensch:** Warme und unterstützende Beschützer der Familie, die ihr Heim zum Mittelpunkt ihres Lebens machen, sehen die Familie als ihren größten Gewinn an. Kennzeichnend: Zeigen immer eine gewisse persönliche Wärme gegenüber ihren Mitmenschen, um die Feindseligkeit anderer Menschen zu entschärfen, erfahren sie jedoch zu starke Ablehnung und Aggression durch ihre Umwelt, kann diese Warmherzigkeit schnell verschwinden, gerade in einer vorübergehenden kontraphobischen Phase, bauen ein möglichst freundschaftliches Verhältnis zu anderen auf, von denen Gefahr droht und die sie als potenzielle Feinde betrachten, indem sie gezielt Humor, Charme und eine gewisse Form von Selbstabwertung dafür einsetzen, sie können andere umschmeicheln wie eine Zwei, sich selbst herabsetzen und alles tun, um die Zuneigung der anderen aufrechtzuerhalten, ihre häusliche Umgebung empfinden sie als Festung gegen die Außenwelt, in der sie sich zurückziehen können, um sich sicher zu fühlen und ihren Gefühlen und Befürchtungen nachzugehen, was ihnen alles noch passieren könnte in der Zukunft.	**Der Beschützer (Schutzengel):** Erhalten auf loyale Art und Weise traditionelle Werte und verstärken gemeinschaftliche Maßstäbe, müssen nach außen ihre Unabhängigkeit kultivieren, um den wahren Glauben an sich selbst und das Vertrauen in sich selbst zu vermeiden. Kennzeichnend: Neigen zu Pflichtbewusstsein und zu Abhängigkeiten gegenüber Autoritäten, hören zunächst immer erst die Meinung der anderen an, bevor sie selbst eine Meinung abgeben, gleichen oft ihre Auffassung derjenigen ihrer Mitmenschen an, um Sicherheit aufrechtzuerhalten, versuchen stets zu gefallen, Mitläufer, vermeintlich loyal, folgen bestimmten Traditionen oder Idealen, ohne sie zu hinterfragen aus Angst, in der Zukunft noch schlechter dazustehen, fühlen sich abhängig von anderen und befürchten den Verlust von Sicherheit und Unterstützung durch die Gesellschaft, wenn sie die Regeln nicht befolgen, merken irgendwann einmal diese Scheinharmonie und sind dann tief enttäuscht, fühlen sich nicht mehr gewertschätzt, werden passiv-aggressiv und zunehmend kontraphobischer, haben oft eine enge Verbindung zur Neun.	**Der Mutige (KT):** Couragierte Verteidiger der Schwachen & Geliebten, neigen einerseits dazu, diejenigen, die sie lieben, zu überidealisieren und andererseits sehr skeptisch gegenüber Fremden und neuen Ideen zu sein. Kennzeichnend: Zeigen sich nach außen selbstbewusst und verführerisch, wenn sie unsicher sind, vor allem die Männer zeigen sich dann sehr kontraphobisch, ähneln dann sehr stark der Acht, gehen Risiken ein und verfügen über eine robuste, widerstandsfähige Ausdrucksweise, gerade in höchster Angst handeln sie kraftvoll und kontrolliert in allen Lebenslagen, wollen auf keinen Fall schwach wirken oder in irgendeiner Weise ihre Angst nach außen zeigen, wirken zuweilen dabei sogar arrogant, ohne es wirklich zu sein, einige erlernen Kampfkünste oder suchen eine Lebensweise für sich, die sie stark macht, Schönheit ist ein weiterer Schwerpunkt in ihrem Leben, versuchen möglichst attraktiv zu erscheinen, um dahinter ihre Angst zu verstecken und Bestätigung/Anerkennung zu erhalten, Angst wird versteckt hinter einer verführerischen Maske, was ihnen bewusst ist im Gegensatz zur Drei, ähnlich der Drei viel Eitelkeit, auch sonst starke Verbindung zur Drei.

VR Verlagshaus RATHMER

Ennea-typ	Selbsterhaltend	Sozial	Sexuell (aggressiv)
7	**Der Genussmensch (Bon Vivant):** Feiern freudig das Leben und genießen die sinnlichen Freuden, bevorzugen oft einen unkonventionellen Lebensstil oder familiäre Strukturen.	**Der Visionär (Seher) (KT):** Phantasievolle Planer, die sich eine bessere Zukunft vorstellen.	**Der Gauner:** Wandern auf charmante Art durch das Leben nach dem Motto: „Liebe mich oder verlasse mich!", wunderbar anpassungsfähig, aber schwer zu fassen.
	Kennzeichnend: Weist in hohem Maße soziale Neigungen und Engagement in Beziehungen auf, Schwerpunkt der Aufmerksamkeit liegt auf der engeren Familie und dem näheren Freundes- und Bekanntenkreis, suchen gleichgesinnte Menschen und beziehen ihr Selbstbewusstsein durch fröhliche, unbeschwerte Menschen, die sie stimulieren und aufbauen können, mit starkem 6er-Flügel zeigen sie eine besondere Affinität zu ihrer engeren Familie, verhalten sich ihr gegenüber auffällig loyal, verteidigt sie wenn nötig in besonderem Maße und gewinnt große Sicherheit durch die häusliche Gemeinschaft, ohne diesen ausgeprägten 6er-Flügel findet man diesen Untertyp häufig auf Partys oder an anderen Orten, an denen man potenziell viele Beziehungen knüpfen kann, denn Beziehungen jeglicher Art geben diesem Untertyp der 7 ein starkes Gefühl von Lebendigkeit.	Kennzeichnend: Steht häufig im Spannungsfeld zwischen der verantwortlichen Pflicht anderen gegenüber und dem Wunsch, einer unangenehmen Situation zu entfliehen, obwohl er sich besonders verantwortlich fühlt gegenüber seinen Mitmenschen empfindet er genau diese Menschen, um die er sich kümmern möchte, als begrenzende Belastung, weil er immer auch für sich selbst nach Abwechslung, Veränderung und Erfüllung seiner Bedürfnisse sucht, bekommt dann anderen gegenüber Schuldgefühle, flieht mitunter vor den Verantwortlichkeiten des Lebens und seinen Pflichten, wird zunehmend verantwortungsloser und unbewusster, im bewussten Zustand allerdings ist er sehr stabil, großzügig, sozial engagiert und voller innerer Stärke für seine Familie, Freunde und Bekannte, mitunter sogar idealistisch kann er über sich selbst hinauswachsen.	Kennzeichnend: Neigt zum Garnieren, Dekorieren und Verzieren der Realität mit Hilfe der Phantasie zulasten der Wirklichkeit, nimmt den Partner durch einen Schleier der Phantasie wahr und intime Beziehungen werden als ein gemeinsames experimentelles Abenteuer empfunden, ständig werden Phantasien auf den Gegenüber projiziert bis hin dazu, dass dieser Untertyp mit der einfachen Realität irgendwann einmal gar nicht mehr klarkommt, um die Gegenwart zu vermeiden, verirrt er sich in Zukunftsphantasien und kann dabei eine faszinierende Begeisterung an den Tag legen, dabei wirkt er auf andere schon manchmal wankelmütig und frivol, ablenkbar und unpersönlich.

Die Subtypen (Untertypen) - Profile von Typ 8

Ennea-typ	Selbsterhaltend	Sozial	Sexuell (aggressiv)
8	**Der Gewichtheber:** Starke, unabhängige Überlebenskämpfer, die „die Umgebung sichern", um die ihnen zugehörigen Menschen zu beschützen, sie halten für alle möglichen Notfälle immer einen passenden Plan bereit.	**Der Führer (KT):** Inspirierende Führer, die stets mit gutem Beispiel vorangehen, aber Selbstbeherrschung üben müssen, damit sie es mit der Unterstützung nicht übertreiben und daraus dann schnell ein Widerstand gegen die herrschenden Verhältnisse wird.	**Der Ritter:** Verteidiger der Ehre & Beschützer der Schwachen, insgeheim sehnen sie sich nach Hingabe und verletzlichen Erfahrungen mit einem vertrauten Partner, um auf diese Weise Schwäche zu zeigen.
	Kennzeichnend: Wächst häufig in ärmlichen Verhältnissen auf oder in einer Umwelt, in der der Überlebenskampf auf der Tagesordnung liegt, oft fehlen Geld oder Lebensmittel, werden geprägt von der Sorge ums Überleben, neigen dazu, ihre unmittelbare Umgebung zu kontrollieren, ja zu dominieren und den Wert von Dingen höher einzuschätzen als den Wert von Menschen, wichtige Themen sind die Aufrechterhaltung der Ordnung und der materiellen Sicherheit, haben oft eine starke Verbindung zur 5, man findet häufig eine ausgeprägte Sammelleidenschaft, vornehmlich für wertvolle Gegenstände, das Leben ist ein Dschungel und nur die Starken überleben darin, die Lebensumstände stellen sich oft bedrohlich dar wie in einem Krieg.	Kennzeichnend: Bemühen sich sehr um Klarheit, sind immer bereit, sich mit Freunden auseinanderzusetzen, um Unklarheiten zu vermeiden, sind gern unter vielen Menschen, die Loyalität zu Freunden und das Gefühl von Zugehörigkeit zu einer Bezugsgruppe bedeutet ihnen sehr viel, erfährt diese Gruppe von außen in irgendeiner Weise eine Bedrohung, stellen sie sich sofort gegen diese Bedrohung und können dabei durchaus unangemessen und mitunter sehr feindselig reagieren, oft eine starke Verbindung zur Zwei, können sich von allen Achtern am ehesten entschuldigen.	Kennzeichnend: Es geht in erster Linie darum, den Partner zu besitzen, aber auch die Möglichkeit der Hingabe an den Partner ist wichtig für diesen Untertypen, in engen Beziehungen fordern sie Stabilität, Loyalität und Berechenbarkeit, fühlen sich schnell vom Partner betrogen und sind dann anfällig für Misstrauen, fordern mitunter auch Liebesbeweise gegenüber ihrem Partner oder testen diesen in Bezug auf seine Motive in der Beziehung, haben sie dann das Gefühl, dem anderen vertrauen zu können, entspannen sie sich und können dem Partner sehr nahekommen in ihrer Liebe zu ihm, in unbewussteren Phasen kann dieser Untertyp sehr besitzergreifend sein, kontrolliert und dominiert dann mitunter den Partner.

103

Ennea-typ	Selbsterhaltend	Sozial	Sexuell (aggressiv)
9	**Der Bequeme:** Ruhige, zuverlässige und beständige Stubenhocker, die es lieben, zu Hause zu sein und die Dinge gern von dort erledigen, öft häufen sich ihre Angelegenheiten an und sie stehen vor der großen Herausforderung, ihr Zeitmanagement in den Griff zu bekommen. Kennzeichnend: Beschäftigt sich primär mit seinem körperlichen Wohlbefinden und lebt in seinen Gewohnheiten und seiner Routine verankert, das Bild des „faulen oder trägen Stubenhockers" trifft den Selbsterhaltungs-Neuner sehr gut, lebt nach dem Minimalprinzip streng konservativ und nutzt Essen und Trinken zur Selbstbetäubung, oft hat dieser Untertyp einen großen Appetit und ist langsam und träge in seinen Körperbewegungen sowie in seinem Körperausdruck.	**Der Mitarbeiter (KT):** Harmonische Zeitgenossen, die gern in der Gruppe sind, aber dazu neigen, mit dieser und ihren Bedürfnissen zu verschmelzen, dadurch verhindern sie oft die eigene innere Arbeit. Kennzeichnend: Fühlt sich zu Gruppen hingezogen, dort entwickeln sich dann aber oft Konflikte, denn die soziale 9 verliert sich schnell in einer Gruppe in ihrem ständigen Versuch, für alle Menschen in der Gruppe da zu sein und beim Aufkommen von Unstimmigkeiten zu vermitteln, dabei geht dieser Untertyp in den Enneapunkt 3 und entwickelt eine ausgeprägte Aktivität bis hin zur Hyperaktivität, verliert dabei seine eigene Identität recht schnell, wird zunehmend von anderen übersehen oder erst gar nicht wahrgenommen, das führt dann zunehmend zur Verärgerung und Reizbarkeit.	**Der Mystiker:** Ungewöhnliche Empfänglichkeit & Liebe zur Natur erlaubt es ihnen, sich eins zu fühlen mit der Umgebung, aber es kann für sie mitunter schwierig sein, eigene Ego-Grenzen zu errichten in Bezug auf ihre Mitmenschen. Kennzeichnend: Das Wichtigste ist die Vereinigung, die Verschmelzung mit anderen, daher ist bei diesen Menschen der Verlust der eigenen Abgrenzung ausgeprägter als bei den anderen Neunern, sie verlieren sich in der geliebten Person, können irgendwann nicht mehr die eigenen von den Bedürfnissen anderer unterscheiden, sind stets fokussiert auf das Ideal einer romantischen Vereinigung und haben zugleich in dieser Hinsicht hohe Erwartungen an ihren Partner, die dieser niemals erfüllen kann, man kann sie in dieser Hinsicht leicht mit der melancholischen Vier verwechseln, manchmal können sie sich auch nicht entscheiden für einen Partner und neigen dann zu enttäuschtem Rückzug.

Die 9 kindlichen Temperamente nach Thomas/Chess*
& die 9 Enneatypen nach dem Enneagramm

9. Anpassungsfähigkeit (adaptability)*

8. Intensität des reaktiven Verhaltens (intensity of response/reaction)*

Die Leichtigkeit, sich entsprechend der Reize aus der Umwelt spezifisch anzupassen bis hin zur Verschmelzung im Rahmen eines osmotischen Persönlichkeits-prozesses – blockierte (geronnene, starre) Bauchenergie.

1. Rhythmizität/Regelmäßigkeit (rhythmicity/regularity)*

Ein hohes Energieniveau in Bezug auf Reiz-reaktionen, unab-hängig von deren Qualität und Rich-tung – überschie-ßende (aktive, direkte) Bauch-energie.

Wunsch nach Regelmäßigkeit, Gleichmäßigkeit, Ordnung, Struktur, Rhythmus, Orien-tierung, Wiederho-lung, Angst vor zu schneller Verände-rung – umgewan-delte (umfunktio-nierte) Bauch-energie.

7. Ablenkbarkeit (distractibility)*

2. Zustimmendes in Beziehung gehen – Rückzug bei Nicht-anerkennung (Approval/Withdrawal)*

Reaktion des Kindes auf äußere Einflüsse, die die Richtungen der Aufmerksamkeit und des Verhaltens andauernd schnell und plötzlich verändern – umgewandelte (umfunktionierte) Kopfenergie.

9. Trägheit
(Stets ruhig & Suche nach Harmonie und Frieden!)

8. Wollust
(Stets stark & Suche nach Macht, Stärke und Kontrolle!)

1. Zorn
(Stets untadelig & Suche nach Perfektion und Vollkommenheit!)

Zeiten positiver Reaktionen auf neue Reize mit offener, herzlicher Haltung wechseln mit Zeiten negativer Reaktionen mit Haltung des Rückzugs – über-schießende (aktive, direkte) Herzenergie.

7. Völlerei
(Stets optimistisch & Suche nach Lebens-freude, Leichtigkeit und Glück!)

2. Stolz
(Stets großzügig, stets liebevoll & Suche nach Liebe und Geliebtwerden!)

Ausdauernde Aufmerksamkeits-spanne (attention persistance)*

Fähigkeit, die Konzentration aufrecht zu erhal-ten und nach dem Ausschau zu halten, was passieren könnte, Haltung von Wachsamkeit, Disziplin des Geistes – blockierte (geronnene, starre) Kopfenergie.

6. Angst
(Stets mutig & Suche nach Sicherheit und Vertrauen!)

3. Eitelkeit
(Stets kompetent & Suche nach Erfolg und Leistung!)

3. Hohes Aktivitäts-niveau (high activity level)*

Hohe Aktivitätsstufe in Bezug auf die motorische Akti-vität eines Kindes, kann nicht still sitzen, zeigt deut-lich mehr Aktivität als jedes andere Kind im Rahmen der Studie – blockierte (geron-nene, starre) Herzenergie.

5. Geiz
(Stets objektiv & Suche nach Wissen und Weisheit!)

4. Neid
(Stets authentisch, stets tief & Suche nach Individualität und Besonderheit!)

Es braucht nicht viel, um das Kind zu stimulieren, als ob es eine sehr dünne Haut am Körper hat, sehr dünnhäutig, zu sensibel für diese Welt, schneller emotionaler Rück-zug – überschie-ßende (aktive, direkte) Kopf-energie.

Hohes Maß an emotionalem Verhalten, wobei sich das Kleinkind mit unterschiedlich-sten Emotionen (positiv/negativ) ausdrückt (schnell veränderbare Stim-mung, launenhaft) – umgewandelte (umfunktionierte) Herzenergie.

5. Niedrige Reizschwelle (a low threshold of responsiveness)*

4. Sensibler (labiler) Ausdruck der Stimmung (labile quality of mood)*

VR Verlagshaus RATHMER

* Eine wissenschaftliche Studie von Alexander Thomas (1914-2003), Stella Chess (1914-2007) und Herbert G. Birch (1918-1973) aus dem Jahre 1970 stellt das angeborene Temperament von Säuglingen, Kleinkindern und Kindern im Rahmen einer 14-jährigen Studie mit 141 Kindern aus 85 Familien dar. Danach weisen die Autoren dieser Studie insgesamt 9 zentrale Temperamente als angeborene Persönlichkeitsstile nach, womit sie die Bedeutung angeborener Persönlichkeitsmerkmale von Menschen herausstellten. Diese stehen interessanterweise in direktem Zusammenhang mit den 9 Persönlichkeitsstilen des Enneagramms (Typen 1 – 9). Die Autoren dieser Studie waren damals (1970) Wissenschafter und Professoren für (Kin-der-) Psychiatrie bzw. Pädiatrie an der New York University School of Medicine (Thomas/Chess) bzw. am Albert Einstein College of Medicine New York (Herbert G. Birch) und hatten keine Kenntnis vom Enneagramm mit seinen 9 Enneatypen.

Frohes neues Jahr.

Neujahrswünsche an alle 9 Enneatypen!

Gerade zu Beginn eines neuen Jahres ist es hilfreich,
sich Folgendes bewusst zu machen:

9
Passe dich nicht IMMER nur an, sei nicht NUR ruhig und strebe nicht STETS nach Harmonie!

8
Gib nicht IMMER nur den Ton an und strebe nicht STETS nach Macht & Kontrolle!

1
Sei nicht IMMER nur tadellos, habe nicht STÄNDIG Recht und strebe nicht STETS nach Perfektion!

7
Schaue nicht IMMER nur auf das Positive und strebe nicht STETS nach Spaß & Freude!

2
Achte nicht IMMER nur auf die Bedürfnisse anderer und strebe nicht STETS nach Liebe!

6
Sei nicht IMMER nur misstrauisch, zweifle nicht STÄNDIG und strebe nicht STETS nach Sicherheit!

3
Suche nicht IMMER nur nach Anerkennung und strebe nicht STETS nach Erfolg!

5
Versuche nicht IMMER nur die Welt zu verstehen und strebe nicht STETS nach Wissen!

4
Versuche nicht IMMER nur dich selbst zu verstehen und strebe nicht STETS nach Individualität!

107. Weiterführende und ergänzende Literatur des Autors aus dem Verlagshaus Rathmer

- **Enneagramm-Homöopathie -** *Heilung auf der tiefsten Ebene des Menschseins/Krankseins* Grundlagenband zur Enneagramm-Homöopathie, Band 1, 136 Seiten, broschiertes Taschenbuch, Verlagshaus Rathmer, Billerbeck, 1. Auflage Mai 2019

- **Enneagramm-Homöopathie Band 2 -** *Heilung auf der tiefsten Ebene des Menschseins/Krankseins* Ganzheitliche Heilung nach der Enneagramm-Homöopathie, Band 2, 152 Seiten, broschiertes Taschenbuch, Verlagshaus Rathmer, Billerbeck, 1. Auflage Mai 2019

- **Wer du wirklich bist -** *Enneagramm-Wissen in farbigen Schaubildern* (Mit Enneagramm-Diagnose-Test), 300 Seiten, Taschenbuch, broschiert, Verlagshaus Rathmer, Billerbeck, März 2015

- **Die 27 Persönlichkeiten des Enneagramms -** *Erkenne deinen Persönlichkeitstyp im Spiegel des Enneagramms!* (27 Charakterprofile als Ausdruck der menschlichen Natur), 88 Seiten, broschiertes Taschenbuch, E-Book, Verlagshaus Rathmer, Billerbeck, 2. Auflage, August 2018

- **Rathmer`s Enneagramm-Typentest -** *Kompakter Persönlichkeitstest zur Bestimmung des eigenen Enneagrammtyps (Enneatyps/Untertyps/Trityps)* 52 Seiten, broschiertes Taschenbuch, E-Book, Verlagshaus Rathmer, Billerbeck, Dezember 2017

- **Motivationaler Enneagramm-Typentest -** *Erkenne deine wahre Motivation! Erkenne dich selbst! - Enneagrammtest in 100 Fragen aus 100 Lebens- und Themenbereichen,* 92 Seiten, broschiertes Taschenbuch, E-Book, Verlagshaus Rathmer, Billerbeck, 1. Auflage, Juli 2019

- **Motivational Enneagram Type Test - Recognize your true MOTIVATION!** *Recognize YOURSELF! - Comprehensive and in-depth Enneagram test in 100 questions from 100 areas of life ,* 76 pages, paperback, e-book, Publishing House Rathmer, Billerbeck, 1 ST EDITION, July 2019

- **Die Praxis der Typbestimmung** (Sämtliche 36 Typen-Vergleiche zur präzisen und zuverlässigen Bestimmung des Enneagrammtyps unter Berücksichtigung der 27 Untertypen des Enneagramms), 168 Seiten, wahlweise gebundene Ausgabe mit Lesebändchen oder broschiertes Taschenbuch oder E-Book, Verlagshaus Rathmer, Billerbeck, September 2018

- **Rathmer`s großes Enneagramm-Lexikon von A-Z** (Ein Nachschlagewerk über die 9 Enneatypen inklusive der 27 Untertypen und der 27 Tritypen), 356 Seiten, wahlweise gebundene Ausgabe mit Lesebändchen oder broschiertes Taschenbuch oder E-Book, Verlagshaus Rathmer, Billerbeck, Mai 2017

- **Die ewige Suche nach Vollkommenheit, Liebe, Erfolg, Individualität, Wissen, Sicherheit, Lebensfreude, Macht, Harmonie** - Enneagramm-Kalenderreihe: Für jeden Enneagrammtyp einen speziellen sog. ewigen Kalender, der zeitlos schön jeden Monat die wichtigsten Themen ästhetisch und tiefgründig in lebendigen Bildern darstellt, denn ein Bild sagt mehr als tausend Worte, 12 stimmungsvolle Kalenderseiten & eindrucksvolles Deckblatt, A4-Querformat, matt, 21 x 30 cm, Spiralbindung mit Aufhänger, künstlerische Gestaltung: Detlef Rathmer, Verlagshaus Rathmer, April 2019

- **Die weltweit erste Enneagramm-Wandkalender (auch in englischer Sprache)/Tischkalender/Küchenkalender** - Enneagramm-Kalenderreihe: 13 universelle Enneagrammthemen werden hier ästhetisch anspruchsvoll, lehrreich und ausdrucksstark dargestellt, 12 lehrreiche Kalenderseiten & eindrucksvolles Deckblatt, welche die wichtigsten Prinzipien des Enneagramms übersichtlich darstellen, verschiedene Formate: 1. Wandkalender A4-Hochformat, matt, 21 x 30 cm 2. Wandkalender A3-Hochformat, matt, 42 x 30 cm 3. Tischkalender quadratisches Format, matt, 14 x 14 cm 4. Küchenkalender A4-Hochformat, matt, 13 x 30 cm 5. Wandkalender A4-Hochformat in englischer

Sprache: „The Eternal Enneagram Calendar", matt, 21 x 30 cm; Spiralbindung mit Aufhänger, künstlerische Gestaltung: Detlef Rathmer, Verlagshaus Rathmer, April 2019

- **Der ewige Kalender der Naturwunder** - *Spektakuläre, stimmungsvoll grandiose Naturaufnahmen, die auf einzigartige Weise die Schönheiten der Natur unseres Planeten imposant in einer ästhetisch formvollendeten Weise mit darstellen, qualitativ hochwertiges Druckverfahren, ein immerwährender Wandkalender, 21 x 30 cm, matt, Spiralbindung mit Aufhänger, künstlerische Gestaltung: Detlef Rathmer, Verlagshaus Rathmer, März 2019*

- **Der ewige Kalender der Liebe** - *Stilvoll und ausdrucksstark, abwechslungsreich auf die Jahreszeiten abgestimmt enthält dieser „Liebes-Kalender" jahrtausendealte Weisheiten um das große Thema der menschlichen Liebe mit eindrucksvollen Fotografien, ein wunderschönes Geschenk für einen geliebten Menschen, einen anderen oder sich selbst, qualitativ hochwertiges Druckverfahren, immerwährender Wandkalender, 21 x 30 cm, matt, Spiralbindung mit Aufhänger, künstlerische Gestaltung: Detlef Rathmer, Verlagshaus Rathmer, März 2019*

- **Der ewige Kalender der Selbsterkenntnis** - *Jahrtausendealte zeitlose Lebensweisheiten in gelungener Komposition mit dazu passenden stimmungsvollen Fotografien, die täglich zu tiefgreifender Selbsterkenntnis führen, qualitativ hochwertiges Druckverfahren, immerwährender Wandkalender, 21 x 30 cm, matt, Spiralbindung mit Aufhänger, künstlerische Gestaltung: Detlef Rathmer, Verlagshaus Rathmer, April 2019*

- **7 Wege zu dir selbst** - *Lebenskunst für den Alltag*, 115 Seiten, Taschenbuch, broschiert, Mankau-Verlag, Murnau a. Staffelsee, November 2008

- **Sei still und wisse - Ich bin GOTT!** - *Finde die heilsame Stille in Dir*, 76 Seiten, Taschenbuch, broschiert, Verlagshaus Rathmer, Billerbeck, Juli 2009

- **Rathmer`s Repertorium** - *Das große Repertorium der Geist-/Gemütsrubriken und deren Bedeutung in der Homöopathie*, 1568 Seiten, gebunden, Ledereinband, 5 Lesebändchen, Verlagshaus Rathmer, Billerbeck, Mai 2011 (auch als EBook Edition lizenziert im pdf-Format erhältlich)

- **Das große Enneagramm-Homöopathie Repertorium von A-Z** - *Eine facettenreiche Darstellung der Enneagramm-Homöopathie in Form von Gemüts-, Symbol- und Themenrubriken*, 392 Seiten, gebunden, 1 Lesebändchen, Verlagshaus Rathmer, Billerbeck, Oktober 2014 (auch als EBook Edition lizenziert im pdf-Format erhältlich)

- **Repertorium der hervorstechenden Gemütsrubriken** - *Differenzierung der 9 Enneagramm-Heilmittel in der Homöopathie*, 256 Seiten, gebunden, 1 Lesebändchen, Verlagshaus Rathmer, Billerbeck, September 2014 (auch als EBook Edition lizenziert im pdf-Format erhältlich)

- **Die Dynamik der 9 Enneagramm-Heilmittel** - *Die dynamischen Beziehungen zwischen den einzelnen Heilmitteln der Enneagramm-Homöopathie*, 280 Seiten, gebunden, 1 Lesebändchen, Verlagshaus Rathmer, Billerbeck, Oktober 2014 (auch als E-Book Edition lizenziert im pdf-Format erhältlich)

- **Lehrbuch der Enneagramm-Homöopathie** in drei Bänden: **Band 1: Arzneimittellehre Typen I - IV**, 348 Seiten, Taschenbuch, broschiert, Verlagshaus Rathmer, Billerbeck, Februar 2013 (auch als E-Book Edition lizenziert im pdf-Format erhältlich) **Band 2: Arzneimittellehre Typen V - IX**, 420 Seiten, Taschenbuch, broschiert, Verlagshaus Rathmer, Billerbeck, Februar 2013 (auch als E-Book Edition lizenziert im pdf-Format erhältlich), **Band 3: Enneagramm-Homöopathie Repertorium**, 376 Seiten, Taschenbuch, broschiert, Verlagshaus Rathmer, Billerbeck, Februar 2013 (auch als E-Book Edition lizenziert im pdf-Format erhältlich)

- **Der Kern der Heilmittel** - *Die zentralen Geist-/Gemütsrubriken der homöopathischen Arzneimittel/ The central mind rubrics of the homoeopathic medicines*, homöopathische Arzneimittellehre, zweisprachig deutsch/englisch, 526 Seiten, gebunden, 1 Lesebändchen, Verlagshaus Rathmer, Billerbeck, Dezember 2011 (auch als E-Book Edition lizenziert im pdf-Format erhältlich)

- **Homöopathische Arzneimittellehre der Single-Rubriken aus dem Geist-/Gemütsbereich** - *Das geistige Wesen der 500 wichtigsten Heilmittel in der Homöopathie*, 348 Seiten, Taschenbuch, broschiert, Verlagshaus Rathmer, Billerbeck, Juli 2009

- **Fallanalyse in der Homöopathie nach Sehgal** - *Autodidaktisches Lern- und Arbeitsbuch anhand von 36 Fällen aus der homöopathischen Praxis*, 320 Seiten, Taschenbuch, broschiert, Eva-Lang-Verlag, Worpswede, März 2008

- **Enneagramm-Homöopathie - Unterrichtsmaterial** - *20 Unterrichtseinheiten für das Selbststudium der Enneagramm-Homöopathie*, 376 Seiten, EBook Edition im pdf-Format, Verlagshaus Rathmer, 2016 (lfd. aktualisiert)

- **Das Unterrichtsskript zur Sehgal-Ausbildung** - *Unterrichtsmaterialien aus der Sehgal-Schule für das Eigenstudium der Sehgal-Methode*, 500 Seiten, EBook im pdf-Format, Verlagshaus Rathmer, 2012 (lfd. aktualisiert)

- **Gesetzeskunde für Heilpraktiker** *zur Vorbereitung auf die amtsärztliche Überprüfung beim Gesundheitsamt*, 208 Seiten, EBook Edition im pdf-Format, Verlagshaus Rathmer, August 2015.

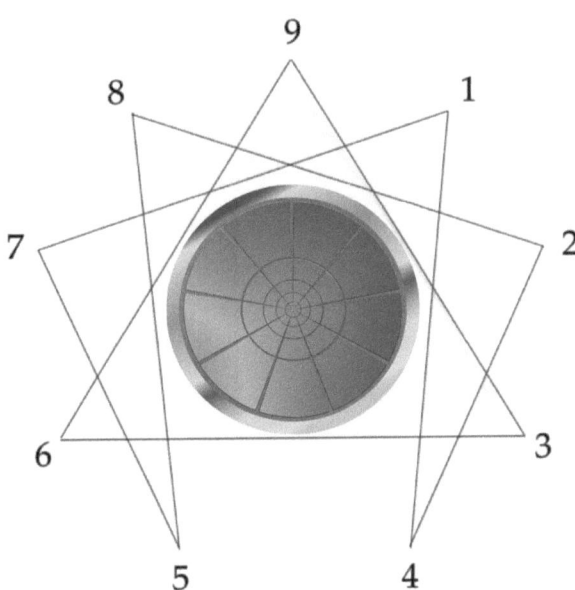

108. Weiterführende YouTube-Videos des Autors

- **Gemeinsamkeiten & Unterschiede der Enneagrammtypen - 36-teilige Lernvideo-Reihe** *(Differenzierende Betrachtungen sämtlicher 36 Vergleichskombinationen der 9 Enneagrammtypen, begleitend und vertiefend dazu dient das kompakte Typbestimmungsbuch „Die Praxis der Typbestimmung")*

- **Enneagramm in 3 Minuten - Lernvideos** *(In nur 3 Minuten plus max. 59 Sekunden erklärt Enneagramm-Experte und Heilpraktiker Detlef Rathmer ein zentrales Lebensthema aller 9 Enneatypen anhand eines ausgewählten Schaubildes aus seinem Buch „Wer du wirklich bist - Enneagramm-Wissen in farbigen Schaubildern" oder eines Schaubildes aus seinem Unterricht)*

- **Die 27 Untertypen des Enneagramms - 27-teilige Lernvideo-Reihe** *(Enneagramm-Experte und Heilpraktiker Detlef Rathmer erklärt kurz und prägnant das Grundthema der jeweiligen 27 Untertypen anhand eines Schaubildes aus seinem Enneagramm-Unterricht oder seiner Enneagramm-Bücher, begleitend und vertiefend dazu dient das Buch „Die 27 Persönlichkeiten des Enneagramms - 27 Charakterprofile als Ausdruck der menschlichen Natur - Erkenne deinen Persönlichkeitstyp im Spiegel des Enneagramms!")*

- ***Enneagramm - Weiterentwicklung & Transformation - Lernvideo-Reihe*** *(Hier werden notwendige und hilfreiche Entwicklungsschritte und -möglichkeiten der einzelnen 9 Enneagrammtypen anschaulich dargestellt, momentan noch im fortlaufenden Aufbau)*

- **Enneagramm-Homöopathie - mehrteilige Videoreihe** *(Hier werden interessante Themen rund um das Enneagramm, die Homöopathie und die Enneagramm-Homöopathie dargestellt, wird regelmäßig erweitert)*

- **Tipp:** *Abonnieren Sie den Youtube-Kanal von Detlef Rathmer, damit Sie kein zukünftiges Video mehr verpassen!*

„Gesundheit ist gewiss nicht alles,
aber ohne Gesundheit ist alles nichts!"
(Arthur Schopenhauer, 1788 - 1860)

NATURHEILPRAXIS RATHMER

Praxis für Klassische Homöopathie

Detlef Rathmer
Heilpraktiker

„Es ist wichtiger zu wissen, welche Art von Mensch eine Krankheit hat,
als welche Art von Krankheit ein Mensch hat."
HIPPOKRATES (460-377 v. Chr.)

Klassischer Homöopath
Dozent für Klassische Homöopathie
Prüfer beim Gesundheitsamt Recklinghausen
20-jährige Berufserfahrung (Stand: 2019)

Telefon: 02543 / 931 85 07

E-Mail: 9Rathmer@gmail.com

skype-Name: detlef.rathmer

Homepage:
www.psychologische-homoeopathie.de

Molkereiweg 9
48727 Billerbeck

Besonderer Buchempfehlungen im Rahmen des Enneagramms:

www.verlagshaus-rathmer.com